U0637493

本书出版得到"西北师范大学重点学科建设经费"、西北师范大学国家级"新农村发展研究院"资助，是甘肃扶贫办"甘肃省'十三五'扶贫攻坚重大课题研究"的阶段性研究成果。

# 结构转型、战略转换与消除贫困

## ——以甘肃省为例

张永丽　李秀萍◎著

中国社会科学出版社

## 图书在版编目（CIP）数据

结构转型、战略转换与消除贫困：以甘肃省为例／张永丽，李秀萍著 . —北京：中国社会科学出版社，2015.12

（西部地区产业与农村发展系列丛书）

ISBN 978-7-5161-7199-8

Ⅰ.①结… Ⅱ.①张…②李… Ⅲ.①贫困—问题—研究—甘肃省 Ⅳ.①F127.42

中国版本图书馆 CIP 数据核字（2015）第 291014 号

| | | |
|---|---|---|
| 出 版 人 | 赵剑英 | |
| 责任编辑 | 王　茵 | |
| 特约编辑 | 马　明 | |
| 责任校对 | 胡新芳 | |
| 责任印制 | 王　超 | |

| | | |
|---|---|---|
| 出　　版 | 中国社会科学出版社 | |
| 社　　址 | 北京鼓楼西大街甲 158 号 | |
| 邮　　编 | 100720 | |
| 网　　址 | http://www.csspw.cn | |
| 发 行 部 | 010-84083685 | |
| 门 市 部 | 010-84029450 | |
| 经　　销 | 新华书店及其他书店 | |

| | | |
|---|---|---|
| 印　　刷 | 北京君升印刷有限公司 | |
| 装　　订 | 廊坊市广阳区广增装订厂 | |
| 版　　次 | 2015 年 12 月第 1 版 | |
| 印　　次 | 2015 年 12 月第 1 次印刷 | |

| | | |
|---|---|---|
| 开　　本 | 710×1000　1/16 | |
| 印　　张 | 19.75 | |
| 插　　页 | 2 | |
| 字　　数 | 296 千字 | |
| 定　　价 | 69.00 元 | |

凡购买中国社会科学出版社图书，如有质量问题请与本社营销中心联系调换
电话：010-84083683

版权所有　侵权必究

# 《西部地区产业与农村发展系列丛书》
# 编委会

主　编：张永丽

副主编：刘　敏

编　委：李长著　张学鹏
　　　　赵爱玲　关爱萍
　　　　柳建平　周文杰
　　　　魏彦珩　马文静

# 总　序

经过 30 多年的高速增长，我国经济社会发展取得了举世瞩目的成就，一跃成为全球第二经济大国。但是，农村地区，尤其是西部农村地区的相对落后，给中国奇迹蒙上了一层阴影。

在过去数十年间，我国农民收入水平稳定快速增长，新农村建设卓有成效，工业化、城镇化与农业现代化综合推进，农村面貌发生了翻天覆地的变化。但同时我们也看到，在全新的发展阶段，我国"三农"发展面临着诸多的新难题新挑战，主要表现在：以土地制度为核心的农村综合改革进入攻坚阶段；社会经济发展对绿色、安全、高效、现代农业的要求越来越高，农业结构调整压力进一步加大；农村资源环境约束趋紧，农业生产成本攀升，农业增效、农民持续增收难度加大；伴随着刘易斯转折点的来临，农村劳动力流动加快，农村空心化、老龄化问题日益凸显等，这一系列重大问题的解决关系到农村小康社会建设的进程和水平。

如果说"三农"问题依然是我国面临的重大问题和挑战，那么这一问题在西部地区尤为突出。由于自然、历史等多方面的原因，我国西部地区农业农村社会经济发展严重滞后于东部地区，突出表现在：农业基础设施建设薄弱，自然条件严酷；农业生产经营方式转换滞后，产业化水平低，农业技术进步缓慢；农村贫困问题突出，反贫困压力依然很大；农村劳动力流动规模越来越大，农业劳动力老龄化、妇女化问题突出。但同时我们也看到，我国西部地区地域辽阔，光、热、水、土资源丰富，物种资源多样，发展特色农业具有很大的优势和潜力；经过多年的发展，西部地区特色农业和农村发展已有一定的基础；"一路一带"发展战略的实施和经济结构战略性调整，为西部地区发展特色农业提供了难得的机遇和广阔的空间。

如何充分挖掘农业发展潜力，推进西部农村地区加快发展，提高西部农民收入水平，成为当前我国的重要政策目标。许多学者就此出谋划策，涌现了一批优秀研究成果。张永丽教授主编的《西部地区产业与农村发展系列丛书》就是其中的优秀研究成果之一。

这套丛书由《结构转型、战略转换与消除贫困——以甘肃省为例》、《自主创新与甘肃现代农业发展研究》、《流动、转型与发展——新生代农民工市民化问题研究》以及《区域产业转移技术创新溢出效应研究》等四部著作组成。其中，《结构转型、战略转换与消除贫困——以甘肃省为例》一书，以西部地区典型省份甘肃为例，针对甘肃和其他西部地区反贫困问题呈现的新特点，将反贫困战略和模式上升到了一个全新的高度，即新时期西部地区反贫困战略应该作为国家发展战略的一个重要组成部分，在反贫困目标、理念、模式、内容和途径方面进行全方位调整。《自主创新与甘肃现代农业发展研究》一书，将农业技术进步作为现代农业发展的核心，提出甘肃现代农业发展的关键在于提升农业自主创新能力和农业自主创新效率，同时指出，作为现代农业发展载体的"农业科技园区"，将为现代农业发展提供有效的科技支撑。《流动、转型与发展——新生代农民工市民化问题研究》一书，深刻解析了当代中国经济社会结构转型、人口转变及其与新生代农民工市民化的关系，并提出在我国"刘易斯拐点"出现、农村劳动力规模持续下降、老龄化不断加重、农民工流动出现新趋势新特点的背景下，新生代农民工市民化已成为我国现代化进程中最为急迫的重大问题之一，应分步实施，有序推进。《区域产业转移技术创新溢出效应研究》一书，在考察区域产业转移对承接地的技术创新溢出效应作用机理基础上，从地区和行业层面，分别就西部和甘肃区域产业转移的技术创新溢出效应进行了实证研究，并提出了提升区域产业转移技术溢出效应的相关政策建议。

农村地区的发展不可能一蹴而就，西部农村地区的发展更是任重而道远。正因如此，我们需要学术界的同人们对西部农村发展问题投入更多的关注。我也坚信，唯有扎根西部、全情关注西部农村发展的人，才能够更深刻地感受到西部农民的质朴与坚韧，才能够更深入地挖掘出西部农村发展中的问题及可能的出路。张永丽教授及其团队正是这样一群人，他们经过长期的观察与思考，就西部产业与农村发展问题发出了自己的声音，希望能对西部发展贡献自己的一分力量。

我们需要更多这样的学者，需要更多这样的作品，我也希望，将来有更多的人将目光投向西部农村，到西部来建功立业。

谨为序。

2015 年 3 月 28 日

# 目　录

# 第一章

# 扶贫开发的国际视野

　　贫困问题是人类面临的最严峻的挑战之一。《2012 年世界发展指标》（*World Development Indicator 2012*）显示，在 1990—2008 年间，所有发展中国家每天生活费 1.25 美元的绝对贫困人口总数从 19 亿减少到 13 亿，其中贫困人口下降最快的地区主要在东亚及太平洋地区，贫困率从 1981 年的 77% 降低到 2008 年的 14%，而贫困人口的减少又主要集中在中国，贫困率从 1981 年的 84% 降低到 2008 年的 13%，同时期的南亚地区贫困率仅下降了 25 个百分点，从 61% 减少到 36%。在南部非洲地区情况正好相反，贫困率从 1981 年的 52% 上升到了 1993 年的 59%，2008 年下降为 47.5%。尽管世界贫困人口减少了 6 亿，但这一成就主要是在 20 世纪 80 年代中期取得的，2005 年以后，全球绝对贫困人口的减少速度非常缓慢。目前，世界的贫困主要发生在发展中国家，其中 90% 的贫困人口集中在撒哈拉以南非洲、南亚、东南亚、蒙古、中美洲、巴西及中国的中西部地区。总体来看，东亚、中东、北非和南亚的贫困稍有缓解，拉丁美洲和撒哈拉以南非洲的贫困相对稳定，而东南亚、东欧和中亚的贫困则呈上升趋势。世界范围的反贫困虽有所进展，但行动艰难，然而，对贫困与反贫困的理论研究却从未停止。

## 第一节　贫困的界定与测度

### 一　贫困的界定

　　近 100 多年以来，随着学界对贫困研究的不断深化，贫困所涵盖的内容越来越丰富。下面简略介绍几种人们普遍接受的贫困概念。

（一）收入贫困

这是早期人们关于贫困的最初理解。19世纪末英国学者西勃海姆·朗特里对英国约克市工人家庭的收入与支出情况进行了普查。在对收集到的普查资料进行处理分析后，他发现约克市有10%的人口处于生存难以为继的贫困境地，据此，朗特里提出："如果一个家庭的总收入不足以维持家庭人口最基本的生存活动要求，那么，这个家庭就基本上陷入了贫困之中。"这一经典定义对后来的贫困研究产生了深远的影响，至今许多经济学家仍从收入角度来理解和解释贫困概念，如萨缪尔森认为"贫困是一种人们没有足够收入的状况。它低于所估计的维持生存的生活水平所需的费用"。虽然这一定义后来由收入不足逐渐延伸到物质、资源等的匮乏，如中国国家统计局认为"贫困一般是指物质生活困难，即一个人或一个家庭的生活水平达不到一种社会可接受的最低标准。他们缺乏某些必要的生活资料和服务，生活处于困难境地"。但仍然属于经济意义上的范畴。随着研究的深入，收入贫困也遭到了不少人的批评，但因收入作为评价人们生活状况的一个十分重要的指标，其对贫困现象的直观表述比较接近人们对贫困的日常理解以及便于计量和统计，所以这种观点得到大多数学者和国家的认可。"特别是随着市场经济的发展，人们将贫困等同于收入不足以及由此导致的物质匮乏的偏见，逐渐在全球有关贫困研究的话语中占据统治地位。"直到今天，基于收入的标准仍是许多国家和地区判断谁是穷人的主流观念，经济意义上的收入贫困也因此成为当今各国反贫困研究中一个非常重要的概念。

（二）人类贫困

人类贫困又称人文贫困，这是联合国开发计划署（UNDP）在《1997年人类发展报告》中提出的新概念，认为"除缺乏物质福利的必需品外，贫困还意味着不能得到对于人类发展来说最基本的机会和选择：过长期、健康、有创造性的生活，达到体面的生活标准，有尊严、满足自尊并受到他人的尊重以及得到人们在生活中重要的东西"。这里的贫困不仅包括人均国民收入的因素，也包括人均寿命、卫生、教育和生活质量条件等因素，即贫困不仅仅是缺乏收入的问题，更是一种对人类的发展机会、权利、长寿、知识、尊严和体面生活标准等多方面的剥夺。根据人文贫困的概念，UNDP建立了相应的衡量指标——人文贫困指数（HPI）。该指数主要反映三方面内容：一是生命剥夺，以预期寿命不足 40 岁的人口比例计算；二是知识剥夺，以成人文盲率计算；三是生活体面剥夺，具体由三个指标综合衡量，包括缺乏健康服务人口比率、缺乏安全用水人口比率和 5 岁以下营养不良儿童比率。显然，"人类贫困"从生活质量、基本权利和发展机会等有关人的发展的多方面内容来定义贫困，比前一种贫困认定的内涵更丰富，能更全面地反映贫困群体的经济水准和生存状况。

（三）社会贫困

以马克斯·韦伯（Max Weber）为代表的西方社会学家提出的关于社会不平等和社会分层理论认为，社会不平等的实质，是社会资源或有价值物（如财富、收入、权力、声望、教育机会等）在社会成员中的不均等分配，而处在社会下层的贫困群体正是上述社会资源分配的匮乏者。上述理论得到了国际社会和众多学者的认同。如欧共体委员会在《向贫困开战的共同体特别行动计划的中期报告》中给贫困下的定义是："贫困应该被理解为个人、家庭和人的群体所拥有的资源（物质的、文化的和社会的）十分有限，以致他们被排除在社会可以接受的最低限度的生活方式之外。"这里所说的资源是多方面的，它不限于物质生活资源，还包括文化生活资源、社会生活资源等。英国社会学家皮特·汤森（Peter Townsend）将贫困定义为：在一个社会中，一个人缺乏参与社会惯例或社会所广泛认同的活动和享受普通生活水平所必需的资源。台湾学者江亮演在《社会救助的理论和实务》一书中，也将贫困定义为"生活资源缺乏而无法维持生理的和精神的生活的需要"。

（四）能力贫困

用能力定义贫困概念最早出自世界银行。世行在以贫困问题为主题的《1990 年世界发展报告》中将贫困定义为："缺少达到最低生活水准的能力。"此后，能力贫困理论的主要代表、1998 年诺贝尔经济学奖得主阿玛蒂亚·森（Amartya Sen）在《以自由看待发展》中更为系统地论述了这一观点，他认为应该改变传统的使用个人收入或资源的占有量来作为衡量贫富的参照，而应该引入能力的参数来测度人们的生活质量，因为贫困的真正含义不是收入低下，能力不足才是导致贫困的根源。能力贫困突破了传统流行的将贫困等同于收入的狭隘界限，使我们认识到解决贫困和失业的根本之道是提高个人的能力，而不是单纯的物质或失业金救济，拓宽了对贫困研究和理解的新视野。但同时也应看到，很多贫民并不缺乏必要能力，但他们缺乏发挥能力的机会和权利。权利不足造成机会有限，机会有限影响了经济收入，并最终导致贫困。可见，"能力理论"只强调主观能力，却忽略了客观机会。

（五）权利贫困

这一观点最早主要由"排斥剥夺说"演进而来。20 世纪 70 年代，英国著名学者汤森在对发达国家出现的"新贫困"现象研究中发现，"贫困是一个被侵占、被剥夺的过程。在这一过程中，人们逐渐地、不知不觉地被排斥在社会生活主流之外"。奥本海默也认为"贫困夺去了人们建立未来大厦——'你的生存机会'的工具，它悄悄夺去了人们享有生命不受疾病侵害、有体面的教育、有安全的住宅和长时间的退休生涯的机会"。在被剥夺概念的基础上，阿马蒂亚·森在 20 世纪 80 年代后提出了著名的权利贫困概念。认为贫困者之所以贫困，根本在于穷人应该享有的基本权利往往被系统性地剥夺，从而使他们陷入贫困的恶性循环。贫困的权利说受到了国际组织和越来越多研究者的认同，如世界银行在《2000/2001 年世界发展报告》中进一步指出"贫困不仅仅指收入低微和人力发展不足，它还包括人对外部冲击的脆弱性，包括缺少发言权、权利和被社会排斥在外"。洪朝辉也认为，"经济贫困其实是社会权利贫困的折射和表现，经济贫困的深层原因不仅仅是各种经济要素不足，更重要的是社会权利的贫困"。

（六）福利贫困

20 世纪 70 年代末 80 年代初，瑞典和挪威学者从广义福利层面上提出了现代贫困的概念。1985 年，斯德哥尔摩瑞典社会研究所学者斯坦·林恩（Stan Lynn）在《走向贫困衡量尺度的第三阶段》论文中将收入范畴的绝对贫困和相对贫困的概念分别称为贫困衡量的第一阶段和第二阶段，而把广义福利贫困的概念称为贫困衡量的第三阶段，也称为贫困的"现代"概念。论文认为："贫困问题的研究是一种可称作'福利问题的研究'，即研究社会的福利水平与分配。"这里所说的福利是广义的福利，而并不仅仅是经济福利或收入问题。所谓广义的福利贫困，不仅包括物质消费品，也包括"非物资"的因素，如工作条件、闲暇、社会关系、政治权利和组织参与等。论文提出，"贫困应该被定义为多种福利问题的累积构成"。

目前，广义福利贫困概念已被国际社会所接受和采用。世界银行在《1990 年世界发展报告》中对"贫困"概念下的定义是："缺少达到最低生活水准的能力。"其"最低生活水准"的内容既包括收入或消费，还包括医疗卫生、预期寿命、识字能力等。10 年之后，世界银行在《2000/2001 年世界发展报告》中，明确提出了广义的贫困概念，并将其定义为："贫困是指福利的被剥夺状态。"那么，福利被剥夺的含义又是什么呢？报告解释道：贫困不仅指物质的匮乏，而且还包括低水平的教育和健康；除此之外，贫困还包括面临风险时的脆弱性，以及不能表达自身的需求和缺乏参与机会。显而易见，世界银行报告所说的福利是一种广义福利的概念，它不仅包括物质福利，而且还包括文化福利和政治福利；贫困实际上是指广义福利被剥夺的状态。这种广义贫困的概念，可以使人们更加深入全面地了解贫困产生的原因，从而制定更加系统全面的反贫困战略和政策，采取与贫困作斗争的更加广泛的行动。

在上述六种贫困定义中，收入贫困用来度量贫困家庭和个人收入数量的变化，人类贫困主要用来度量特定空间贫困程度的变化，社会贫困、能力贫困、权利贫困、福利贫困旨在揭示减缓贫困的路径和方法。

## 二　贫困的类型

在贫困研究中，由于提出的命题或关注的重点不同，贫困的分

类也有所不同。（见表1—1）

表 1—1　　　　　　　　　　　**贫困的类型**

| | 类型 | |
|---|---|---|
| 类别 | 收入贫困 | 家庭总收入不足以支付仅仅维持家庭成员生理正常功能所需的最低生活必需品开支 |
| | 人类贫困 | 以寿命、教育、保健等综合反映某一地区的总体贫困情形及其变化 |
| 主体 | 区域贫困 | 超越国界的大尺度贫困，如撒哈拉沙漠以南非洲 |
| | 国家贫困 | 最不发达的国家、低收入国家 |
| | 地区贫困 | 国内贫困落后的地区，如贫困县、贫困乡、贫困村 |
| | 群体贫困 | 一国或一地区的贫困人口群体，也称贫困阶层 |
| | 家庭贫困 | 居民家庭的贫困，如城市贫困家庭、农村贫困家庭 |
| | 个体贫困 | 单个穷人或贫困者的贫困 |
| 原因 | 物质性贫困 | 缺乏维持生存或体面生活所必需的物质生活资料。可分为收入贫困、资产贫困、公共产品贫困和环境资源约束性贫困等 |
| | 能力性贫困 | 体质、智力、知识、技能和心理能力低下。可分为健康贫困、知识贫困和精神贫困，也称素质贫困 |
| | 参与性贫困 | 缺乏应有的经济、社会、文化和政治生活的参与权，不同程度地被社会所排斥或歧视 |
| 程度 | 绝对贫困 | 收入无法满足衣、食、住等人类生活的最低需求 |
| | 基本贫困 | 收入不能满足社会认可的人的基本需求或体面生活水准 |
| | 相对贫困 | 低于社会认可的收入水准。通常把低于社会平均收入30%—40%的人口视为相对贫困 |

资料来源：中国可持续发展总纲·第19卷《中国反贫困与可持续发展》。

　　绝对贫困与相对贫困是最容易理解的贫困分类。绝对贫困是指收入无法满足衣、食、住等人类生活的最低需求的贫困；相对贫困是指收入已能满足衣、食、住等人类生活的最低需求，但低于社会认可的收入水准的贫困，在发达国家，通常把低于社会平均收入30%—40%的人口视为相对贫困。收入贫困和人类贫困也是比较容易理解的贫困分类，收入贫困瞄准的是个人和家庭，以单个尺度度量贫困规模、贫困发生率和贫困程度等多个指标的变化；人类贫困瞄准的是国家或地区，以多个尺度度量贫困程度单个指标变化。以贫困集中度对贫困主体进行分类，主要是为了降低贫困瞄准的费用。也就是说，在普遍贫困的情形下，贫困瞄准的对象可以大一些；在贫困极为分散的情形下，贫困瞄准的对象必须小一些。以原因进行贫困分类旨在强调，减缓贫困既要关注物质形态的贫困，也要关注能力形态的贫困，以及机会形态的贫困。

### 三　贫困的标准

（一）贫困的营养标准

世界银行于 1979 年提出了贫困的营养标准，即每人每天所需最低热量为 2250kcal（1cal＝4.186J）。如果低于这个标准，人们从事最低限度的必要活动的能力就会受到损害。中国有关部门在确定农村贫困线时，将每日 2100kcal 作为最低热量摄入量。

（二）贫困的收入（支出）标准

虽然贫困的定义包括贫困的营养标准是统一的，但由于世界各国的物价水平存在很大的差异，各国以货币形式确定的贫困标准或贫困线会有较大的不同。1976 年国际劳工组织在国际劳动就业会议上划定的贫困线在西欧相当于人均年收入 500 美元的水平。由于其他地区的生活费用较低，这个贫困线在拉丁美洲相当于 180 美元，在非洲相当于 115 美元，在亚洲只相当于 100 美元。1979 年联合国确定的贫困标准为人均年收入 200 美元（以上均为 1970 年美元）。

1990 年，世界银行为了比较各国的贫困状况，对各国的国家贫困标准进行了研究，发现在 34 个有贫困标准的发展中国家和转型经济国家中，按 1985 年购买力平价将各国货币表示的贫困标准换算成美元表示的贫困标准，从每年 200 多美元到 3500 美元不等，而且贫困标准与各国居民收入水平高度正相关。其中 12 个最贫困国家的国家贫困标准集于 275—370 美元。世界银行在这一年既采用了 370 美元作为国际通用贫困标准衡量各国的贫困状况，同时为了有效地反映印度、孟加拉国、印尼、埃及、肯尼亚等国的贫困变化，将 275 美元（约合 1 天 0.75 美元）作为国际通用赤贫标准，用于比较各国的极端贫困状况。按 1985 年购买力平价计算的每年 370 美元的高贫困线很快被简化成"1 天 1 美元"贫困标准，并被各界广泛接受。1994 年，世界银行对贫困标准重新进行了研究，按 1993 年的购买力平价测算，10 个最贫困国家的平均贫困线约为 1 天 1.08 美元。比较偶然地，按在 1993 年购买力平价水平上每天 1.08 美元的标准测算的世界贫困人口与在 1985 年购买力平价水平上的 1 天 1 美元标准测算的贫困人口基本上均为 13 亿人。因此，世界银行当年按此标准重新测算各国贫困状况。二十多年过去了，各国物价和消费结构都发生了变动，目前，这个标准的实际数值已不是 1 天 1 美元，但仍被称作"1 天 1 美元"标准。"1 天 1 美元"的贫困标准被广泛采用的原因一是简单明了，容易记忆，二是其测算基础是最贫困国家的贫困线，"1 天 1 美元"比较符合人们对贫困生活水平的大致想象。这个贫困标准在 2000 年时被联合国千年发展目标采用，因而更为深入人心。但实际上，世界银行在其系列报告《世界发展报告》中，大多数年份都采用了多条贫困线，如 1990 年报告的贫困线和赤贫线，1994 年以后各年度报告的各国政府贫困线以及 1 天 1 美元、2 美元的贫困线，既反映了不同层次贫困状况，又体现了国际可比性。

国际贫困线所依据的各国贫困线的基本测算方法是：确定最低食品需求并计算满足这种需要的食物的支出，在此基础上测算非食品支出。但具体方法却千差万别，如确定最低食物需求时，有的按维持生存的热量摄入量计算（东南亚、非洲、印度），有的按几种主要营养要素摄入量计算（如俄罗斯）。在计算食品支出时，按穷人的实际消费结构还是平均消费结构，穷人又是什么样的穷人，非食品消费是按一揽子货品确定，还是根据效用理论直接计算支出，等等，各国解决这些问题的方法很不一样。1994 年后，各国逐渐比较普遍地采用了世界银行推荐的方法（马丁法），这种方法也是中国在 1995 年计算农村贫困标准时所采用的。

以上贫困标准皆是发展中国家特有的绝对贫困的划定方法，而不是相对贫困的划定方法，关于相对贫困的确定，一般以低于社会平均收入的 30%—40% 来确定，这主要是发达国家探讨的问题。

（三）贫困的综合标准

营养标准和收入标准都是用单个指标来划定贫困与非贫困的界线，而且它们实际上是相同的，只不过是一种问题的两种表达方式，即营养标准是确定收入标准的基础，收入标准是达到营养标准的条件。它们可以用来估计和分析贫困的规模、贫困发生率和贫困程度，但无法反映贫困造成的结果。为了解决这一问题，美国海外发展委员会又提出了划定贫困的综合标准，也称"生活质量指数"，这个指数是一年中的婴儿死亡率、文盲人数、人均寿命和人均收入的加权平均数，能较全面地反映一个国家的贫困程度和贫困造成的后果。

**四　贫困的测度**

科学的贫困测度能为正确制定和实施反贫困政策提供科学的依据和基础，从而能够更好地开展扶贫开发工作。目前，贫困的测度方法有很多，我们主要介绍以下几种。

（一）贫困线

贫困线又称贫困标准，是衡量个人、家庭或某一地区贫困与否的定量化界定标志或测定体系，即采取什么样的标准将贫困人口与其他人口区分开来。其主要功能表现为：一是测算功能，测算不同社会成员的贫困发生率，准确地确定和瞄准贫困群体，以帮助政府和有关组织为那些最需要帮助的穷人提供直接援助；二是评价功能，用于评价政府所采取的政策对贫困的影响、扶贫的效果和作用；三是分析功能，分析贫困的成因，归结贫困的类型，为政府分类指导、因地制宜制定反贫困政策提供依据；四是比较功能，比较不同时期贫困发生率的变化，把握贫困动态，预测贫困趋势，以寻求最有效的反贫困途径。作为衡量贫困的起点，贫困线受到各国社会经济发展水平的制约，在不同国家以及同一国家的不同时期贫困线也是不一样的。确定贫困线是一项极其复杂的工作，但关键是方法，通过科学可行的方法制定出的贫困线，能真实全面地反映一个国家或地区贫困的规模、程度、构成和分布，为进一步研究贫困的特征、原因以及反贫困对策措施等打下基础。目前，确定贫困线的方法主要有以下几种。

**1. 生活需求法**

又称"市场菜篮子法"，即首先根据当地维持最低生活水准确定所需的必需品，包括物品和服务的种类和数量，列出清单，然后根据市场平均价格，计算出拥有这些物品和服务所需要的资金金额，这样确定的现金金额就是贫困线。在早期的反贫困救济制度中，大部分国家都是采用这种方法，而且由专家特别是营养学家来计算所需要的起码食物品种。显然，这是一个生存型的最低生活保障线，能够保证贫困人口最基本的生活需求。从微观上讲，测算方法简明直观，具有较强的科学性和可操作性。但如何确定必需品具体的种类和数量在宏观上实在是难以统一，所以应该往菜篮子里装什么，由谁来决定，一直是人们争论的问题。

**2. 恩格尔系数法**

该方法缘自"恩格尔定律"，以一个家庭用于食品消费上的绝对支出除以已知的恩格尔系数求出所需的消费支出即为贫困标准线。反映居民总支出中食物所占的比重，数值越大，表明生活水平越低，反之则生活水平较高。根据联合国粮农组织提出的标准，恩格尔系数在60%以上为贫困（用这个数据求出的消费支出即为贫困线），50%—59%为温饱，40%—50%为小康，30%—40%为富裕，低于30%的即为最富裕。如美国规定，只要家庭支出中有1/3用于购买食物，便被视为贫困家庭或贫民，给予其社会救助，它推出的贫困线便以此饮食支出的绝对数额乘以3得出贫困线。美国人口普查局利用这个标准确定了全国的贫困规模：1960年为22%，20世纪70年代中期为12%，80年代初为15%。通过计算恩格尔系数，可以从宏观上反映一国人民的生活水平，便于国家之间的比较，如对照联合国粮农组织的标准，美国的贫困家庭属于富裕行列。不过这对于反映一国内的贫富差距问题的贡献不大。但不管怎样，恩格尔系数使现代社会对贫困的测量有了确定的依据，从而为社会救助事业走向科学化打开了通途。目前，多数国家都是用饮食支出比例高低，作为衡量家庭贫富和实行社会救济的依据。

3. 马丁法

是世界银行组织贫困问题专家马丁·雷布林，在对发展中国家贫困问题多年研究与实践的基础上提出的计算贫困线的一种新方法。他认为有两条贫困线：一条"低的"贫困线，一条"高的"贫困线。它们分别是由食物贫困线加上最高或最低非食物贫困线构成的。食物贫困线是指人体生存需要的一组"基本食物定量"的价值量，非食物贫困线是指人们为满足基本生存所必需的衣着、住房、医疗等费用支出。将每个家庭的年人均可支配收入或消费支出逐一与贫困线进行比较，低于贫困线的家庭就是贫困家庭，该家庭人口就是贫困人口。优点在于处理方式简捷有效，方法考虑全面、计算科学，但要对消费支出恰好等于食物贫困线的贫困户的非食品支出进行测定，而且数量上要达到统计要求，必须由政府出面组织，定期进行大规模的统计调查方可，所以要确定两条贫困线在操作上很复杂。

4. 国际贫困标准法

又称"收入比例法"，是经济合作与发展组织（OECD）在1976年组织了对其成员国的一次大规模调查后提出的，通常以一个国家或地区社会中位收入或平均收入的50%—60%作为这个国家或地区的贫困线，低于此标准的就是贫困。根据收入基准来确定贫困线从理论上讲是可靠的，不仅可以计算出贫困人口总数，计算的工作量也较小，可操作性强，结果直观。国家在实际统计工作中也常常采用，便于进行不同国家的比较。而且贫困线随着居民平均收入的增长而同步增长，居民可以分享社会经济发展的成果。但需要注意的是，这种方法确定的贫困线主观性强，往往是根据发达国家的统计数据和贫困状况制定的，发展中国家在经济发展水平较低的基础上如果机械地套用其既定的比例，就会脱离实际，对该国的反贫困事业和社会经济发展带来不利影响。

以上几种方法虽然各不相同，但基本上还是可以分为两大类，即以基本生存需要难以维持的绝对贫困和生活水平低于所在国家或地区平均水平一定比例的相对贫困。其中前三种确定的贫困线属于绝对贫困线，后一种则属于相对贫困标准。因为绝对贫困主要关注的是客观上的绝对意义的贫困，衡量起来比较复杂，需要选择一系列能反映基本生存需要的指标加以确定，相比较而言，相对贫困线的确定更为简便，但也有其自身的局限。总之，各种方法反映的问题不同而且分析意义有别，所以各有优劣和其存在的价值，都应得到我们的关注。

（二）人类贫困指数

贫困线主要是从经济收入来衡量贫困的。而随着贫困研究的不断深入，实际上贫困问题既有经济的因素，也有非经济的因素，而后者在实际的贫困评定中往往被忽视。联合国开发署在《1997年人类发展报告》中提出"人类贫困"的概念弥补了这一不足，提出贫困不仅包括人均国民收入的因素，还包括人均寿命、教育、卫生和生活条件等因素，即从40岁以前可能死亡的人口比例、文盲率、获得基础卫生保健服务、可饮用水和合适食物的状况等方面来衡量一个国家或地区贫困的程度，并据此综合性考察提出了"人类贫困指数"（HPI）概念。由于人类贫困指数主要是用来衡量人类发展中的贫困程度，因此需要首先了解人类发展指数的概念。

1. 人类发展指数（HDI）

该指数是联合国开发计划署在1990年首次提出的。它以人的寿命、知识和收入三大指标对一个国家（地区）在"人类发展"的三个基本方面的平均成就进行总体衡量。具体方法为：健康长寿的生活，用出生时预期寿命来表示；知识，用成人识字率（占2/3的权重）以及小学、中学和大学综合毛入学率（占1/3的权重）来表示；体面的生活水平，用人均GDP（PPP美元）来表示（是以购买力平价计算而不是按汇率计算的人均GDP的对数）。某个国家或地区"人类发展指数"数值的具体计算方法：首先计算出以上三个方面的指数（预期寿命、教育和GDP指数）的数值。为计算这三个方面的指数，先选定每个基本指标的最小值和最大值，通过以下公式计算出每个分项指标的指数，用0到1之间的数值表示：分项指数＝实际值-最小值/最大值-最小值。各项指标的最大值或最小值有的是客观域值，有的是人为规定。三个方面的域值分别是：出生时的预期寿命，最大为85岁，最小为25岁；成人识字率，最大为 100%，最小为 0；人均 GDP（PPP 美元），最大为 4 万美元，最小为 100 美元（人均 GDP 100 美元为国际贫困线）。"人类发展指数"的最终数值就是这三个方面指数的平均值，联合国开发计划署根据以上办法计算出的"人类发展指数"给各国排出先后次序。阿马蒂亚·森等研究者于 1993 年建议把所有国家按照人类发展水平的高低分为三组。现采用的划分标准为：指数为 0.800 及其以上是高人类发展水平、指数为 0.500—0.799 是中等人类发展水平、低于 0.500 是低人类发展水平。

2. 人类贫困指数（HPI）

如果说人类发展指数衡量的是一个国家在实现人类发展方面的整体进程，而人类贫困指数则是衡量某个国家或地区的人类贫困程度。相比于物质或收入衡量标准，人类贫困指数是衡量包括生活质量在内的社会发展核心指标体系，由健康水平（以出生时的人均预期寿命为衡量指标）、教育程度（以人均受教育年限为衡量指标）和生活水平（以人均 GDP 为衡量指标）三大部分指标组成：一是对长寿的剥夺 $P_1$——以不能活到 40 岁的人口占总人口百分比来表示；二是对知识的剥夺 $P_2$——以成人文盲率来表示；三是对体面生活的剥夺 $P_3$——具体用无法获得安全饮用水的人数占总人口数的比重（$P_{31}$），无法享有公共医疗卫生服务的人数占总人口数的比重（$P_{32}$）和 5 岁以下儿童中等或严重体重不足人数占总人口数的比重（$P_{33}$）三个指标来反映，计量公式为：$P_3 = （P_{31}+P_{32}+P_{33}）/3$。由此，人类贫困指数 $HPI = [（P_1^3+P_2^3+P_3^3）/3]^{1/3}$。其"实际上是用统计人口在寿命、知识和生活水准方面的短缺情况或被剥夺的情况来度量人类贫困程度的"，指数愈大，贫困程度愈深。人类贫困指数（HPI）一般被分为两类，即为发展中国家设计的 HPI—1 和为工业化国家设计的 HPI—2。HPI—2 不仅关注 HPI—1 所关注的三个方面的被剥夺情况，还增加了另外一个指标，即社会排斥程度，因此体现四个方面被剥夺的情况。人类发展和人类贫困指数的提出表明，一国贫困线的设定除了让人糊口之外，还必须要考虑到在教育、医疗、卫生等涉及人的发展方面的需求，只有确实保障贫困人口生存和发展的权益，贫困才能真正消除。

（三）贫困程度测算

在确定了贫困线的基础上我们可以选取一些指标进一步对贫困的广度和深度进行测量。目前国际上最常用的贫困度量指标包括：贫困人口比重指数、贫困深度指数、基尼系数和贫困强度指数。

1. 贫困人口比重指数

贫困人口比重指数又称贫困发生率，是指收入在某个临界水平（即贫困水平）以下的人口占总人口的比重。这也是对贫困进行度量的最简单的方法，具体公式为：

$$H = Q/N$$

其中 H 表示贫困人口比重指数或贫困发生率，Q 表示贫困人口数，N 表示总人口数。贫困人口比重指数最大的特点在于，一旦确定了贫困线，就可以比较简单且直观地说明一个国家或地区的贫困程度。其缺点在于，虽然该指数能从总体上反映出贫困状况，但对于位于贫困线以下的贫困人口的分布情况并不敏感，即贫困人口只要位于贫困线下方，无论是徘徊在贫困线附近，还是远离贫困线，贫困发生率都一样。因此，贫困发生率不能反映贫困的强度或缓解贫困所需付出的经济代价。

2. 贫困深度指数

贫困深度指数又称贫困缺口率或收入缺口，是指贫困人口收入与贫困线标准收入差。其具体公式为：

$$I' = q \, (z-\mu)$$

其中 $I'$ 表示收入总缺口，$\mu$ 表示贫困线，q 表示处于贫困线以下的人口数量，z 则表示贫困人口的平均收入。该指数能够反映出贫困程度的高低，在贫困发生率一定的情况下，贫困深度指数越大，说明贫困人口的平均收入或消费水平偏离贫困线越远，也就是收入远离贫困线的人口越多，意味着贫困程度越深。随着扶贫工作的深入，扶贫重点将转向那些更加贫困的人，因此贫困深度指数有助于缩小扶贫范围，提高扶贫的效率。

3. 基尼系数

基尼系数是国际上通常用来衡量一个国家或社会居民收入分配平等程度的指标，是 1922 年由意大利经济学家基尼以洛伦茨曲线为基础提出的。由于基尼系数能够较直观地反映出贫富差距，目前已得到世界各国的广泛采用。基尼系数的数值介于 0 和 1 之间。基尼系数等于 0，说明该社会的收入分配完全平等；基尼系数等于 1，则表示该社会的收入分配绝对不平等；基尼系数越趋向于 0，说明该社会的收入分配越趋向于平等；基尼系数越趋向于 1，则表示该社会的收入分配越趋向于不平等。按照国际惯例，基尼系数大于0.6，说明收入分配严重不平等，两极分化严重；基尼系数在 0.3—0.4 表示收入分配相对合理；基尼系数小于 0.2 则意味着收入分配绝对平均。然而，基尼系数也只能从整体上反映贫富差距程度，并不能说明处于贫困线以下的人口数量及贫困程度。

　　4. 贫困强度指数

　　由于以上指数在贫困的度量方面存在着一些不足，因此，对于贫困指标的进一步研究和改进始终没有停止过。阿玛蒂亚·森结合贫困人口比重指数和贫困缺口率构建的森指数及改进的森指数，也称贫困强度指数，被认为是对贫困的度量最具代表性的指标。虽然贫困强度指数也是建立在穷人相对于贫困线的距离基础上的，但相对于其他指数，贫困强度指数给予了远离贫困线的穷人更大的权数。

# 第二节　国际贫困与反贫困理论的演进

## 一　贫困理论

　　随着社会各界对贫困问题的认识不断加深，贫困的内涵与理念也在不断演变。总体来说，对于贫困理论的研究主要经历了三个阶段：第一阶段是绝对贫困理论，以英国学者朗特里为代表，主要观点是"一个家庭处于贫困状态是因为它所拥有的收入不足以维持其最低生理上的需要"。第二阶段是相对贫困理论，代表人物是 V. 法克思（Victor Fuchs），他认为相对贫困是以社会平均生活状况来衡量的，如果一个人或一个家庭的生活状况（如以收入或消费来衡量）低于社会平均水平（如平均或中值收入）到了一定的程度，就认为他们处于贫困状态。第三阶段是能力贫困理论，以诺贝尔经济学奖获得者阿玛蒂亚·森为代表，他认为收入或消费水平低只是贫困的一种结果，并不是贫困的真实状态，贫困不仅仅是相对地比别人穷，而是在贫困的概念中存在一个核心，即缺乏获得某种基本物质生存机会的可行能力，并提出了能力贫困的概念，他认为衡量贫困的标准应该是个人福祉（Well-being）的高低，而福祉的高低是不能简单地用收入来衡量的。如果两个人相比，一个人身体健康，一个人体弱多病，同样的收入所带来的个人福祉是完全不同的，不同的人群的需要是不同的，是有一定差异的，用单一的贫困线来界定贫困显然会忽视特殊群体的特殊需要，如患病的人对医疗的需要。森进一步认为个人的福祉是以能力（capability）为保障的，能力是由一系列功能（functionings）构成的，包括免于饥饿的功能，免于疾病的功能，享受教育的功能，等等。其他的贫困理论大多是从贫困产生的原因角度出发来研究的，主要包括以下几种。

（一）贫困文化理论

以奥斯卡·刘易斯（Oscar Lewis）为代表，他认为"贫困文化"是一个拥有自己的结构与理性的社会亚文化，表达着"在既定的历史和社会的脉络中，穷人所共享的有别于主流文化的一种生活方式"。它是"在阶层化、高度个人化的社会里，穷人对其边缘地位的适应或反应"。贫困亚文化的存在，一方面是穷人在社会强加的价值规范下面对挫折和失望的无奈选择，另一方面，也有相当一部分穷人，他们心甘情愿生活于自己的文化圈中。

（二）"贫困的恶性循环"理论

由美国经济学家拉格纳·纳克斯（Ragnar Narkse）在《不发达国家的资本形成问题》中提出，发展中国家之所以存在着长期的贫困是因为这些国家的经济中存在着若干个互相联系、互相作用的"恶性循环系列"。其中，最主要的一个恶性循环是"贫困的恶性循环"：在供给方面，发展中国家较低的收入水平，意味着低储蓄率，由此造成资本形成不足，进而导致劳动生产率难以提高。低生产能力导致低产出，低产出则造成低收入；在需求方面，发展中国家的低收入意味着购买力低下，从而造成投资不足。"贫困恶性循环"理论的核心是要说明，发展中国家（或地区）要加快经济发展，摆脱贫困，打破恶性循环，必须大规模地增加投资，增加居民储蓄，促进资本积累和形成。纳克斯的"贫困的恶性循环"理论反映了发展中国家（或地区）贫困的重要特征，并初步探讨了产生贫困的根源和摆脱贫困的途径，但是，他的理论过分强调了储蓄和资本积累对经济发展的重要性，因而受到一些学者的批评。

（三）"低水平均衡陷阱"理论

由美国经济学家纳尔逊（Nelson R.）于1956年提出，它描述在人均国民收入增长缓慢的情况下人口增长与国民收入的持久均衡状态。他认为，发展中国家（或地区）经济主要表现为人均收入处于维持生命或接近于维持生命的低水平均衡状态，即所谓的"低水平均衡陷阱"。他认为，只要人均收入低于人均收入的理论值，国民收入的增长就被更快的人口增长所抵消，使人均收入倒退到维持生存的水平上，并且固定不变；当人均收入大于这一理论值，国民收入超过人口增长，从而人均收入相应增加，直到国民收入增长下降到人口增长水平为止，在这一点上，人口增长和国民收入达到新的均衡。因此，在一个最低人均收入水平增长到与人口增长率相等的人均收入水平中间，存在一个"低水平均衡陷阱"。在这个陷阱中，任何超过最低水平的人均国民收入的增长都将被人口增长所抵消，这种均衡相对也处在稳定状态。发展中国家（或地区）必须进行大规模的资本投入，使投资的增长和产出的增长超过人口增长，才能冲出"低水平均衡陷阱"。"低水平均衡陷阱"理论从多方面探讨了发展中国家（或地区）贫困的原因，分析了资本稀缺、人口增长过快对经济增长的障碍，强调资本积累和形成对摆脱"低水平均衡陷阱"的决定性作用。该理论的指导意义在于，它说明了发展中国家（或地区）经济贫困落后的主要原因是人均收入过低、导致储蓄能力过低，投资量小和资本形成不足；而人均收入低的原因又在于资本积累和形成不足。

（四）"临界最小努力"理论

由哈维·莱宾斯坦（Harvey Leeibenstein）于1957年提出，他认为，发展中国家（或地区）要打破收入低与贫困之间的恶性循环，就必须保证足够高的资本投资率，促进国民经济的快速发展，使国民收入的增长速度超过人口的增长速度，从而使人均收入水平得到明显提高，这个投资率的水平值即"临界最小努力"，没有这个"最小努力"就难以使发展中国家（或地区）的国民经济摆脱贫困落后的困境。莱宾斯坦认为，发展中国家（或地区）长期处于低收入水平的循环中，国民经济的内在推动力量太小，低下的收入水平决定了它们即使不断增加投资，资本形成的规模都小于经济起飞所需要的临界最小数量，因而最终又会落到低收入均衡的陷阱，无法打破这种稳定的均衡。"临界最小努力"理论特别强调了资本积累与形成对促进经济发展的重要性，这对于认识发展中国家（或地区）的经济现状及反贫困战略的安排都具有重要的启发意义。世界经济发展史也证明，在经济极度落后、科技不发达、自然资源和人力资源相对匮乏的国家（或地区），资本积累与形成对于推动经济增长的确非常重要。但是，如果把资本积累和形成看作是经济发展的决定性因素，就有片面和绝对的理论倾向。

（五）"循环积累因果关系"理论

由冈纳·缪尔达尔（Gunnar Myrdal）于1957年提出。他认为，在一个动态的社会过程中，社会经济各因素之间存在着循环累积的因果关系。某一社会经济因素的变化，会引起另一社会经济因素的变化，这后一因素的变化，反过来又加强了前一个因素的那个变化，并导致社会经济过程沿着最初那个因素变化的方向发展，从而形成累积性的循环发展趋势。与其他学者不同的是，缪尔达尔从经济、政治、制度、文化、习俗等广泛的层面上研究发展中国家贫困的原因，指出发展中国家的贫困并不是纯粹的经济现象。缪尔达尔认为，社会经济发展的过程是一个动态的系统，其中，社会、经济、政治、文化等各种因素互相联系，互相影响，互为因果，呈现出一种"循环积累"的变化态势，形成"累积性的循环"。典型的循环是，在发展中国家，收入水平低，导致人们的生活水平低，而生活水平低的一个直接后果就是营养不良、医疗卫生状况恶化，健康水平下降；另一个后果就是教育水平低下，从而使人口质量下降，劳动力素质不高，那么劳动生产率就难以提高，劳动生产率低下又最终导致低收入，从而开始了新一轮的贫困循环。所以，缪尔达尔的结论是，资本形成不足和收入分配不平等是导致发展中国家贫困的最重要因素。缪尔达尔的贫困与反贫困理论的最大特点在于突破了纳克斯的悲观论调，强调通过制度上的一系列改革来提高资本形成和收入增长。同时他还主张采取"地区不平衡发展"战略，即通过发达地区的优先发展，形成"扩散效应"来带动其他地区的发展。因此，这一理论成为后来发展经济学中的"不平衡发展"理论的主要依据之一。

### 二  反贫困理论

反贫困理论构建主要有三个来源：一是后凯恩斯主义经济学，简称主流经济学，以保罗·萨缪尔森在《经济学》中提出的"收入可能性曲线"和阿瑟·奥肯在《平等与效率——重大的抉择》中提出的"漏斗理论"为代表；三是福利经济学，以霍布森、阿瑟·庇古和阿马蒂亚·森为标杆性人物；三是发展经济学，以瑞典经济学家冈纳·缪尔达尔的反贫困思想为代表。由于世界各国发展历史不同，经济和社会发展进程中差异较大，所以产生贫困的原因也不尽相同，因此形成了各种自成一体的反贫困理论。具体来说反贫困理论主要有：

（一）经济增长理论

以库兹涅茨、韦斯科夫和刘易斯为代表的学者认为，经济增长是减缓发展中国家贫困最有效的途径，通过促进经济增长来解决贫困问题。在这种理论影响下，20 世纪 60 年代以来，许多发展中国家和国际组织（如世界银行）均强调采用以经济增长为导向的国家发展战略，它们希望国民经济高速增长会对国民收入产生"扩散效应"或"涓滴效应"，民众会从经济繁荣中获益，进而解决贫困问题。

（二）综合反贫困理论

缪尔达尔基于贫困的综合成因，主张通过权力关系、土地关系、教育和人口制度等方面的改革，实现收入平等，提高穷人的消费能力。据此，亚洲发展中国家，如印度、中国、印度尼西亚等吸收了综合反贫困理论的内核，制定了满足人类基本需要的反贫困战略，即对穷人尤其是农村贫困人口提供基本商品和服务、基本食物、水与卫生设施、健康服务、初级教育和非正规教育以及住房等。这些国家在政治、经济等领域进行了一系列改革，使人民的生活水平有了较大幅度的提高。

（三）增长极理论

法国经济学家弗郎索瓦·佩鲁基于经济规律和不发达地区资源稀缺状况提出了"发展极"理论。通过政策支持使生产要素向落后地区的发展极（如中心城市）集中，通过发展极的经济发展及其产生的辐射效应，带动周围地区的经济增长，进而缓解贫困。但是，佩鲁的"增长极"理论只是从正面论述了"发展极"对自身和其他地区经济发展的带动作用，却忽视了"增长极"对其他地区发展的不利影响，由于优先推行工业化发展战略，必然以剥夺农业和农村为代价，易造成贫富差距扩大的恶果。

（四）人力资本投资理论

这一概念最早由亚当·斯密提出，之后得到了很多学者的继承与发展。如西奥多·舒尔茨将人力资本系统化为理论，写成《在人力资本的投资》一文传播其理论思想。可以说美国经济学家舒尔茨是第一个提出人力资本理论的人。在他看来，土地本身并不是导致人类贫困的主要原因，而人的能力和素质却是决定贫富的关键，人力资本的提高对农业及整个经济的作用，远比物质资本的增加更为重要。同时，解决农民问题的关键是增加人力资本投资，这种投资的收益率高于其他投资。一个受过教育的农民会通过接受新知识、新社会、新技术，靠自己的能力在市场上竞争，实现脱贫致富。他也说明了人力资本主要表现为知识、技术能力、体能等。这些资本因素都是经济增长的投资因素。这就使不少学者认为加大教育投入、增加技术能力培训、开展卫生保健等方面的人力资本投资，是解决贫困问题的主要路径。舒尔茨提出的人力资本投资观点对发展中国家反贫困战略实践产生了深远的影响，投资贫困者的人力资本不仅能消除当前的贫困，而且有助于铲除贫困的根源。

（五）社会资本理论

社会资本概念的产生最早可追溯到1916年，但那时提出并没有得到学术界的很大关注，直到法国学者布迪厄正式提出社会资本概念后，学界才开始对这一理论产生兴趣。自 20 世纪 90 年代以来，社会资本被广泛地引入到对发展中国家经济发展、贫困等问题的研究之中。与物质资本和人力资本一样，社会资本也是人们从事经济活动、获得收益和福利的基础与资源。同样，我国也是在那个时候，开始引入社会资本理论，不久之后，在各个领域，如社会学、经济学、政治学等开始出现了学术研究成就。直到现在，这方面已经积累了不少研究成果，主要还是围绕经济增长、公共物品供给、收入分配、社会保障制度等方面展开研究，而这些方面与反贫困研究都有着密切的关系。因此，可以说，社会资本作为一种存在于社会关系中的隐性资源，为反贫困问题研究提供了崭新的理论分析视角。

（六）空间贫困理论

空间贫困理论的渊源可以追溯到 20 世纪 50 年代，早先是由哈里斯和缪尔达尔提出的，主要是欠发达地区的经济发展与地理位置有关的早期空间经济学。在此之后，就有更多的学者将自然地理因素纳入到贫困研究的分析框架中，逐渐形成了"空间贫困"理论。可以说，空间贫困理论首先强调的就是贫困与空间地理之间的紧密联系，用"空间"这个概念形象而具体地概括贫困问题。也就是说，将空间因素纳入到贫困发生的分析体系中，并概括出空间贫困的四大基本特征以及主要衡量指标：①区位劣势——距离基础设施的远近，教育的可获得性；②生态劣势——土地的可利用性和质量，雨量线及其变化性；③经济劣势——与市场的连通性；④政治劣势——被认为投资回报率低的地区。

## 第三节 国际扶贫开发的实践

根据国际上现有的扶贫政策实践以及各种政策的功能定位，大致可分为如下几个类别：①旨在直接增加生产投入要素的政策，包括人力资本政策、土地改革政策、鼓励技术进步的政策（如绿色革命）、人口与移民政策等；②旨在完善市场的政策，如贸易开放的

政策（包括国内和对外贸易）、金融发展政策等；③完善生产生活
条件的政策，如公共基础设施投资政策，生态环境保护政策；④旨
在降低经济生活不确定性的政策，如社会保障政策；⑤再分配政
策，如财政和公共支出政策；⑥公共治理的政策，如扩大参与
（participation）和赋权（empowerment）、政治和社会基本制度改革
等；⑦国际减贫协调与合作政策，如结构调整政策（Structural Ad-
justment Policy，SAP）和减贫战略报告（Poverty Reduction Strategy
Papers，PRSPs）；⑧农业现代化政策、农村工业化和城市化政策
等。在实际的政策实践中，很少有政策只考虑单一的功能或目标，
而往往是多种功能和目标的组合。

## 一　小额信贷与贴息贷款

小额信贷的理论基础：正规商业银行不愿意为穷人提供信贷服
务，因为数额小、没有抵押、风险大、交易成本高，而穷人又存在
信贷需求，有能力使用信贷资金对穷人提供的信贷服务必须有别于
一般商业性信贷服务。穷人一般对金融机构非常陌生、有距离感，
对穷人的信贷服务必须从地理距离和心理距离上都接近穷人，减少
交易成本。主要做法：一是扩大基层营业机构和人员服务农户的数
量；二是通过与农户的接近减少信息成本。适当的高利率，以保证
利息收入能补偿经营费用，保持信贷项目的可持续性，同时也可以
防止信贷资金的漏出，用社会压力替代抵押，同时提供良好的激励
机制。一些成功的小额信贷计划也强调对农户的储蓄能力的培养。
小额信贷服务主要有三种不同的模式：一是以小组联保技术著称和
针对最贫困人口的孟加拉乡村银行（GB）模式。二是以完全商业
化方式运作的印度尼西亚人民银行的农村信贷部（BRI - Unit）模
式。三是以社区自我管理为核心理念的社区基金模式，如拉丁美洲
的村庄金融、非洲的村庄存款和贷款协会、印度的自助小组金融、
中国的村级互助资金。在发展中国家，由于受信息、交易成本、垄
断以及不合理的政府干预等因素的影响，正规金融市场的发展受到
严重的抑制；而中小企业和居民家庭（特别是在农村地区）也因为
缺乏有效的抵押品和担保，加上经济生活中的不确定性，无法获得

充分的正规金融服务，资本积累缓慢（包括物质资本和人力资本）
（McKinnon，1983；Shaw，1973；Besley，1995；Morduch，1999）。
为了缓解正规金融供给不足的局面，从 20 世纪五六十年代开始，
政府试图通过金融机构扩张、强制性的贷款安排、限制存贷款利率
等手段来进行干预。经过 20—30 年的实践，这种干预在一定程度
上收到了效果，如正规金融机构的网络得到了扩展，对中小企业和
农户的贷款迅速增加，农村金融市场的利率在总体上有所降低，但
是也产生了许多问题，如严重的不良贷款、政府和金融机构之间的
多重道德风险问题、贷款对象不能有效瞄准等（Aleem，1990；Hoff
和 Stiglitz，1990；Adams 和 Von Pischke，1992）。到 20 世纪 80 年
代，正当理论界普遍对通过上述干预手段实现发展和减贫的前景感
到悲观时，小额信贷（microfinance）的兴起和被"发现"似乎为金
融干预政策的未来投下了一抹曙光。以孟加拉国的 Grameen Bank
（GB）、印度尼西亚的 Bank Rakyat Idonesia Unit Desa（BRI）和 Ba-
dan Kredit Desa（BKD）、玻利维亚的 BancoSol 和拉丁美洲的 Finca
Village Bank（FVB）为代表的小额信贷机构，从一开始就显示了与
传统正规金融机构不同的特征：①就功能定位而言，不少小额信贷
机构明确地表示除了提供金融服务外，还提供多种类型的社会服务
（如扩大参与、促进女性赋权、扶贫、法律援助等），如 GB 和
BKD；②就服务群体而言，大多数小额信贷机构以那些被正规银行
排除在外的人群为贷款对象；③就贷款规模和还款期限而言，大多
数小额信贷机构的规模都比较小，期限较短；④就贷款风险控制技
术而言，同伴选择（peer selection）、同伴监督（peer monitoring）、
动态激励机制、以社会资本为基础的抵押替代等创新性机制被广泛
地应用；除此之外，小额信贷还存在其他方面的与众不同之处，如
创新性存款机制安排、主张商业化可持续运作等，对传统的金融理
念和扶贫理念都是重要的突破。在最近二十几年来，GB、BRI、
BancoSol、FVB 等主流小额信贷机构得到了迅猛发展。如今，GB 已
经拥有超过 320 万的贷款客户（其中 95% 是妇女），1178 家分支机
构，为 4.1 万多个村庄提供了服务，并拥有超过 30 亿美元的资产
（Mainsah 等，2004）。统计数据表明，BRI 目前为将近 3000 万的客

户提供了存款服务，为310万客户提供贷款服务（Maurer，2004）。这些操作模式不仅迅速地在发展中国家推行，甚至在发达国家也得到了传播和复制（Colin，1999），甚至连传统的金融机构也开始借鉴小额信贷的操作模式，国际捐赠机构也开始对小额信贷纷纷慷慨解囊（Morduch，1999）。然而，当我们的目光不仅仅关注小额信贷机构的数量扩张、服务的人数、总贷款规模和还款表现，而开始审视小额信贷对贫困居民经济与社会生活的实际影响特别是长期影响时，结果却存在不少争议。

彼特和汉德克（Pitt and Khandker，1998）利用BIDS（Bangladesh Institute Development Studies）和世界银行的联合调查数据，对小额信贷的影响进行了较为严格的检验，结果表明，小额信贷项目有助于促进穷人的消费平滑和资产积累，此外还有助于促进穷人的人力资本积累，并有助于提高妇女的福利。此外，汉德克（1998）研究还证实了小额信贷对减贫的长期影响，尽管这种影响在总量上不是很明显。而默多克（Morduch，1998）利用与汉德克相同的数据（但使用了不同的方法）进行的分析表明，小额信贷项目对减贫的长期影响几乎不存在（或者非常小）。彼特和汉德克（1999）对默多克的方法进行了检验，认为默多克对该数据采集用了错误的方法。在汉德克（2003）利用更新的孟加拉小额信贷项目面板数据进行的分析中，认为小额信贷项目对减贫存在长期的影响。相关的更多讨论可以参见默多克（1999）的综述文章以及汉德克（2003）。一些关于小额信贷的案例分析也显示出了差异，衣库（Iqabl，2004）对埃及经验的分析表明，在不同的调研样本中，小额信贷的接受者的经济状况是否得到改善存在着很大的差异，有研究表明，小额信贷在向脆弱性群体提供服务时缺乏效率，而在为具有创业精神的穷人提供服务时具有较高的效率。印度尼西亚BRI中的大部分客户属于社会中的低收入群体和中小企业，但是BRI不专门针对贫困线以下的绝对贫困人群提供服务，而只向从事经济活动并有支付能力的贫穷劳工（working poor）提供服务（Maurer，2004）。这些研究表明，与传统的金融机构相比，小额信贷在向相对贫困的人群提供服务上是比较成功的，但对那些贫困程度较深的人群的覆盖和产生的影响可能是有限的，对于这部分人群，仅仅通过提供小额信贷可能无法在根本上解决其贫困问题。此外，考虑到生产投资一般具有一定的规模经济要求，而在小额信贷中，较穷的人贷款只有平均贷款规模的1/4左右，这也有可能限制小额信贷的减贫影响。要对小额信贷的减贫影响做更严格的和具有普遍意义的估计还需要在抽样和数据搜集上进行更多的努力。

贴息贷款也是国外政府扶贫常用方法之一，即提供给穷人的贷款利率远低于市场利率，利率差额由财政或其他资金补贴。贴息贷款的基本理论假设有两条：一是穷人对资金有需求但付不起高利息；二是从扶贫的角度对穷人最好提供无偿的生产资金，但无偿提供资金容易养成依赖心理，为了防止依赖心理的产生，最好是提供低息的有偿资金。无偿资金支持生产活动成本太高，许多发展中国家政府实施的信贷扶贫计划都是贴息贷款，如印度乡村综合开发计划中贴息贷款，印度尼西亚的水稻生产信贷计划。但贴息贷款项目没有一个被证明是十分成功的。为什么贴息贷款项目不能达到预期的目标？这是典型的漏出问题，即穷人在社会上是弱势群体，在没有严格的监督体制下，各个层次有权有势的部门和个人都可能影响贷款的分配。利息补贴越多，漏出的可能性越大。建立完善的监督机制成本可能很高，有时甚至是不可能的。再有就是还贷问题：政府提供的资金经常被认为是救济性的，可还可不还。一旦形成这种观念或有不还款的历史，农户还款的积极性就非常低。此外，如果农户觉得贷款只是一次性的，还款的可能性就更小。金融机构的积极性问题：商业性银行发放贴息贷款有利益冲突，政策性银行的能力、交易成本及财政约束。财政问题：政府有多大的能力长期提供利息补贴。

## 二　公共基础设施建设

公共基础设施建设的目标是在为贫困者提供就业机会的同时，建造一些基础设施。公共工程计划的支持者认为，劳动力是贫困人口拥有的最大资源，由于各种条件的限制，多数情况下没有得到充分的利用。与此同时，贫困地区的基础设施十分落后。如果利用穷人的劳动力资源进行基础设施建设，既可以为贫困者提供就业机会，增加工资收入，同时又可以改善贫困地区长期发展的能力。工程技术的选择对贫困人口短期和长期的收入增长起决定作用，资本密集性和劳动密集性、工资率的选择也十分关键，既影响工程的成本和技术的选择，也影响穷人从就业中受益的可能性。公共基础设施建设对农业生产、经济增长和减贫的重要性在很多文献中被强调（Binswanger et al.，1993；Fan et al.，1999；Jacoby，2000；Jalan and Ravallion，2002）。从发展中国家的经验来看，公共基础设施建设（特别是在贫困地区）对穷人的影响主要包括如下几个方面（Songco，2002；Diop，2005；Chatterjee et al.，2004；van de Walle，2002）：①公路、水利、电力、通信等基础设施的建设将增加贫困人群进入市场和开展贸易的机会，节省交易成本（Binswanger et al.，1993；Limao and Venables，1999）；②基础设施的改善将促进生产率的提高，降低生产风险，同时促进非农产业的发展，扩展就业机会（Kandker，1989；Fan et al.，1999；Fan and Rao，2002；Escobal，2001）；③公共基础设施建设直接为穷人提供工作机会，增加经济收入（如以工代赈）（朱玲等，1994；张伟新，2000）；④基础设施的改善将扩展穷人获得教育和卫生保健的机会，从而增加其人力资本（Fan and Chan-Kang，2005）；⑤基础设施的改善有助于使穷人获得更多非经济性的福利，如促进性别平等、增加社会流动性、改变生活方式等（van de Walle，2002）。一些研究直接估计了基础设施状况对减贫的影响。权（Kwon，2001）对印度尼西亚21个省1976—1996年的减贫决定因素分析表明，具有更充分的道路服务的省份更有可能获得更好的灌溉服务和有更高的作物产出，这些省份的居民也拥有更多的非农工作机会。利用最小二乘模型估计的结果表明，道路建设对减贫有着非常显著的影响。德康和克里斯南（Dercon and Krishnan，1998）使用埃塞俄比亚的家庭调查数据，分析了该国1989年、1994年、1995年贫困变动的影响因素，结果表明，能够获得更好道路服务的人口组有更低的贫困水平，并且其贫困水平随季节变化的波动程度也更小。中国学者樊胜根等人对中国道路建设的减贫影响进行了评估，发现西北和东北地区的道路建设对减少城市贫困有着最显著的作用，西北和西南地区的道路建设对减少农村的贫困有着最显著的作用，他们对不同地区（包括城市和农村）道路建设的减贫边际回报分析为确定未来交通基础设施建设投资方向提供了有益的借鉴。但是，基础设施建设并非对所有的穷人都有同样的影响：首先，一些大型的工程建设会使一些农民失去土地，或者进行迁移，有可能会导致经济福利的损失（Songco，2002）；其次，即使在同一个社区中，不同的人对这些公共基础设施的利用能力和实际利用程度是不一样的，基础设施改善带来的农业现代化和非农产业发展可能会导致经济不平等的增加（Benjamin and Brandt，1999；Rozelle，1994；Khan and Riskin，2001），这有可能会抵消其通过收入增长渠道对减贫所起的正面作用（Fan 和 Chan-Kang，2005）；最后，实践表明，基础设施能否对穷人产生预期的影响，还取决于一系列配套的条件（Escobal，2001；Chatter-jee，2005）。埃斯科巴（Escobal，2001）指出，交通基础设施建设作用的发挥还取决于教育、电力等其他方面的基础设施投资。基础设施建设是否具有利贫性质与其评估方式和能否进行有效监管密切相关。在传统的基础设施建设项目中，成本—收益方法是非常流行的方法，通过比较消费者剩余（和生产者剩余）的价值与项目投入成本的大小，以是否具有某一高于临界水平的内部收益率来决定项目是否应该得到实施。成本—收益方法对经济收益的集中关注近年来备受诟病，一些研究者认为，这将使那些经济条件原本较好的地区更容易获得基础设施建设项目，而使贫困地区的基础设施投资偏低（Fishbein，2001；van de Walle，2000）。最近的研究认为，贫困地区基础设施投资的回报率不一定低，在项目评估中应该包括更多元的价值，如对贫困居民教育、健康以及其他社会的影响，使项目的减贫瞄准更精确（Songco，2002；Robinson，2001）。此外，基础设施建设的再分配效应在未来需要得到充分考虑（Mahapa 和 Mashi-ri，2001；Fan 和 Chan-Kang，2005）。公共工程计划在一些中等收入国家（智利、阿根廷和南非）已经被证明是奏效的，但在其他许多国家则并不是如此，中国的以工代赈既有成功的经验，也有值得注意的问题。

### 三　早期儿童开发与健康

在许多国家，当贫困儿童到了上学的年龄，他们在认知能力和交往能力方面存在显著的不足。最近的研究发现修正了大脑结构是在出生时就由基因遗传决定的最初看法，并且将其归于早期经历（从胎儿到 6 岁，特别是前 3 年）对大脑构造和成人能力起决定性作用。对学生成绩的国际比较研究证实，社会经济环境是影响学习成绩的压倒性决定因素，而学校的因素则仅解释了 20% 的成绩差异，重点是重视儿童健康（尤其是营养）和感知、交际激励。扩大公共资助幼儿园规模，使其向所有儿童开放。

健康是贫困的一个重要维度，也是导致收入贫困的重要原因之一。在发展中国家，通过有效的政策设计扩大基础医疗保健服务供给，被认为是发展中国家提高居民健康水平、增加人力资本积累和减少贫困的基本手段。与城市居民相比，农村居民在经济上和社会福利上尤其处于更加不利的地位，如何通过制度创新，动员有限的资源以增加对农民的基础医疗保健服务，更应被高度关注。以伊朗为例，伊朗的基础医疗保健制度（primary health care system）旨在增加（偏远）农村地区居民的医疗保健服务获得，减少城乡之间在医疗保健上的差距。该制度有三个基本组成部分：①在偏远地区和人口稀少地区建立卫生室（health house）；②为卫生室配备医务工（health worker）；③建立一个简单但具有良好一体化特征的卫生信息系统。卫生室的主要任务包括：记录和搜集卫生数据，公共健康教育和促进社区参与，产前、产中和产后护理，家庭计划服务，免疫和疾病控制等。乡村医疗网络层级中的二级和三级机构为医务室提供后备支持。基础医疗保健制度的实施对伊朗农村居民健康状况的改善起到了很大的作用：1974—2000 年，伊朗的新生儿死亡率从 39‰下降到 20.6‰；婴儿死亡率从 120‰下降到 30.2‰，基本与城市的水平持平；但是五岁以下儿童死亡率中间出现很大反复，没有出现明显改进；每 1 万活产婴儿的孕产妇死亡率从 370 人减少到 35 人；此外，在其他免疫手段和药品使用上，许多指标均与城市地区持平甚至表现得更好（Mehryar，2004）。伊朗的经验表明，即使在相对贫穷的国家和非常有限的资源条件下，如果政府能够做出可信的政治承诺，并辅以有效的制度创新（包括资源配置上的分权和协调、目标导向、人员的训练和监管等），还是能够实现普遍的基础医疗保健服务供给的。

### 四　基础教育

教育是穷人和富人之间以及男性和女性之间重要的机会均衡器，儿童从学校获益的能力受到他们早期获得的认知能力和交往能力的巨大影响。证据表明，如果弱势儿童继续在低质量的初级学校中学习，那么早期干预的成效就会逐渐消失。教育成就有广泛的社会收益，而且这些收益并没有完全被个体获取，具有一定的外部性。在教育投资中，基础教育投资被认为具有优先权，不少经验研究证明，在发展中国家，对落后地区进行教育投资、对基础教育投资、对妇女的教育投资通常能够获得更高的收益回报率（World Bank，1995，1999，2001；Sen，1999）。因此，扩大基础教育投资成为主流的减贫政策安排之一。家庭的直接教育成本——学费——被认为是影响入学率的关键因素，因此对基础教育进行补贴、实行低收费甚至免费的基础教育成为这一领域的政策热点（Avenstrup，2004；Ravallion 和 Wodron，2000；Behrman 和 Sengupta，2005；Zhang，2004）。艾文斯楚普（Avenstrup，2004）回顾了肯尼亚、马拉维、莱索托和乌干达的免费基础教育实施情况，这些政策的实施促使入学率和入学人数剧增，入学人数和入学率的增加对穷人有积极的影响。比如，在乌干达，最穷的阶层的入学率和最富有阶层的入学率几乎持平。此外，普及基础教育还被认为有助于扩大公众参与和分权，这些将有助于使穷人摆脱贫困。这四个国家的实践表明，即使在比较贫穷的国家，实行免费基础教育也是可能的，但是如何使这样的政策具有可持续性、如何解决高辍学率、如何保证教育质量等一系列后续问题，还需要更多研究和政策创新。张伟新（Zhang，2004）回顾了中国实施九年制义务教育的情况，自从1986年义务教育法通过以来，适龄儿童入学率稳步增长，到2002年，小学和初中的入学率分别达到98.6%和90%。成人文盲率降低到 4.8%。根据樊胜根（Fan，2003）的研究，在农业研发、水利、道路、教育、电力和通信等六项投资支出中，教育对减贫的影响最大。农业部政策研究中心（2001）的一项研究也表明，教育成就对农民的收入增加具有积极的影响。这些研究意味着，中国在过去二十几年的经济高速增长和大规模的减贫与（基础）教育的普及具有密切关系。但是中国的基础教育投资仍然存在很多挑战，如城乡和地区之间在基础教育资源配置上的不平等、基础教育与高等教育之间的资源配置问题等。值得一提的是，中国政府于 2005 年宣布，2007 年将在农村的家庭经济困难的学生中实施"两免一补"政策，2010 年力争在农村地区全部实行免费义务教育，2015 年在全国普遍实行免费义务教育。这一政策能否有效实施，资金如何动员和分配，如何分配和界定中央政府和地方政府的责任，在未来值得我们关注。

### 五　社会保障

传统的观点认为，社会保障政策是一种再分配方式，最近的理论和实践工作同样强调了社会保障至关重要的增强机会作用。通过帮助穷人管理风险，社会保障计划扩大了他们的能力并提高了整体效率。即使最纯粹的再分配计划都有重要的增强机会作用。以社会养老金计划为例，这些计划是纯粹对老年人的有针对性的转移支付，以避免他们陷入贫困，但由于养老金的有规律支付，计划增强了项目参与者对贷款的可获得性，这就可以促进对居民的身体资本和儿童及老人的人力资本的更高的投资。社会保障系统同样有助于社会开展改革，因为没有社会保障系统，改革将有不可克服的公平和政治成本。西方国家一般把社会保障体系称为社会安全网，所谓的社会安全网，指的是专门针对那些对贫困和冲击抵御能力脆弱的人群实施的、具有非供款性（non-contributory）的转移支付计划和政策安排，有时也被称为社会救济和社会福利计划。一般的社会安全网包括现金转移支付（有条件的和无条件的）、食品相关计划、价格和其他补贴、公共劳务等，有时还包括旨在保证获得基础公共服务（如医疗保健、教育和电力设施）等。社会安全网的基本功能有两方面：一是通过收入再分配，帮助个人和家庭克服短期贫困；二是帮助个人、家庭和社会克服风险，减少短期冲击对生活、生产和社会政策安排的影响，使之保持平稳。因此，社会安全网是直接以贫困（或者有可能陷入贫困）的人群为瞄准对象的。社会安全网包含的内容繁多，我们很难在这里进行全面的回顾，但是，"有条件的现金转移支付"（Conditional Cash Transfer，CCT）作为一项创新性的制度安排，被国际学术界和政策制定者高度关注，值得我们重视和借鉴。CCT 是一种通过货币和实物补助来减少贫困，并要求贫困家庭的成人参与劳动以及对下一代进行人力资本投资来降低家庭在未来堕入贫困的可能性的政策安排。一般地，CCT 一旦选定目标家庭，其补助金额不随家庭成员的劳动力选择和收入水平而变化。而在传统的补助政策中，家庭收到的补助金额往往随其收入水平的提高而降低，对家庭中的成人产生逆向的激励（降低劳动投入以获得高水平的补助）（Soufias and di Maro，2006）。在现有的政策实践中，墨西哥的 PROGRESA、巴西的 Bolsa Escola 和厄瓜多尔的 Bono de Desarrollo Humano（BDH）是比较具有代表性的 CCT 项目。墨西哥的 PROGRESA 是一项针对农村贫困地区的有关教育、健康和营养的大型 CCT 项目，是同类项目中运行得比较成功的，并且拥有完备的记录，因此被广为研究。成年人的劳动选择是 CCT 项目能否取得成功的关键，斯库弗斯和马里奥（Skoufias and di Maro，2006）研究了 PROGRESA 计划对家庭成年人劳动力供给的影响，基于面板数据的分析表明，PROGRESA 计划对成年人的劳动力参与在长期没有影响，并且没有出现因为有外部援助而减少劳动力供给的现象，这与一般的经济行为模型预期相反。此外，斯库弗斯和马里奥还发现，PROGRESA 计划的实施显著地减少了家庭贫困，这种显著性对不同标准的贫困线都是稳健的。格特勒（Gertler，2004）研究了 PROGRESA 计划对农村地区儿童健康的影响，逻辑对数回归结果表明，PROGRESA 的实施显著降低了儿童的发病率，新生儿的发病概率比对照组要低 25.3%，经历两年政策干预的 0—35 个月的儿童的发病率比对照组的家庭低 39.5%。此外，儿童患贫血和低身高的概率也大大降低。不过作者指出，儿童健康和营养状况的改善可能仅仅是大规模现金补贴的结果，而不一定是行为要求的结果，因此在解释结果时还需要保持审慎。此外贝尔曼和森古普塔（Behrman and Sengupta，2005）和舒尔茨（Schultz，2004）的研究均表明，参与 PROGRESA 对促进儿童入学率有非常显著的作用。布吉尼翁等（Bourguignon et al.，2003）对巴西一项 CCT 计划——Bolsa Escola 计划——对劳动力供给、儿童入学率和贫困的影响进行研究，发现 Bolsa Escola 对巴西 10—15 岁的儿童的入学有显著影响，但是与斯库弗斯和马里奥的结论相反，Bolsa Escola 的实施对现期贫困和不平等的影响非常微弱。斯堪第和奥加（Schady and Araujo，2006）研究了厄瓜多尔 CCT 项目——Bono de Desarrollo Humano（BDH）——对儿童教育的影响，也发现该项目对提高儿童入学率有非常显著的促进作用。这些 CCT 项目的影响在总体上是积极的，尽管对现期贫困产生的影响不尽相同。这些 CCT 项目有几个方面的经验值得我们关注：第一，有比较合理的劳动投入激励机制；第二，兼顾短期和长期的减贫目标；第三，有比较科学规范的瞄准和定位；第四，有相对完备的信息系统，为后续的研究和计划的改进奠定基础。

### 六　财政分权与扩大参与

在当前的国际扶贫政策实践中，分权和扩大参与，不仅其自身作为政策目标被强调，而且它们也成为制定其他扶贫政策的规范性要求之一，成为有关政策制定的政策，这在国际发展援助机构（如世界银行、UNDP、IMF 等）各类政策安排中表现得尤为明显。

（一）财政分权

早在"结构调整政策"时期，分权就成为国际机构实施援助的重要根据之一。分权的基本类型包括行政分权、政治分权和财政分权。财政分权指的是上级政府授予下级政府财政事务的决策权（UNESC，2005）。财政分权对减贫的可能促进作用表现在（Rao，2005；UNESC，2005；Boex，2005）：首先，由于中央往往负担了更多的事务，地方政府更有可能根据穷人的需求和偏好来更有效地传递教育、医疗卫生等公共服务；其次，地方政府对本地信息掌握更充分，更了解本地贫困人群的需求和偏好，分权将促使公共财政支出更有可能投向穷人和贫穷的地区；最后，财政分权将提高地方政府实施利贫的公共政策的能力。

财政分权已经成为许多发展中国家财政制度安排的发展趋势。一些有关印尼、巴基斯坦和菲律宾的研究表明，实行分权后，这些国家的公共服务传递有了显著的改进（UNESC，2005）；法盖特（Faguet，2000）对玻利维亚案例的实证分析表明，实行（财政）分权后，玻利维亚地方政府在健康和卫生、教育等公共服务的传递上有了显著改进。但是，玻利维亚地方政府对某些类型（水管理）的公共服务需求反应不敏感，而中央政府对此更有敏感性。顾昕和方黎明（2004）对中国农村公共医疗保健服务政策进行了分析，认为财政分权可能是促使当前农村公共医疗保健服务供给不足的原因之一，《中国人类发展报告2005》也得到了类似结论。此外，埃利斯等（Ellis et al.，2003）对马拉维PRSP进行的研究表明，当地方政府以增加收入为目标时，实行财政分权反而可能对农村居民的减贫政策产生阻碍。

（二）扩大参与

现行国际扶贫政策对扩大参与的强调反映在各个层次上：从一个国家（地区）减贫战略报告（PRSP）的制定，到社区公共发展规划，到个人层面的参与式贫困评估（Participatory Poverty Assessment，PPA）。参与式发展的合理性表现在多个方面：第一，通过参与式发展，可以使穷人更有机会表达自身的利益诉求，从而有利于定位目标人群，并制定针对性的政策安排，使穷人能够更多地分享发展成果（Karl，2000；UNESC，2005）；第二，参与式发展不仅是挖掘穷人需求信息的过程，更是一个穷人表现自身创造力的过程，从而有利于政策创新，提高减贫项目的有效性、效率、可持续性以及政府的责任性（Pretty et al.，1995；Karl，2000；Beresford和Hoban，2005；Hjorth，2003）；第三，穷人通过参与式发展可以培养自身能力和独立性，从而有助于实现可持续的脱贫（Beresford and Hoban，2005）；第四，出于主体性的要求，穷人不仅仅作为发展的被动受益者，而且应该参与到发展的过程中来（G. Sen，

1997；Sen，1999）。

特克（Turk，2001）对越南参与式贫困评估实践经验的回顾表明，参与式贫困评估对改变中央和地方政府的政策形成过程和方向，完善扶贫项目的设计、监督和评估产生了积极的影响，这些政策的实施也使贫困居民的经济福利得到了改善。在一项由亚洲开发银行资助的位于中国贵州纳雍县的参与式贫困评估中，发现社区居民对贫困状况的估计、贫困的成因以及缓解贫苦所需要的政策安排与地方政府通常所认为的存在很大差距，因此参与式贫困评估有助于弥补地方政府的政策认识和贫困居民实际需要之间的差距，从而使扶贫政策变得更有需求导向性。社区公共资源对穷人福利的影响比对富人的要大，改善社区公共资源（如森林、水资源等）的管理有助于减少贫困（Sunderlin，2006；Kumar，2002；Kumar et al.，2000，World Bank，2001）。一项来自印度 Madhya Pradesh 的联合森林管理（Joint Forestry Management）实践表明，通过在林业部门和森林使用者之间分享有关林地的产出、责任、控制和决策权，使林地的相关利益者有动力去对林地进行有节制的开发，收到了明显的效果。另一项有关尼泊尔的森林资源管理也表明，参与式管理模式对森林资源保护所起的效果优于自上而下的管理体制。库曼（Kumar，2002）对印度 Jharkhand 的联合森林管理的研究表明，虽然穷人也参与到这类发展计划中，但是这些计划更多地反映了非穷人的偏好，而穷人则长期处于不利的地位，他认为，要使这类计划能够对穷人脱贫有更大的帮助，需要再建立一些针对穷人的补偿机制。

### 七 减贫战略报告

1999 年 9 月，在世界银行和国际货币基金组织召开的秋季年会上，决定将受援国拟定的减贫战略报告（PRSP）作为获得重债穷国援助资金的依据，两家机构倡导了 10 多年的结构调整政策（SAP）也于此时宣告结束。同年 11 月，国际货币基金组织宣布，贷款机制由原来的"加强的结构调整贷款"（ESAF）转为"减贫与增长贷款"（PRGF）。

PRSP 有五大基本原则：尊重当地国情，通过民间社会的广泛参与促进战略的国有化；注重成果，尤其是有利于贫困群体的成果；综合认识贫困本质的多个层面；重视发展合作伙伴的协调参与，包括政府、国内利益相关者及外国捐助者；以减贫的长期目标为基础。总之，与 SAP 相比，PRSP 更强调减贫战略的国家所有权、更广泛的参与以及鲜明的反贫困立场。具体而言，减贫战略报告主要通过如下几个方面与减贫建立关联（Craig and Porter，2003）：①强调利贫的增长（pro-poor growth）；②通过反腐败和增强公共责任性（public accountability）等手段促进善治（good governance），扩大赋权；③通过人力资本投资增强保障；④为调整过程中被边缘化的人群提供针对性的融资安排，构建社会安全网（social safety net）。

PRSP 的实施和推广并非没有争议。格雷格和波特（Craig and Porter，2003）认为，PRSP 的全面推广是建立在非常有限的成功案例上，还有许多问题需要进一步考量。海灵格等（Hellinger et al.，2001）更是尖锐地认为，PRSP 是披着减贫外衣的结构调整政策，因为在 SAP 时期所要求的宏观经济调整的核心内容并没有变化。后者强调的是经济增长、私有化和贸易自由化，现在占有主导地位，而前者则被排挤出局。平等问题及结构性不平等的问题都没有在文件中提及，并且没有明确与弱势群体挂钩的政策。

非洲是 PRSP 实施的主要地区，相关的研究和讨论也最充分。截止到 2004 年 8 月 31 日，有 30 个非洲国家出台了减贫战略报告，其中 21 个获得世界银行和国际货币基金组织的承认（安春英，2005）。在非洲国家中，乌干达是最先实施减贫战略报告的国家，并取得了一定的成就：在 2000—2003 年间，乌干达国内生产总值年均增长率达到 5.6%，人口出生时的预期寿命由 2000 年的 42 岁提高到 2003 年的 47 岁；同期，获得清洁饮用水的人口比例由 52% 增至 60%。乌干达 PRSP 因此得到了世界银行和国际货币基金组织的高度赞扬。

莫博格若（Mbogora，2003）指出，坦桑尼亚的 PRSP 与国家灭贫战略（National Poverty Reduction Strategy，NPRS）之间的冲突从来就没有停止过，人们怀疑 PRSP 是否能够为各受援国所掌控，因为 PRSP 在坦桑尼亚从来没有交议会讨论，民间社会团体也只是在最后阶段才参与到其中，没有起到任何实质性的作用。艾利斯和莫德（Ellis and Mdoe，2003）对坦桑尼亚的案例分析还表明，当地的PRSP的宏观目标与微观制度结构之间存在脱节，从而不利于有效实现减贫目标。艾利斯等（Ellis et al.，2003）对马拉维微观案例研究表明，目前PRSP对微观层面的农业多样化和转产、非农产业发展和多样化缺乏实际指导意义，考虑到现有地方政府以增加收入为政策目标，PRSP所倡导的财政分权有可能会导致相反的结果，对农民的脱贫产生阻碍，因此PRSP的实施需要对地方背景制度有进一步的考虑。斯沃洛（Swallow，2005）对西肯尼亚10个地区的80个社区的分析表明，肯尼亚的国家PRSP优先目标和社区PRSP的优先目标之间能够很好地匹配，但地区PRSP优先目标和社区优先目标之间、国家PRSP优先目标与国家PRSP的实施计划之间的匹配却不理想。

## 第四节　国际扶贫开发的模式与经验

### 一　国际扶贫开发模式

王卓（2004）将国际上较为成熟的扶贫模式分为三类，即以巴西、墨西哥扶贫模式为代表的"发展极"模式；以印度、斯里兰卡扶贫模式为代表的"满足基本需求"模式；以欧美国家为代表的"社会保障方案"模式。

（一）"发展极"模式

发展极（Development Pole）理论是法国经济学家F.佩鲁（Francois Perroux）1955年在《略论发展极的概念》中提出的。所谓发展极就是基于不发达地区资源贫乏状况和非均衡经济发展规律，由主导部门和有创新能力的企业在某些地区或大城市聚集发展而形成的经济活动中心，这些中心具有生产、贸易、金融、信息、服务、决策等多种中心功能，好似一个"磁场极"，能够对周围产生吸引和辐射的作用，促进自身并推动其他部门和地区的经济增长。

王卓（2004）通过对巴西的"发展极"战略实施绩效的分析，

得出了"发展极"扶贫模式能够通过极化或扩散效应带动周围贫困地区的经济发展，并以经济增长方式促使贫困地区的贫困人口自下而上地分享经济增长的成果，能够缓解区域性的贫困状况。执行发展极战略的还有墨西哥、智利、哥斯达黎加、委内瑞拉、哥伦比亚和巴基斯坦等国家。

王俊文（2009）在《国外反贫困经验对我国当代反贫困的若干启示——以发展中国家巴西为例》中，阐述了发展中国家贫困基本特征及反贫困措施，这些措施包括实施特别计划、区域开发政策和传递系统建设。文章研究了巴西扶贫中"发展极"战略的实施与运行，巴西的主要做法是：建立基于"发展极"战略的反贫困战略模型，对确定的目标"发展极"给予重点投资，并制定特殊的优惠政策。主要有：①建立专门开发机构指导、组织、实施落后地区开发，并形成自上而下的国家干预体系；②制订推行各种落后地区开发计划；③实行各种鼓励政策，促进"发展极"建设。

尚玥佟（2001）对巴西贫困的原因进行了分析，认为巴西贫困的原因有以下五点：①殖民主义和帝国主义的掠夺与统治；②盲目追求经济增长的发展战略；③收入分配不公；④区域发展极不平衡；⑤教育水平低下。文章以几个实际案例介绍了巴西实施的"发展极"反贫困政策，并认为巴西实施的反贫困战略使贫困人口比重下降，贫困人口减少。文章介绍了巴西在反贫困方面所采取的政策措施：①农村土地改革；②北部农业发展计划和全国一体化计划；③迁都巴西利亚；④最低收入保证计划。

吴金光（1996）在《墨西哥扶贫》一文中，介绍了墨西哥为扶贫而开展"团结互助"国家工程。"团结互助"国家工程主要包括社会福利、生产和地区发展三个方面。主要做法是提供基础设施和提供资金帮助。

（二）"满足基本需求"模式

美国经济学家 P. 斯特雷坦（Paul Steretein）指出："从把经济增长作为通过就业和再分配衡量发展的主要标准到基本需求的演进，是从抽象目标到具体目标，从重视手段到重新认识结果，以及从双重否定（即减少失业）到肯定（满足基本需求）的演进。"

满足基本需要战略注重对穷人，尤其是对农村贫困人口提供基本商品和服务、基本食物、水和卫生设施、健康服务、初级教育和非正规教育以及住房等。满足基本需要战略认为，消除贫困有两条道路：一是直接向穷人提供保健服务、教育、卫生和供水设施，以及适当的营养；二是加速经济增长，提高穷人的劳动生产率和收入水平。

1962 年，印度政府率先提出在限定时期内使贫困人口享有一个最低生活水平以满足其最低需要的政策，这就是"满足基本需要"模式的雏形。王卓（2004）将印度政府执行的"满足基本需要"战略分为两个阶段：第一个阶段是以第四个五年计划投资重点由工业转向农业，推行"绿色革命"为主要内容，通过引进、培育和推广高产农作物品种，运用一系列综合农业技术措施来提高产量，以解决粮食问题和农村贫困问题；第二个阶段是第五个五年计划提出的稳定增长、消除贫困、满足最低需要的战略口号，并实施多种计划来帮助和促进贫困地区的发展，包括初等教育、成人教育、农村医疗、农村道路、农村供水、农村电力等社会经济基础设施，还包括农村住房建设，以改善农村贫困人口的基本生活条件。文章认为，"满足基本需要"战略的实施，缓解了印度贫困的程度。

杨文武（1997）研究了印度贫困的基本特征，根据 1970—1992 年的数据，得出了印度贫困的六个特征：①20 世纪 90 年代以前印度的贫困程度在不断地下降；②90 年代以后贫困程度有所加剧；③农村贫困程度受农业丰歉和政府反贫困运作能力的制约；④城市贫困程度受城市非组织部门就业机会的制约；⑤贫困程度具有明显的地域性；⑥贫困人数的绝对量在不断增加。文章分析了导致印度贫困的四个原因：①历史上的殖民剥削和掠夺；②现存的生产水平低下；③生产资料所有制结构与收入分配不公平；④持续性的通货膨胀。

（三）"社会保障方案"模式

社会保障方案是国家通过财政手段实行的国民收入再分配方案。主要内容是政府针对贫困人口的低收入和低生活水平状况，直接对穷人提供营养、基本的卫生和教育保障及其他生活补助，以满足贫困人口的家庭需要。因为发达国家经济实力雄厚，贫困面小，因此社会保障方案作为一种福利制度已成为发达国家的主要反贫困措施。

王卓（2004）认为社会保障方案是通过缩小各阶层之间的收入差距来实现反贫困目标的，具体做法包括：①通过累进税减少高收入者的收入；②通过转移支付提高低收入者的实际收入。

陆涌华（1996）在文章中介绍了美国政府的扶贫职责，阐述了扶贫资金的来源以及扶贫方式，文章认为，美国的扶贫模式包括直接救助、间接救助、低价出售国有土地和矿山和给贫困地区优惠政策等。

林乘东（1997）研究了发达资本主义国家的反贫困政策及其实施条件，认为社会福利政策已构成当今发达资本主义国家主要的反贫困政策。社会福利政策包括社会保险、福利补贴和公共教育三个方面。文章认为，通过社会福利制度，可以形成一套完整而有效的社会保障机制，保证了发达资本主义社会贫困者对生存资料和部分发展资料的消费需要，通过福利制度进行国民收入再分配，提高了低收入者的实际收入，在一定程度上具有"福利国家"论者所鼓吹的"收入均等化"性质。要实施社会福利政策，需要具备五个条件：①欧美社会福利制度是建立在工人运动的基础上的；②实行福利政策，缓解大众贫困也是缓和剩余价值生产与实现的矛盾，保证垄断资产阶级利润的需要；③福利政策的实施，既是提高劳动生产率的需要，也是劳动生产率提高的结果；④在当代资本主义社会，科技生产力的发展使工人阶级结构发生了很大变化，劳动力的再生产费用大大提高，实行福利制度是提高劳动力再生产费用的需要；⑤国际经济利益格局向发达国家倾斜，使得发达国家的垄断资产阶级聚集了巨额财富，具备了实施社会福利制度的财力。

王俊文（2008）介绍了发达国家的贫困特征及反贫困措施，认为可将其反贫困对策概括为两个方面：一是针对贫困人口的反贫困对策；二是针对贫困人口相对集中的落后地区或贫困地区的反贫困对策。文章归纳了美国的反贫困政策，认为美国反贫困政策包括反贫困计划、反贫困对策以及反贫困公共政策。反贫困对策包括：①学费分期偿还制；②平等的收入政策；③负所得税方案。政府反贫困公共政策主要包括以下三个方面：①改变"天然人力资本"收入差异和种族经济差异方面的政策；②为妇女提供平等的就业和收入机会及经济地位方面的政策；③保持老年人收入水平和社会福利方面的政策。文章认为，这些反贫困的政策，解决了美国的财富分配不均的问题，采取综合性援助措施，为受援地区或社区创造了经济机会，缓解了贫困。

何慧超（2008）认为美国的反贫困政策是一种仅仅向特殊弱势群体提供特殊服务的、覆盖面较低、与工作紧密联系、促进贫困者积极寻找就业机会的模式。

黄爱军等（2010）介绍了美国扶贫模式的基本内容和主要特点，美国扶贫政策的基本内容，包括住房保障、医疗保障、失业保险和社会福利项目。文章认为，美国扶贫减困政策的最大特点可以用"政府主导、社会参与、民众评判"三句话来概括。具体表现为：①弱势群体表达利益诉求的渠道比较通畅；②扶贫减困有稳定的资金来源；③贫困救助体系比较健全；④各类扶贫减困项目能够得到比较好的实施。

## 二　国际扶贫开发经验

### （一）扶贫开发既要考虑公平，也要兼顾效率

反贫困致因的复杂性表明，反贫困是一项长期的持续的工作，不可能在短时期内就可以完成，也不可能是仅有物质满足就可以彻底解决的。长期来说，反贫困的推进必须与经济和社会的发展相协调，既不能过于超前，也不能太过滞后。如果在反贫困的推进中只强调公平，福利保障水平过高，会使国民对政府产生过分的依赖性，从而导致部分社会成员进取精神减退、不良行为增多等现象，结果导致经济发展受损，反过来会恶化贫困问题。而美国在反贫困中始终过于强调效率，虽然有利于经济发展，但导致社会的贫困问题相对严重。因此，在实践中，必须和本国经济的实际情况相适应，既要注重公平，满足贫困人群的基本的生存和发展需要，也要讲究效率，不应使贫困者产生依赖、道德风险和动力真空的问题，保持经济社会的稳定发展。在不断地满足需要和不断地创造需要的

良性循环中，推进反贫困向前发展，从而为最终实现人的全面发展不断地积累条件。

（二）扶贫开发既要解决物质贫困也要重视精神贫困

贫困的实质是人的生存发展的本性需求未能得到满足，反贫困的出发点和落脚点都应该是贫困的主体——人本身，而不是贫困本身及其表征的物质匮乏。从人的生存发展需求来讲，应该既有物质的需求，也有权利、能力的需求，更有精神上的需求。经济学上的"木桶理论"表明，木桶中的最短板决定了其盛水量所能达到的高度。要消除贫困，必须要满足贫困人群各方面需求的平衡发展，才能取得反贫困的理想效果，实现预期的反贫困目标。长期以来，以美国为代表的发达国家在反贫困中比较重视物质上的解困，满足物质生活上的需求，也比较注重贫困人口权利的保护和个人能力的培训，但却很少关心和解决精神贫困问题。正是由于长期存在精神上的贫困，反过来强化了福利依赖和消极情绪，不仅对劳动道德产生了威胁，甚至产生了各种欺诈行为。这些现象"已经或正在阻碍节俭、勤劳、责任感等美德的培养和良好社会风气的形成"。不仅影响了反贫困的效果，也导致了一定的社会危机。精神上贫困的不断强化，使得贫困者不思进取、消极无为，反过来固化了贫困的地位，形成恶性循环，甚至形成了一个"贫困的陷阱"，进一步制约了人的精神发展。美国的治理贫困动机从一个侧面表明了已经意识到了精神贫困的制约因素，但在导致精神贫困产生的根源上，从穷人个人角度来找寻贫困问题产生的原因，提出了一种责怪穷人的理论，如贫困文化论，而没有也不可能意识到这是资本主义制度的本质使其成为必然，显然在因果上颠倒了关系。因此，从这个意义上说，在资本主义制度下，为了反贫困而反贫困，不论怎样调整，其结果只能是一种"维持贫困"，而对精神贫困关注的缺失，本质上体现的是对人的发展的忽视和轻蔑，是在以逐利为目的的资本主义社会必然的结果，因而在资本主义社会是不可能实现根除贫困的目标，更谈不上人的自由全面发展。

（三）重视反贫困立法，保障受助者的社会权利

纵观英国的反贫困发展历程发现，历来十分重视立法的制度化

建设，其反贫困历史也可以说是一部立法保障的历史。从济贫法到社会保险法再到战后社会福利立法，每一次的重大突破都是在严明的法律体系保障下，逐步建立和完善社会保障体系，并在严格的法律范围内保证反贫困措施的顺利实施。这不仅提高了制度的稳定性，还有利于保护贫困人群的社会权利，约束各方的行为。在我国，由于各种人为的政策所限以及经济变革和社会转型，不少人因为应有的权利未得到保障而陷入贫困中，因此必须从立法的高度保障他们的基本权利。尽管我国在反贫困的改革过程中出台了一系列的办法、规则、决定等，但是还没有一部完整的关于反贫困包括社会保障方面的立法，使得在实际操作中的许多问题找不到解决的法律依据，这是我国在当前反贫困中的一个弱点，亟须引起重视，加快社会保障、特别是社会救助方面的立法，以维护困难群体的基本权益。

（四）充分发挥国家在反贫困中的再分配职能，促进社会公平

在市场经济自由发展下，其必然结果只能像马克思所揭示的那样，是少数人的富裕和大多数人的贫穷，因此要矫正市场失灵，必须充分发挥国家的再分配职能，才能在全社会促进反贫困工作的整体推进，彰显社会公平。战后英国在充分发挥市场经济以提高经济效益的同时，注意发挥国家职能，通过宏观调控制度、财产转移支付制度、社会保障制度、税收制度等手段，对国民收入分配制度进行了重大调整，基本做到了初次分配注重效益，二次分配兼顾平等。二次分配除了体现在社会保障制度和福利外，还体现在相对公正的税收制度上，如个人所得税、巨富税、遗产税、高档商品高额增值税等，如英国的遗产税高达90%，基本上实现价值回归社会。目前我国城乡差距、贫富差距越来越大，不仅不利于反贫困，而且损害了社会公平。因此，本着消除贫困、实现共同富裕的目标，国家应通过支付转移、税收等杠杆加大国家的再分配职能，让更多贫困人群分享到社会发展的成果。

（五）社会保障制度的建设要考虑到经济的实际承受能力

社会保障制度本身就是资本主义工业化的产物，而这其中的一个重要前提就是通过工业革命积累了大量的物质财富，在此基础上

建立的社会保障制度，从反贫困的视角而言，其实际担负着收入和财富"再分配"的功能。既然属于再分配领域，它的提供并非任意的、无限的，它必须与国家的财政能力相适应，不应给国家造成巨大的财政压力，否则会影响国家经济的可持续发展，并进一步恶化贫困问题。英国等福利国家面临的最大问题就是财政收入入不敷出，导致这个问题的原因主要与制度本身有关。英国的社会福利制度不是作为社会保险的"补充"或"补救"部分，而是作为与之并行的制度体系存在，保障不是面向有需求的人，而是全体国民，这就给英国的公共开支增加了负担。战后由于经济的快速发展，还能应付，随着 20 世纪 70 年代经济危机的爆发，以及社会保障制度本身具有的"刚性"特点，这种不合理的制度设计对经济发展的制约作用日渐显露。1950—1955 年，英国工业品增长率为 2.9%，1970—1980 年为 1.9%，甚至有的年份出现了负增长。经济增长缓慢不仅带来严重的失业问题和贫困问题，使得社会保障制度遭受巨大压力，而且带来政府财政收入减少和社会支出扩大的尖锐矛盾，使得社会保障制度失去稳定发展的经济环境。在市场经济条件下，经济发展水平决定着社会保障水平，社会保障是通过经济手段实施的，社会保障的范围越大，水平越高，所需财政开支就越多，如果国家经济发展水平不高，财力有限，发展社会保障就会受到限制。在这种情况下，若盲目追求高水平的社会保障，国家经济就会陷入危机，这是当前我国社会保障制度的建设中应极力避免发生的问题，在制度的设计中我们必须要考虑到实际的经济发展水平和国家财力。

（六）强化社会保障在反贫困中的分类设施

社会保障的危机一定程度上与长期形成的受助者的依赖思想分不开。在全方位福利保障下，部分人群缺乏工作积极性，宁愿选择靠福利生活而不愿工作，形成庞大的"福利阶层"。美国学者查尔斯·默里认为，福利国家的发展带来了一个削弱个体抱负和自助能力的亚文化，那些福利依赖者不是为自己设计未来并努力过上一种更好的生活，而是宁愿接受施舍，福利已经腐蚀了人们工作的动力，对经济增长毫无贡献却增加了社会开支，引起社会的不满。自

20 世纪 90 年代后，以英国为代表的一些国家先后推行"第三条道路"主张，倡导工作福利制和积极就业政策，实际上反映了社会公正原则的要求。给予有劳动能力者和无劳动能力者同样的救助，对二者和其他纳税人都是不公平的，从而影响救助的效率。对于西方国家几十年的沉痛教训，我们应高度重视。随着我国城市贫困人口不断上升，居民最低生活保障制度要求"应保尽保"，但在保障贫困群体、特别是下岗失业家庭的基本生活的同时，也产生了类似的一些负面效应，如越来越多的接近低收入的劳动者辞掉了工作，转而申请低保救助，不仅给低保对象的甄别和救济金的发放带来很大压力，而且违背了促进人的发展的精神。因此，在我国这样一个人口基数大、贫困人口多的国情下，尤其要重视分类救助的反贫困原则，对于无工作能力的人要加强救助，对于有工作能力的人，要完善社会保险制度，通过创造就业机会和教育培训等手段促进就业，增强自我发展的能力，在最大限度维护社会公平的基础上实现反贫困的可持续性发展和人的发展。

国际长期以来的反贫困经验表明：反贫困首先应该从满足人类最基本的生存、生产需求出发，同时应该注重人的全面发展。反贫困要取得成功，前提是必须实现国家经济的全面快速增长，建立健全社会保障体系，重视移民开发和区域综合开发，只有这样才能缩小地区差距和收入差距。同时，在反贫困过程中，必须采取完整的信贷扶贫措施、适时的科技推广措施和成功的公共工程计划，同时要通过教育培训提高贫困者的文化素质，通过医疗保健计划保障贫困者的体质和劳动能力。这些现实的经验对于探索我国的农村反贫困措施具有很好的借鉴意义。

# 第二章

# 中国扶贫开发的历程与实践

## 第一节 中国贫困的现状

### 一 中国对贫困的界定

我国对贫困的理解，基本上是对国际上贫困一般理论的介绍和引进。早期在理论和实践中使用的贫困概念主要是指经济意义上的贫困，而且强调的是绝对贫困。农村贫困问题尤其是农村绝对贫困问题构成了我国贫困研究的主体。1989 年，国家统计局农调总队在《中国农村贫困标准研究报告》中定义的贫困是"个人或家庭依靠劳动所得和其他合法收入不能维持其基本的生存需求"。1994 年，《国家"八七"扶贫攻坚计划》确定的解决农村贫困问题的目标是："除了解决贫困人口的温饱之外，还要加强贫困乡村的基础设施建设，改变贫困地区教育、文化、卫生的落后状态。"

近年来，部分学者关于贫困的定义，又做了一些补充和概括。林闽纲认为，"贫困是经济、社会和文化落后的总称，是由低收入造成的基本物质、基本服务相对缺乏或绝对缺乏，并且还缺乏发展机会和手段的一种状况"①。赵冬缓、兰徐民认为"贫困是指在一定环境条件下，人们在长时期内无法获得足够的劳动收入来维持一种生理上要求的、社会文化可接受的和社会公认的基本生活水准的状况"②。叶普万则认为，贫困是指由于制度因素和非制度因素所造成

---

① 林闽纲：《中国农村贫困标准的调查研究》，《中国农村经济》1994 年第 4 期。
② 赵冬缓、兰徐民：《我国测贫指标体系及其定量研究》，《中国农村经济》1994年第 3 期。

的使个人或家庭不能获得维持正常的物质和精神生活需要的一种生存状态。①

在早期的界定中，贫困的定义仅局限在经济收入低和生活资料不足上，即绝对贫困就是低于维持身体有效活动的最低指标的一种贫困状态，这种最低指标是勉强维持生存的标准而不是生活的标准。随着经济发展、社会进步和人类文明水平的提高，贫困的内涵也得到了不断的扩展。人们对贫困的理解逐步从纯经济生存层面，扩大到能力、文化生活、身心健康、发展环境和权利等层面。国务院发展研究中心研究员吴敬琏认为，贫困主要有以下三个特征：第一是缺少参与经济活动的机会；第二是在一些关系到自己命运的重要决策上没有发言权；第三是容易受到经济以及其他冲击的影响，例如，疾病、粮食减少、宏观经济萧条，等等。

这里认为，贫困既是一个经济学概念，又是一个社会学概念，本书中所指的贫困主要是经济学上的概念，可以表述为：贫困是一个人或一个家庭缺少维持最低生活水准的能力。贫困又分绝对贫困和相对贫困。绝对贫困是指在特定的社会生产方式和生活方式下，个人或家庭依靠劳动所得或其他合法收入，不能满足最基本的生存需要，生命的延续受到威胁。相对贫困则总是对一种特定参照群体而言，在同一时期，不同地区或不同阶层的成员之间由于人们主观认定的可维持生存水准的差别而产生的贫困。本书所研究的贫困主要是指绝对贫困。

## 二　中国对贫困的测度

对贫困的衡量主要是确定一条贫困线，贫困线的确定是贫困测量的基础。贫困线又称最低生活保障线（或称贫困标准），是指在一定时间、空间和社会发展阶段条件下，维持人们基本生存所必需的物品和服务的最低费用，是衡量贫困人口的尺度。国际上对贫困的衡量主要有市场菜篮子法、生活形态法、恩格尔系数法、收入比例法、马丁法等方法，我国通常用马丁法来对贫困进行衡量。确定

---

① 叶普万：《贫困经济学研究：一个文献综述》，《世界经济》2005 年第 9 期。

的贫困线由两部分组成，一部分是食物贫困线，食物贫困线是根据人体生存需要的一组基本食物量的价值量确定的，另一部分是非食物贫困线。在计算出的食物贫困线的基础上，找出那些用于食物方面的消费刚好等于食物贫困线的家庭，计算他们的非食物支出，作为贫困户的非食物贫困线。食物贫困线加上非食物贫困线，从而得出贫困线。国家统计局根据对贫困、贫困线的定义以及全国农村住户调查资料，选择农民人均收入作为基本指标来标识贫困线。首先计算出食物贫困线，然后再计算出非食物贫困线，最后将最低食物贫困线和非食物贫困线相加就得到一定时期内中国农村人口绝对贫困标准。

　　20世纪80年代中期，国家统计局和国务院扶贫办合作制定了我国第一个正式的贫困标准。以后各年根据物价指数和贫困测量方法的发展而进行适当的调整，但基础没有变。该标准依据的理论是绝对贫困理论，关注的是人们的基本生存问题，实质上是温饱标准。它包括两部分：一部分是满足最低营养标准，即2100大卡/人日的基本食品需求，属于食物贫困线；另一部分是最低限度的衣着、住房、交通、医疗及其他社会服务的非食品消费需求，即非食物贫困线。

　　中国贫困标准的计算方法如下：

　　（1）综合国际和国内最低限度的营养标准，中国采用2100大卡/人日热量作为农村贫困人口的必须营养标准。

　　（2）用最低收入农户的食品消费清单和食品价格确定达到人体最低营养标准所需的最低食物支出，作为食物贫困线。

　　（3）假设靠牺牲基本食物需求获得的非食品需求是维持生存和正常活动必不可少的，也是最少的，并根据回归方法计算出收入正好等于食品贫困线的人口的非食物支出（包括最低的衣着、住房、燃料、交通等必需的非食品支出费用），作为非食物贫困线。

　　（4）用食物贫困线（约占85%）与非食物贫困线（15%）相加得到贫困人口的扶持标准。1986年由国家统计局在对6.7万户农村居民家庭消费支出进行调查的基础上计算。实际扶贫的工作标准，按照低收入贫困人口标准。国家统计局于2000年对处于"温饱线"以下的贫困人口的实际生活消费支出进行测算和研究后，建议把865元作为新的贫困线标准。

我国在 2008 年前有两个扶贫标准，即绝对贫困标准和低收入标准。第一个是 1986 年制定的 206 元的绝对贫困标准，该标准以每人每日 2100 大卡热量的最低营养需求为基准，再根据最低收入人群的消费结构来进行测定。后来此标准随物价调整，到 2007 年时为 785 元。第二个是 2000 年制定的 865 元的低收入标准，到 2007 年底，调整为 1067 元。2008 年，绝对贫困标准和低收入标准合一，统一使用 1067 元作为扶贫标准。此后，随着消费价格指数等相关因素的变化，2009 年和 2010 年标准进一步上调至 1196 元和 1274 元。2011 年中央扶贫开发工作会议宣布，根据到 2020 年全面建成小康社会目标的要求，适应我国扶贫开发转入新阶段的形势，中央决定将农民人均纯收入 2300 元（2010 年不变价）作为新的国家扶贫标准，按照当日人民币市场汇价 1 美元兑 6.3587 人民币计算，中国新的国家扶贫标准大致相当于每日 1 美元。这个标准比 2009 年 1196 元的标准提高了 92%，对应的扶贫对象规模到 2013 年年底约为 1.28 亿人，占农村户籍人口的比例约为 13.4%。

### 三 中国的贫困状况

1949 年中华人民共和国成立后，特别是自 20 世纪 70 年代末实行改革开放政策以来，中国政府在致力于经济和社会全面发展的进程中，在全国范围内实施了以解决农村贫困人口温饱问题为主要目标的有计划、有组织的大规模扶贫开发。从 1978 年到 2000 年，中国政府采取强有力的措施，使农村没有解决温饱问题的贫困人口由 2.5 亿人减少到 3000 万人，占农村总人口的比例由 30.7% 下降到 3% 左右，基本实现了到 20 世纪末解决农村贫困人口温饱问题的战略目标。进入 21 世纪以后，中国政府根据中国全面进入建设小康社会新阶段和农村依然存在贫困问题的基本国情，制定了新的扶贫战略，决心继续大力推进扶贫开发，巩固扶贫成果，尽快使尚未脱贫的农村人口解决温饱问题，并逐步过上小康生活。经过 10 年的扶贫攻坚，到 2011 年，按 2010 年标准贫困人口仍有 2688 万，而按 2011 年提高后的贫困标准（农村居民家庭人均纯收入 2300 元人民币/年），中国还有 1.28 亿的贫困人口。

# 第二节　中国扶贫开发的历程

从 1978 年到 2020 年，中国的扶贫开发大致经过了四个阶段。

第一阶段（1979—1985），体制改革推动扶贫阶段。这一阶段的核心内容是通过实施个体生存发展战略来解决贫困户个体的生存问题。我国救济式扶贫是从缓解制度性贫困开始的，因此这一阶段的扶贫也被称为体制改革推动扶贫阶段，即从 1978 年开始，首先进行土地经营制度的变革，以家庭承包经营制度取代人民公社的集体经营制度，随即进行了一系列市场化取向的改革，旨在通过一系列制度改革促进农村经济增长，缓解制度性贫困。通过改革，农业产值大幅度提高，农村经济增长迅速，我国历史性地解决了大部分农村人口的吃饭穿衣问题。同时，针对生活水平极其低下、基本生存仍然受到威胁的农村贫困人口，中国政府加大了对于非制度性致贫的扶持工作，即实施个体生存发展战略，其主要特点是直接扶贫到村到户，对农村贫困户进行直接救助和救济。通过救济式扶贫，直接解决了很大一部分贫困农户的衣、食、住、行等基本生存问题，在极短的时间内我国的扶贫工作取得了很大的突破。

但是，救济式扶贫的根本缺陷在于忽视穷人自身的主动性和创造性，"钱—粮—棉"式的无偿救济扶贫，只能解一时之急，不能解一生之困，只能使贫困人口的生命得以延续，并不能真正使穷人摆脱贫困，离开政府的救助，他们又会陷入困境。在这样的背景下，以区域经济发展战略为主要手段的开发式扶贫应运而生，实现由针对解决个体的生存条件向针对解决群体发展环境的转变，使反贫困工作由给贫困人群"输血"向提高贫困群众"造血"功能转变。

按照中国政府确定的贫困标准，1978 年，农村贫困人口为 2.5 亿人，占农村总人口的 30.7%。导致这一时期大面积贫困的主要原因是农业经营体制不适应生产力发展的需要。1978 年开始了农村经营制度的改革，并采取了农产品价格逐步放开、发展乡镇企业等多项措施，极大地激发了农民的劳动热情，解放了农村生产力，提高了土地产出率，这为解决农村的贫困问题打开了出路。从 1978 年到 1985 年，农村人均粮食产量增长 14%；农民人均纯收入增长了 2.6 倍；没有解决温饱的贫困人口从 2.5 亿减少到 1.25 亿，占农村总人口的比例下降到 14.8%。

第二阶段（1986—1993），大规模开发式扶贫阶段。这一阶段的核心内容是通过实施区域经济发展战略来解决贫困地区整体的发展环境问题。20 世纪 80 年代中期，在改革开放政策的推动下，中国农村绝大多数地区凭借自身的发展优势，经济得到快速增长，但少数地区由于经济、社会、历史、自然、地理等方面的制约，发展相对滞后。贫困地区与其他地区，特别是与东部沿海发达地区在经济、社会、文化等方面的差距逐步扩大。中国农村发展不平衡问题凸显出来，低收入人口中有相当一部分人的经济收入不能维持其生存的基本需要。

为进一步加大扶贫力度，中国政府自 1986 年起采取了一系列重大措施：成立专门扶贫工作机构，安排专项资金，制定专门的优惠政策，并对传统的救济式扶贫进行彻底改革，确定了开发式扶贫方针。自此，中国政府在全国范围内开展了有计划、有组织、大规模的开发式扶贫，中国的扶贫工作进入了一个新的历史时期。经过 8 年的不懈努力，国家重点扶持贫困县农民人均纯收入从 1986 年的 206 元增加到 1993 年的 483.7 元；农村贫困人口由 1.25 亿减少到 8000 万，平均每年减少 640 万，年均递减 6.2%；贫困人口占农村总人口的比重从 14.8% 下降到 8.7%。

第三阶段（1994—2000），扶贫攻坚阶段。随着农村改革的深入和国家扶贫开发力度的不断加大，中国贫困人口逐年减少，贫困特征也随之发生较大变化，贫困人口分布呈现明显的地缘特征。这主要表现在贫困发生率向中西部倾斜，贫困人口集中分布在西南大石山区、西北黄土高原区、秦巴贫困山区以及青藏高原高寒区等几类地区，导致贫困的主要因素是自然条件恶劣、基础设施薄弱和教育落后等。在这个背景下，中国政府于 1994 年制订了著名的《八七扶贫攻坚计划》，其目标是从 1994 年到 2000 年，集中人力、物力、财力，动员社会各界力量，力争用 7 年左右的时间，基本解决目前全国农村 8000 万贫困人口的温饱问题，并且从 1995 年开始推行"以工代赈"，以期有效地改善贫困人口特别集中地区的基础设施，其中主要是交通和水利。这是新中国历史上第一个有明确目标、明确对象、明确措施和明确期限的扶贫开发行动纲领。

据统计，1985 年中国农村人均纯收入 200 元（相当于当时全国农村人均纯收入水平的 50%）以下的贫困人口有 1.25 亿，占当时农村总人口的 14.8%，其中近 4000 万人的年均纯收入不足 50 元，占农村人口总数的 4.4%。经过 20 多年的扶贫开发和社会各界的不懈努力，我国的扶贫工作取得了举世瞩目的成就，贫困人口由改革开放初的 2.5 亿下降到 3000 万，贫困发生率下降到 2.7%，贫困地区社会经济稳步发展，道路交通、灌溉饮水、农村电力、基本农田等基础设施建设有了明显改善，教育、科技、文化、卫生等社会事业得到较快发展，群众的精神面貌发生了很大变化。

第四阶段（2000—现在），巩固成果、综合开发阶段。进入 21 世纪以来，中国的扶贫工作进入了一个全新的阶段。就国际社会经济环境来说，全球化进程加快，国内各个产业面临的竞争加剧，特别是我国绝大部分人以农业为生的生存式小农越来越受到国际市场的严峻挑战。就国内社会经济环境来说，我国政府在 2002 年提出了全面建设小康社会的目标，2004 年又提出了全面建设和谐社会的目标，这两个目标的提出，不仅为缓解贫困提供了强大的动力和保证，而且对我国的农村扶贫工作提出了新的要求。就扶贫本身来说，面临着新的挑战。首先，我国还有 3000 万人口没有解决温饱问题，这些人口主要分布在自然条件恶劣、生产力水平和社会发育程度很低的偏远山区和少数民族地区，扶贫的难度很大；在已经解决温饱问题的人群中，还有将近 5000 万的低收入人群，他们在抵御灾害和危机方面存在很大的脆弱性，处于很容易返贫的状态，巩固扶贫成果、防止返贫的任务依然十分繁重；农民收入增长缓慢，收入差距不断拉大，给扶贫带来了新的困难。同时，与国家财政年复一年投入的巨额扶贫资金相比，贫困人口的减少趋势明显趋缓，反贫困的任务越来越艰巨，扶贫攻坚的难度越来越大。其次，救济式扶贫通过输血在解决了贫困户个体生存的同时，未能培养起贫困户有效的造血功能，因而产生了对穷人自身反贫困的主动性和创造性的忽视，甚至养成了一些人的懒惰，形成了在扶贫工作中常常看到的那种"等、靠、要"的不良习惯；而开发式扶贫旨在为贫困户创造良好的发展环境，以此来提高其造血功能的同时，又产生了对贫困户和贫困个体本身的忽视，出现了贫困户和贫困人口自身的经济发展能力不足和本身参与反贫困的机会的丧失。这说明这种扶贫机制本身出现了问题，扶贫机制创新成为必然。最后，世界反贫困事业已出现了新的特点，"赋权、机会、安全"等新的理论观点和方案成为反贫困的主流。国际社会普遍认识到，贫困是一个内涵极为广泛的社会历史范畴，不仅是一个包括低收入、生活条件差、生产难以维持的经济概念，而且是一个包括预期寿命、文化程度以及安全、正义、公平等生活质量的社会文化和心理概念。世界银行在《2000/2001 年世界发展报告》的"反贫困"一文中从机会、赋权和安全三个方面对贫困的概念进行了更为理性、更为深刻的重新定义。理论认识的提高，对扶贫实践提出了新的要求。

新的形势、新的特点、新的目标、新的任务要求我们必须对行政主导型的反贫困方式进行反思，对以区域经济发展战略为主流的反贫困方案进行变革，新的反贫困战略和新的扶贫方式的诞生就成为历史的必然。在这一背景下，我国社会各界对传统的扶贫模式进行了反思，不同程度地引进了国际通行的参与式扶贫开发模式，倡导通过调动贫困人口本身的积极主动性提高扶贫的效率。

2010 年以后，中国农村扶贫开发进入又一全新的攻坚阶段。通过前面四个阶段的不懈努力，我国基本上解决了贫困人口的生存和温饱问题，农村贫困人口大幅减少，收入水平稳步提高，贫困地区基础设施明显改善，社会事业不断进步，最低生活保障制度全面建立，为我国经济发展、政治稳定、民族团结、边疆巩固、社会和谐发挥了重要作用。然而，中国仍处于并将长期处于社会主义初级阶段，经济社会发展总体水平不高，区域发展不平衡问题突出，制约贫困地区发展的深层次矛盾依然存在。扶贫对象规模大，相对贫困问题凸显，返贫现象时有发生，贫困地区特别是连片特困地区发展相对滞后。针对这些问题，中共中央国务院印发了《中国农村扶贫开发纲要（2011—2020年）》。目标是到2020年，要稳定实现扶贫对象不愁吃、不愁穿，保障其义务教育、基本医疗和住房。贫困地区农民人均纯收入增长幅度高于全国平均水平，基本公共服务主要领域指标接近全国平均水平，扭转发展差距扩大趋势。

# 第三节　中国扶贫开发的实践与成就

## 一　中国扶贫开发的实践

30多年的改革开放历程，30多年的扶贫实践，中国在反贫困方面取得了很大进展，从实践来看，主要在进入21世纪以来，中国农村贫困状况大为缓解，贫困地区生产生活条件明显改善，教育、科技、文化、卫生等社会事业得到较快发展，为全球减贫做出了卓越贡献。主要体现在以下几个方面。

（一）加强贫困地区基础设施建设

贫困地区加快发展遇到的限制因素主要是基础设施薄弱及其建设水平滞后，只有基础设施问题基本解决了，农村贫困地区才可以站在相同起点上发展生产力、开发资源潜力、释放增长活力，贫困群众才能得以加快脱贫致富步伐、建设社会主义新农村。为此，国家在推进区域协调发展进程中，大幅增加农村贫困地区基础设施建设投入，改善农村贫困地区基础生产条件，提高贫困群众基本生活水平，从外部催化贫困地区自我发展潜力，从而推进农村贫困地区又好又快地发展，逐步达到和赶上较发达地区的发展进程，实现人人都能共享改革开放成果的目标。

在《中国农村扶贫开发纲要（2001—2010年）》里面，明确强调要进一步改善贫困地区的基本生产生活条件。以贫困乡、村为单位，加强基本农田、基础设施、环境改造和公共服务设施建设。2010年前，基本解决贫困地区人畜饮水困难，力争做到绝大多数行政村通电、通路、通邮、通电话、通广播电视。做到大多数贫困乡有卫生院、贫困村有卫生室，基本控制贫困地区的主要地方病。确保在贫困地区实现九年义务教育，进一步提高适龄儿童入学率。

在此期间，国家不断加大贫困地区基础设施建设投入，全面改善这些地方的生产生活条件。国家高度重视贫困问题，加大对贫困地区的经济扶持，采取多种方式支持贫困地区的发展，在很大程度上改善了农民的基本生产生活条件。解决农村贫困问题最直接且在最短期内最容易见效的办法就是解决农村的生产生活条件。坚持开发式扶贫方针，重点支持贫困地区基础设施建设，改善生产生活条件，把有助于直接解决群众温饱问题的种植业、养殖业和以当地原料为主的农副产品加工业放在首位，坚持到村入户，动员社会力量参与扶贫。除了扶贫专项资金外，中央还在中西部地区增加规划大中型建设项目，以加快中西部地区开发资源，支持中西部地区的经济和社会发展，同时带动更多的贫困人口脱贫致富。与此同时，还制定了一系列重大扶贫措施支持贫困地区的经济和社会发展，贫困地区农村面貌发生了明显变化。

到 2010 年底，国家扶贫开发工作重点县农村饮用自来水、深水井农户达到 60.9%，自然村通公路比例为 88.1%、通电比例为 98%、通电话比例为 92.9%，农户人均住房面积 24.9 平方米，农户使用旱厕和水冲式厕所比重达 88.4%，贫困地区农村面貌发生了明显变化。

（二）改善贫困地区生产生活条件

中国着力解决贫困地区农村人畜饮水困难问题，积极推进农村饮水安全工程建设。推进灌区续建配套与节水改造，因地制宜开展小水窖、小水池、小塘坝、小泵站、小水渠等"五小水利"工程建设。在有条件的地区，实施跨区域水资源调配工程，解决贫困地区干旱缺水问题。加强防洪工程建设，加快病险水库除险加固、中小河流治理和水毁灾毁水利工程修复，加强水源保护及水污染防治。2008 年起，以解决农村困难群众基本住房安全问题为目标，组织开展了农村危房改造试点。从 2002 年至 2010 年，592 个国家扶贫开发工作重点县新增基本农田 5245.6 万亩，新建及改扩建公路里程 95.2 万公里，新增教育卫生用房 3506.1 万平方米，解决了 5675.7 万人、4999.3 万头大牲畜的饮水困难。到 2011 年，国家累计安排补助资金 117 亿元人民币，支持 203.4 万贫困农户开展危房改造。2010 年，已覆盖全国陆地边境县、西部地区县、国家扶贫开发工作重点县、国务院确定享受西部大开发政策的县和新疆生产建设兵团团场。以贫困乡、村为单位，加强基本农田、基础设施、环境改造和公共服务设施建设。2010 年前，已基本解决贫困地区人畜饮水困难，做到绝大多数行政村通电、通路、通邮、通电话、通广播电视。做到大多数贫困乡有卫生院、贫困村有卫生室，基本控制贫困地区的主要地方病。确保在贫困地区实现九年义务教育，进一步提高适龄儿童入学率。国家不断加大贫困地区基础设施建设投入，使得这些地方的生产生活条件得到全面改善。

（三）推进贫困地区产业开发

产业化扶贫是最终提高农户收入水平、解决贫困问题的根本途径。产业化扶贫是增强贫困人口"造血"功能和提高自我发展能力的很好方式，也是推进贫困人口在脱贫基础上实现稳步致富的重要保障。我国要在 2020 年实现全面建成小康社会的宏伟目标，不仅要解决绝对贫困人口的贫困问题，而且还要保障这些人口能够稳步走向致富的道路，与全国人民一道分享我国经济社会快速发展的成果。

实行产业化扶贫，调动贫困人口参与脱贫致富的主动性，实现由以往被动扶贫向主动脱贫的转变，提高贫困人口的参与性、主动性和责任心。积极发挥贫困地区的比较优势，积极推进贫困地区资源优势向产业优势转变。贫困地区在发展生态农业、特色农业、风俗旅游等方面往往具有独特的比较优势，要促进资源优势向产业优势的转变，培育符合国家产业导向的新的产业增长点。调整国家的相关财税政策，让贫困地区能够在资源开发过程中得到更大收益。我国有不少贫困地区往往也是资源富集地区，如煤炭、石油、天然气、水电、有色金属、黑色金属矿产等，国家调整相关财税政策，使这些贫困地区能够在资源开发过程中分享更多的收益。

结合整村推进、连片开发试点和科技扶贫，扶持贫困农户，建设产业化基地，扶持设施农业，发展农村合作经济，推动贫困地区产业开发规模化、集约化和专业化。为贫困地区重点培育了马铃薯、经济林果、草地畜牧业、棉花等主导产业。其中，马铃薯产业已经成为贫困地区保障粮食安全、抗旱避灾、脱贫致富的特色优势产业。产业化扶贫有效带动贫困农户实现了脱贫致富。

（四）发展教育、医疗卫生等公共事业

国家大力发展教育，使大批农村家庭经济困难学生通过接受职业教育掌握了就业技能，在城镇稳定就业，帮助家庭摆脱或缓解了贫困现象。农村义务教育得到加强，扫除青壮年文盲工作取得积极进展，到2010年底，国家扶贫开发工作重点县7—15岁学龄儿童入学率达到97.7%，接近全国平均水平；青壮年文盲率为7%，比2002年下降5.4个百分点，青壮年劳动力平均受教育年限达到8年。建立健全农村义务教育经费保障机制，加大对家庭经济困难学生资助力度，减轻贫困地区教育负担。实施中西部农村初中校舍改造工程、全国中小学校舍安全工程和农村义务教育薄弱学校改造计划，加强宿舍、食堂和必要的基础设施建设，改善办学条件。实施农村中小学现代远程教育工程，促进城乡和地区之间优质教育资源共享。

加强农村三级医疗卫生服务体系建设，加强国家扶贫开发工作重点县乡镇卫生院、村卫生室建设。组织实施农村订单定向医学生免费培养项目，重点为乡镇卫生院及以下的医疗卫生机构培养卫生人才。加大培养合格乡村医生和接生员的力度，鼓励医疗卫生专业的大学毕业生到乡镇卫生院工作。进一步加大政府对参加新型农村合作医疗费用的资助力度。建立健全人口和计划生育服务体系，全面实行农村计划生育家庭奖励扶助制度，加快推进西部地区计划生育"少生快富"工程。新型农村合作医疗实现全覆盖，基层医疗卫生服务体系建设不断加强，到2010年底，国家扶贫开发工作重点县参加新农合的农户比例达到93.3%，有病能及时就医的比重达到91.4%，乡乡建有卫生院，绝大多数行政村设有卫生室，贫困地区人口和计划生育工作、公共文化服务体系建设继续得到加强。

加强农村公共文化服务体系建设，着力建设乡镇综合文化站，组织开展全国文化信息资源共享工程、送书下乡工程，开展广播电视"村村通"工程、农村电影放映工程、"农家书屋"工程。

（五）实施生态移民

生态移民是指为了保护和修复重点生态地区的生态而进行的移民，就生态移民扶贫来说，是指将生活在重要生态功能区或自然条件十分恶劣地区不适合就地扶贫的居民搬迁出来进行扶贫的做法。需要推进生态移民的主要有三类：一是生活在自然条件恶劣、缺乏基本生存条件地区的贫困群众；二是生活在水源涵养林区、自然保护区等生态位置重要、生态环境脆弱地区的农牧民；三是受地质灾害威胁严重，需要避险搬迁的群众。上述区域有很多是国家主体功能区中的限制开发区或禁止开发区，是典型的一方水土很难养活一方人的地区，更难富裕一方人，因此，需要稳步推进生态移民，通过先行开展试点，以整村、整社整体搬迁为主，做到实施一个生态移民项目，解决一方人脱贫，改善一方生态环境，安置好一方群众，带动一方群众致富。针对我国贫困地区与限制开发区域在空间上具有较高重合度的现实，积极推进生态移民扶贫，实现扶贫开发与生态保护的很好衔接。这样做的目的是为了更好地实现扶贫开发与生态保护的结合，实现富一方群众与保护一方生态的双赢。国务院已经颁布实施了国家主体功能区规划，对于规划中的限制开发区和禁止开发区内的贫困人口，根据国家财力和贫困人口的实际情况，稳步推进生态移民扶贫，实现这些区域内人口的整体外迁。对于生活在这些区域内暂时不外迁的居民，也要按照"点状开发"的开发模式，促进人口向生产生活条件较好的中心城镇集中，从而实现整体上的内聚外迁。

（六）注重生态建设

十八大报告指出，"国家要加大对农村和中西部地区扶持力度，支持这些地区加快改革开放、增强发展能力、改善人民生活。鼓励有条件的地方在现代化建设中继续走在前列，为全国改革发展做出更大贡献"，"采取对口支援等多种形式，加大对革命老区、民族地区、边疆地区、贫困地区的扶持力度"。而生态文明是对现有文明的整合与重塑。要明确生态建设与扶贫开发的主要目标，即生态承载功能显著增强，绿色发展方式初步形成，和谐社会建设明显进步；要遵循生态建设与扶贫开发、建设生态经济区的基本原则，遵循生态变化规律和市场经济规律。

生态建设与扶贫开发是一项浩大的系统工程，涉及面广，影响力大，这就要求从战略高度认识这一区域生态问题的重要性，把生态环境建设摆在与经济发展同等重要的位置，以适度开发、发展生态经济、加大智力与科技扶贫力度和重视生态文化等策略，促进民族地区生态环境保护与扶贫开发的良性互动，实现经济、社会和生态的协调发展。必须突出重点，强化措施，把握节奏，循序渐进。

中国的生态建设中，1999年开始实施的退耕还林的地位最为重要。为巩固退耕还林成果，中国完善了补助政策，延长了补偿期限。中国还加快完善生态补偿机制，加大天然林保护、湿地保护与恢复、野生动植物保护和自然保护区建设力度，维护生物多样性。实施退牧还草工程，采取封山育草、禁牧等措施，保护天然草原植被。在西藏等地开展草原生态奖励补助试点。组织实施京津风沙源治理工程，在项目区大力发展生态特色产业，实现生态建设与经济发展有机结合。实施岩溶地区石漠化综合治理工程，通过封山育林育草、人工植树种草、发展草食畜牧业、"坡改梯"、小型水利水保工程，实现石漠化综合治理与产业发展、扶贫开发结合。实施三江源生态保护和建设工程，通过退耕还草、生态移民、鼠害防治、人工增雨等措施，加强长江、黄河和澜沧江发源地的生态保护。

## 二　中国扶贫开发的成就

（一）农村贫困人口稳步减少、贫困发生率逐步下降

按照我国现行的扶贫标准，农村贫困人口由1978年的超过2.5亿减少到2010年的2688万，贫困发生率相应地由10.2%下降到2.8%。国家扶贫开发工作重点县覆盖的贫困人口数量由2002年的4828万下降到2010年的1693万，贫困发生率对应地由24.3%下降到8.3%。在短短20多年时间里，我们解决了2亿多贫困人口的温饱问题，这在中国历史上和世界范围内都是了不起的成就。

（二）贫困地区人民生活水平显著提高

在20多年的扶贫过程中，592个国家扶贫开发工作重点县的农民人均纯收入由1985年的206元增长到2010年的3273元，年均

实际增幅略高于全国平均 7.47% 的增长水平。国家扶贫开发工作重点县的农民人均生活消费支出年均实际增长 7.97%，达到 2662 元。2010 年，国家扶贫开发工作重点县农户人均住房面积 24.9 平方米，比 2002 年扩大了 4.8 平方米，增长 23.9%；国家扶贫开发工作重点县农户每百户拥有彩色电视机 94.8 台，比 2003 年增长 1 倍；冰箱、冰柜 23.8 台，比 2002 年增长 4 倍；摩托车 45 辆，增长 2.49 倍；固定电话和移动电话 128.4 部，增长 5.1 倍。

（三）贫困地区基础设施和生产条件明显改善

1986—2000 年的十多年间，共修建基本农田 9915 多万亩，解决了 7725 万多人和 8398 万多头大牲畜的饮水困难。新修公路 35 万多公里，乡通公路率从 83.9% 上升到 97.6%。架设输变电线路近 40 万公里，乡通电率由 77.8% 上升到 97%。2000—2010 年，国家扶贫开发工作重点县新增基本农田 4509.7 万亩，新建及改扩建公路里程 84.3 万公里，新增教育卫生用房 2930.1 万平方米。2002—2010 年，扶贫开发工作重点县饮用自来水、深水井农户比重从 51.7% 提高到 60.9%，自然村通路比例从 72.2% 提高到 88.1%，通电话比例从 52.6% 提高到 92.9%，通广播电视比例从 83.9% 提高到 95.6%。2002—2010 年，国家扶贫开发工作重点县每百户拥有的生产性固定资产中，汽车从 0.9 辆增至 1.7 辆，小型、手扶拖拉机由 14.0 台增至 16.9 台，大中型拖拉机由 2.2 台增至 2.8 台。2000 年，国家扶贫开发工作重点县通公路、通电、通电话、能接受电视节目的行政村的比例分别为 92.6%、96.5%、78.3%、96.0%，到 2010 年，上述比例增至 99.5%、98.8%、98.4%、98.3%，基础设施条件显著改善。

（四）贫困地区社会事业蓬勃发展

贫困地区人口增长率由 1986 年的 20% 下降到 2010 年的 10% 左右；办学条件明显改善，适龄儿童辍学率下降到 6.9%；98% 的乡有了卫生院，缺医少药状况得到缓解；推广了一大批农业实用技术，农民科学种田的水平明显提高；群众的文化生活得到改善，精神面貌发生了很大的变化。

到 2010 年，国家扶贫开发工作重点县 7—15 岁年龄段儿童在校率由 91.0% 提高到 97.7%，接近全国平均水平；文盲、半文盲率由 15.3% 下降至 10.3%，大专及以上文化程度的劳动力的比例由 0.2% 增至 1.3%，贫困地区劳动力素质明显提高，教育事业发生了深刻变化。青壮年劳动力平均受教育年限已经达到 8 年，青壮年文盲率为 7%，比 2002 年下降了 5.4%。2010 年，重点县身体健康的人口占调查人口的 93.1%；大多数贫困地区乡镇卫生院得到改造或重新建设，缺医少药的状况得到缓解。扶贫重点县有医疗室的行政村的比重由过去的 69% 提高到 2010 年的 81.5%，有合格乡村医生或卫生员的行政村的比重由 71% 增至 80.4%，有合格接生员的行政村的比重由 67% 增加至 77%，医疗卫生条件得到改善，服务能力加强。新型农村合作医疗普及率达到 93.3%。贫困地区人口过快增长的势头得到初步控制，人口自然增长率有所下降。

（五）生态环境恶化趋势得到初步遏制

1999—2009 年，中国累计实施退耕还林任务 4.15 亿亩，其中退耕地造林 1.39 亿亩，荒山荒地造林和封山育林 2.76 亿亩。面积核实率、造林合格率都在 90% 以上。退耕还林工程范围涉及 25 个省区市和新疆生产建设兵团的 2279 个县。退耕还林工程推进了生态建设，改善了生态环境。退耕还林工程区主要安排在水土流失、土地沙化严重地区，安排在 15 度以上坡耕地尤其是 25 度以上陡坡耕地。10 年来，工程区森林覆盖率平均提高 3%。其中在 2002—2010 年里国家扶贫开发工作重点县实施退耕还林还草 14923.5 万亩，新增经济林 22643.4 万亩，新增草场面积 7965.01 万亩，扶贫开发工作重点县饮用水水源受污染的农户比例从 15.5% 下降到 2010 年的 5.1%，获取燃料困难的农户比例从 45% 下降到 31.4%。

我国政府在扶贫中高度重视生态保护工作，采取了一系列措施保护生态安全，努力建设环境友好型社会。积极推进自然保护区和重要生态功能保护区建设。全国共建立各级各类自然保护区 2349 处，面积 150 万平方公里，约占陆地国土面积的 15%，初步形成了类型比较齐全、布局比较合理、功能比较健全的全国自然保护区网络。

（六）我国减贫对世界减贫事业贡献巨大

中国把反贫困作为中国特色社会主义伟大事业的重要组成部分，走出了一条符合中国国情的中国式扶贫道路，促进了经济社会的协调，解决了13亿人的温饱问题，创造了人类发展和世界反贫困史上的奇迹，联合国和世界银行在公布人类发展报告和世界发展指标时说，改革开放至今，中国的人均GDP增长了5倍，中国的贫困人口减少了2.5亿，脱贫人口占发展中国家脱贫人口的3/4，是唯一提前完成了联合国到2015年使贫困人口减半的千年发展目标的发展中国家。中国成为全球消除贫困工作的成功范例。根据世行提供的资料，如果按照世行向联合国推荐的标准，从1981年到2008年，中国的贫困人口减少了6.76亿，25年全球减贫成绩的70%左右来自中国。根据外交部与联合国驻华系统合著的《中国实施千年发展目标情况报告》显示，按照每人每天1美元的标准，从1990年到2005年，全球贫困人口减少到14亿，共减少了4.18亿，降低了23%。如果不包括中国，则全球的贫困人口实际增加了5800万，可见中国对世界减贫成果贡献巨大。

# 第三章

# 甘肃省扶贫开发的历程与实践

## 第一节　甘肃省情简介

甘肃，由古代所辖重镇甘州（今张掖）肃州（今酒泉）两地首字而得名，因省境大部分在陇山（六盘山）以西，古代曾设有陇西郡和陇右道，故又简称"陇"。地处中国西北内陆，黄河上游，在黄土高原、青藏高原、内蒙古高原三大高原的交汇地带。总面积45.4 万平方公里，东西长 1655 公里，南北最窄处仅 25 公里。全省现辖 12 个地级市、2 个自治州，86 个县市区，常住人口 2557.55 万。甘肃是一个多民族省份，56 个民族全部都有，少数民族人口241 万，占全省人口的 9.42%。东乡族、保安族、裕固族是甘肃独有民族。

甘肃省介于北纬 32°11′—42°57′、东经 92°13′—108°46′，具有独特的区位优势，东邻陕西省，南与四川、青海省接壤，西与新疆相邻，北与内蒙古自治区和蒙古国交界，东北部与宁夏回族自治区连接，是西北地区连接中、东部地区的桥梁和纽带，是贯通东亚与中亚、西亚及欧洲之间的陆上通道。甘肃地域辽阔，地处西北干旱区、青藏高寒区、东部季风区三大自然区域，地形及气候差异较大，多数地方海拔在 1500—3000 米，年降水量在 36.6—734.9 毫米，生态环境复杂多样。

### 一　经济社会发展概况

甘肃是一个发展潜力和困难都比较突出、优势和劣势都比较明显的省份。新中国成立后，经过 60 多年的艰苦奋斗，30 多年的改革开放，结束了"一方水土养活不了一方人"的历史，实现了由解决吃饭为主向统筹城乡发展、加快工业化进程的转变。经过改革开放特别是"十一五"以来的发展和积累，甘肃已经站在了一个新的历史起点上，经济社会正进入工业化发展的中期阶段，迈上了加速转型跨越的高位平台，经济建设和各项社会事业发展取得了显著成效，形成了以石油化工、有色冶金、机械电子、建筑建材、食品医药、轻工纺织为主体的工业体系，已经成为国家重要的能源、原材料工业基地。全省人民在全面建设小康社会新的伟大征程中，按照省委提出的"发展抓项目、改革抓创新、和谐抓民生、保证抓党建，全力强化基础设施建设、特色优势产业培育、人力资源开发三大支撑"的总体思路，大力弘扬以"人一之、我十之，人十之、我百之"为核心的甘肃精神，正在满怀豪情地走出一条欠发达地区、西部老工业基地创新发展的新路子。"十二五"期间，甘肃省着力实施了"中心带动、两翼齐飞、组团发展、整体推进"的区域发展战略，以中心城市为依托，整合要素资源，加强区域间合作，促进区域协调发展。2011 年 12 月，中央领导同志对甘肃工作做出重要指示，明确要求甘肃要与全国同步进入全面小康社会。省委省政府认真贯彻中央决策部署，深入分析形势任务和省情实际，做出了甘肃面临的最大矛盾是发展不足、最大机遇是政策叠加、最大希望是开放开发、最大责任是富民安民，正处在政策叠加期、难得机遇期和奋力跨越期的基本判断。2013 年 4 月，甘肃省第十二次党代会进一步明确了全省的发展思路和举措，提出未来五年要肩负"一项重大使命"，即建设经济转型跨越发展、社会和谐稳定发展、民族共同繁荣发展、生态绿色持续发展的幸福美好新甘肃；坚持"八个发展取向"，即好中求快、"三化"并进、基础优先、开放带动、创新驱动、绿色发展、人才支撑、产业富民取向；实施"十大重点行动"，即联村联户、多极突破、项目带动、扶贫攻坚、全民创业、生态屏障、文化提升、效能风暴、和谐构建、先锋引领行动，力争实现经济总量、财政收入、城乡居民收入"三个翻番"以及经济发展质量、人民生活水平、产业发展层次、文化发展实力、可持续发展能力、社会文明程度"六个提升"，到2020年与全国同步建成全面小康社会。这些思路举措和目标任务符合中央精神和甘肃实际，在经济社会发展中的指导和推动作用正逐步显现。

## 二　"3341"项目工程实施情况

自2013年以来，面对全球经济复杂多变、全国经济下行压力加大的外部环境，省委省政府把项目建设摆在更加重要的位置，以项目拉动投资、以项目调优结构、以项目改善民生，实施"3341"项目工程，即打造三大战略平台、实施三大基础建设、瞄准四大产业方向，确保到2016年全省固定资产投资规模超过1万亿元。打造三大战略平台，就是打造以兰州新区开发建设和循环经济示范区建设为重点的经济战略平台，以华夏文明传承创新区建设为重点的文化战略平台，以国家生态屏障建设保护与补偿试验区为重点的生态战略平台。实施三大基础建设，就是要深入实施交通提升、信息畅通和城镇化建设，重点建设一批事关当前和长远发展的基础设施项目。瞄准四大产业方向，就是把培育壮大战略新兴产业、特色优势产业、富民多元产业、区域首位产业，作为全省各地因地制宜、齐头并进、共同发力的产业方向和工作格局，力争到2016年全省固定资产投资规模超过1万亿元，以强劲的投资支撑转型跨越式发展。

（一）兰州新区建设

2012年8月20日，国务院批准兰州新区为国家新区，是全国第五个、西北第一个国家新区。兰州新区地处兰州、西宁、银川三个城市共生带的中间位置，距兰州市区38.5公里，规划面积806平方公里，核心区规划建设面积246平方公里。核心区现有人口约10万人。2012年，兰州新区全年完成生产总值116亿元。2013年，确定招商引资实际利用资金1000亿元目标，重点从硬件和软件两个方面入手，落实省上支持新区建设的47条政策，落实"三区"融合发展战略政策，落实"飞地经济"等开发模式创新等。加快基础设施建设步伐，完成17条续建道路、16条新建道路建设任务，建成给水厂、污水处理厂、生活垃圾填埋场、给水管网、天然气管道、地下通信管线、内部电网改造等基础设施建设，基本形成供水、供电、供气体系。

（二）循环经济示范区建设

各项工作已取得了明显进展，主要表现在：一是稳步推进循环型农业、工业和社会三大体系建设。以"种植—养殖—加工—综合利用"为主的循环经济绿色农业产业链逐步形成，金昌市 10 条循环经济产业链初步建立，全省再生资源回收体系进一步完善，绿色社区、绿色学校创建取得初步成效。二是着力打造五大载体。甘肃省批准实施了七大循环经济基地规划，组织 10 个开发区编制了循环化改造方案并付诸实施，建立了全省循环经济项目库，分批组织实施了资源综合利用、再生资源回收利用等 800 多个示范项目。三是从区域、行业和企业等不同层次，探索出了区域发展金昌模式、工业企业白银公司模式等全国循环经济典型发展模式。

（三）创建国家生态屏障综合试验区

甘肃省建设国家生态安全屏障综合试验区，主要包括实施重点区域和流域生态综合治理、促进生态建设与扶贫开发协同推进、积极发展生态友好型产业、努力建设生态城市、着力实施一批重大生态工程项目和探索创新生态补偿机制等六方面任务。目前，甘肃省建设国家生态安全屏障综合试验区总体方案及《关于请求批准甘肃省建设国家生态安全屏障综合试验区的请示》已正式上报国务院，国务院已批转国家发改委牵头办理。

# 第二节　甘肃省贫困状况及其成因

## 一　甘肃省贫困的成因

甘肃作为西部欠发达省份之一，同时也是少数民族较为集中的地区，农村贫困问题相对严重，历史上曾有"陇中苦瘠甲天下"的说法，经济社会发展滞后，农村贫困人口比例高，贫困程度深。虽然经过几十年的奋斗，农村的贫困发生率大大降低，但剩余的贫困人口生存环境仍然恶劣，脱贫速度明显减缓，扶贫难度仍然很大，并且全省不同地区的减贫进程也表现出了一定程度的不平衡性。关于农村贫困的原因，省内外专家和实际工作部门对此已有比较多的分析和总结，普遍一致的结论认为，甘肃农村贫困最直接的原因在于自然条件恶劣，生态环境脆弱，生存环境严酷，此外，经济基础薄弱，基础设施建设滞后，人口增长过快，劳动力素质低下，也是导致贫困的重要原因。

（一）恶劣的自然条件

从自然条件看，以定西为代表的中部干旱地区，属于黄土高原干旱半干旱气候类型，突出特征是严重干旱缺水，植被稀少，水土流失严重，是黄河流域乃至全国水土流失最严重、干旱程度最深的地区之一。以陇南、临夏、甘南等地州为主的南部高寒阴湿及少数民族地区，是黄土高原、青藏高原、西秦岭山地的交汇地带，山大沟深坡陡，土地贫瘠，气候寒冷阴湿，冻、旱、涝、雹、滑坡和泥石流等灾害频繁，地形条件恶劣，交通极为不便，是全省贫困程度最深、剩余贫困人口最多的地区。在地域分布上，甘肃农村贫困人口主要分布于中部干旱地区和南部高寒阴湿及少数民族地区，这两大区域集中了40个国定贫困县和95%左右的剩余贫困人口。由此可以看出，导致甘肃农村贫困最直接的原因莫过于自然条件的严酷。

（二）严重落后的基础设施

甘肃省位于高寒阴湿和少数民族地区的贫困县有18个，历史上就是一个自然环境很差的地区，18个贫困县分布在黄土高原和青藏高原的交汇地带，是典型的山地高原地区，有很大部分地区处于山大沟深的偏远地区，交通不便。1985年，贫困县中有16.7%的乡镇没有通公路，贫困村中有公路的百分比则更低，这与非贫困地区差不多都有公路形成了鲜明的对比。其他重要的基础设施如电力发展也十分缓慢，1985年，22%的贫困村没有电。大部分人口分布在深山乡村，居住比较分散，村落分布在"七梁八沟九面坡"上，电难通、路难修、事难办，市场经济及山区经济社会事业发展受到严重制约。贫困地区的基础设施落后，要改变这一状况需要付出数倍乃至数十倍于其他地区的活劳动及物化劳动投入，这是造成贫困地区长期贫困的又一主要原因。

（三）社会经济发展水平低

从社会经济发展看，甘肃贫困地区带有共性的特征就是农业生产水平低下，非农产业发展落后，地方财政入不敷出，经济发展的启动力严重不足。根据舒尔茨等发展经济学家的分析，传统农业的基本特征，就是生产技术长期保持不变，依靠世代传授的经验，维持简单再生产。由于生产技术长期处于停滞状态，生产水平低下，这就决定了传统农业基本上是自给自足或半自给自足的经济。在贫困地区，贫困农户更为低下的生产力水平，导致全部生产成果还不能满足自身和家庭的最低生活需要，自给不能自足，陷入绝对贫困。贫困地区传统农业的封闭性和自给性，决定了贫困农户在农业生产决策时必然要以解决温饱为首要和最重要的目标，从事其他生产也是完全出于满足自给的需要，从而在贫困地区形成了以自给性粮食生产为主的农业生产结构。而以粮食生产为首选的生产决策，恰恰又与贫困地区严酷的自然条件相矛盾，粮食生产时常遭受自然灾害的打击，产量水平低且极不稳定，结果导致一些贫困地区长期搞粮食生产却长期在温饱线上苦苦挣扎的尴尬局面。在全国有名的定西地区，贫困的最大原因是干旱缺水，长期不得温饱的农民，多少年来把粮食看得比什么都重要，几乎把全部的精力都放在了种粮食、解决温饱上，然而"老天爷"似乎有意与农民的种植习惯作对：在定西干旱山区，农民靠天吃饭，正值小麦最需水的春夏之交，却几乎年年都出现旱情。

（四）人口整体素质偏低

在人口素质上，由于经济落后，贫困地区教育文化和卫生事业的发展受到制约，农民受教育的程度普遍偏低，文化素质不高，思想观念落后，成为脱贫致富的严重障碍。据第四次人口普查统计，南部高寒阴湿及少数民族地区18个贫困县有高中及以上文化程度的劳动力仅占农村劳动力总数的4%左右，而文盲半文盲占总人口的比例都在40%以上。2000年第五次人口普查时，全省最贫困的临夏、甘南和陇南地区，农村文盲率仍然分别高达34.94%、30.36%和26.73%，大大高于全省平均17.09%的水平，其中东乡、合作两县（市）分别高达48.62%和50.31%。

　　由于经济社会落后，人口整体素质偏低，贫困地区农民常年为了养家糊口而奔波。在甘肃的一些贫困山乡，一半以上的农民从来没有到过乡政府以外的地区，生活在这里的人们几乎没有享受到现代文明，除了最低的物质需求以外，农民几乎无法得到最普遍、最基本的精神文化生活。观念落后，思想守旧，缺乏科学文化知识，长期生活在封闭半封闭状态，最终导致了贫困的现状，并已成为甘肃省脱贫致富的一大障碍。

　　（五）产业基础薄弱，生产方式落后

　　由于传统的落后生产方式很难满足农民的基本生活水平需要，所以他们为了更多地从土地上获得生活资料而进行大面积开垦，以破坏环境为代价进行日常的生产活动，导致环境条件的恶化，形成了环境贫困的恶性循环。与现代农业相比，土地和劳动在传统农业中是最重要的生产要素，资本、技术等现代生产要素投入很少。由于生产技术长期不变，生产工具落后，土地产出率低，必须有一定数量的耕地面积才能生产足够的粮食来满足农户家庭最低的生活需要，因而，在缺乏新的生产要素投入的情况下，传统农业增长只能更多地依靠扩大土地耕种面积。随着人口的增长，人地矛盾在贫困地区日益突出，劳动生产率不断下降，使得粮食增长赶不上人口增长的速度，这时，开垦新的耕地就成了解决粮食问题的主要途径。而耕地面积扩大后，劳动强度相应增大，于是便产生了增加劳动力特别是男劳动力的需求，结果进一步推动了人口生育的过快增长，导致人地矛盾进一步加剧，陷入"越穷越垦，越垦越生，越生越穷"的恶性循环。

　　甘肃省三次产业发展水平很低，三次产业的比重严重处于失调状态，二、三产业发展相对滞后，城市化水平相对而言比较低，农户基本上靠天吃饭，靠天养畜。全省的耕地比较少，可耕种的土地大部分是山旱地，分布在高山陡坡上，山旱地中很大一部分的坡度在25度以上，土壤贫瘠，跑墒、跑气、跑肥严重，粮食产量低而不稳，群众生活用粮紧张，人均粮食占有量很低。甘肃省由于处于黄土高原和青藏高原的交接处，其耕地极其细碎，难以进行大面积的连片耕种，不能形成规模效应，农户农业生产细碎、分散、狭小，农业生产方式落后，生产结构单一，生产方式落后。有限的农产品限制了龙头企业和农产品加工业的发展，部分特色农产品由于受资金、技术、市场开发能力限制，潜在市场优势难以发挥。

**二　甘肃省贫困状况演变及扶贫开发历程**

面对严重的贫困问题，甘肃省从 1978 年开始实施家庭联产承包责任制，1982 年拉开"两西"建设的序幕，到目前为止，甘肃省的扶贫开发大致经历了五个阶段。

第一阶段：家庭联产承包责任制实施与体制扶贫（1978—1982）。以家庭联产承包责任制为主要内容的农村改革推行以后，以农村土地改革为动力，清除农村贫困的制度性因素，解放生产力，极大地调动了广大农民的生产积极性，农业投入增加，农业科学技术不断得到推广，甘肃农村地区尤其广大贫困地区农村缺吃少穿、一遇灾年大批农民外流的状况开始有所改观。

第二阶段："两西"农业建设阶段（1982—1985）。1982 年底国家决定进行"三西"农业建设后，将甘肃省以定西为代表的中部干旱地区 20 个县和河西地区 19 个县（即"两西"地区）列入"三西"扶贫建设范围，扶贫工作由单纯救济向经济开发转变；据此形势，甘肃省在扶贫开发战略模式选择上独树一帜，首创性地运用了"兴西济中"、"兴川济山"与有水走水路、无水走旱路、水路旱路不通另找出路的跨区域扶贫开发的战略模式，实现了扶贫工作的时空配置，"两西"建设不仅使甘肃扶贫开发取得了较大成绩，而且通过实施国家成片扶贫政策，积累了区域性扶贫开发的基本经验，首开全国区域性开发式扶贫之先河。

第三阶段：全面扶贫阶段（1985—1994）。随着"两西"地区扶贫开发的发展，甘肃省又按照分期分批治理贫困地区的原则，于 1985 年底开始，对高寒阴湿、少数民族和陇东地区的 30 个贫困县进行了重点开发治理。在扶贫开发的战略选择上，采取了以改善农业生产基础条件、开发自然资源、发展支柱性产业并举的扶贫开发战略模式。从扶持的效果看，以种养业为主的支柱产业蓬勃兴起，一大批农畜产品商品基地建成，贫困农民种植业以外的经济收入增加，对土地的投入和接受农业实用型科学技术的热情增强，自然条件相对较好的贫困乡村实现了大面积稳定脱贫。从实施情况看，粮食的单产水平普遍提高，亩产平均达到了150公斤，人均拥有粮食由180公斤增加到260公斤，农民的吃饭问题基本得到保证，科学种田意识增强。

第四阶段："四七"扶贫攻坚计划阶段（1994—2000）。1994年2月全国扶贫开发工作会议后，国务院颁布了《国家八七扶贫攻坚计划》，决定利用7年时间，解决全国8000万贫困人口的温饱问题。甘肃省积极响应中央号召，于当年4月召开全省扶贫工作会议，结合当地实际制定了《全省四七扶贫攻坚计划》，要在7年时间里解决全省农村400多万贫困人口的温饱问题，扶贫开发进入最后攻坚阶段。这一时期，针对高寒阴湿地区和部分干旱区的贫困问题，采取集中一切可以集中的力量的办法，将各种扶贫开发措施落实到具体农户，扶贫对象从县级区域转移到了贫困村和贫困户，从更微观的层面解决贫困问题，大幅增加了扶贫资金，并鼓励劳动密集型产业发展及劳动力的输出。具体选择了两条途径，一是内涵开发，即帮助贫困户人均建成1亩以上的高产、稳产基本农田，大力推广实用农业生产技术，通过多层次培训，提高劳动者素质，提高生产力水平，增加经济收入。二是外延开发，即扩大生产、就业门路，帮助贫困农民走出山门，开展劳务输出，进行适度的移民开发，但仍应依托当地资源，兴办林果、畜牧、中药材等特色绿色企业的产业群。

第五阶段：整村推进集中扶贫阶段（2001年至今）。党中央、国务院决定从2001年到2010年，集中力量加快贫困地区脱贫致富的进程，制定了《中国农村扶贫开发纲要（2001—2010年）》，甘肃省根据中央精神结合当地实际，制定了《甘肃省2001—2010年农村扶贫开发纲要》，确立三大目标：争取2010年实现全省稳定解决温饱；部分贫困县乡迈进小康；"三西"资金覆盖区域的农业综合发展能力有一个大的提高。甘肃省在1998年探索整村推进扶贫方法的基础上，2001年又尝试将世界银行和其他国际组织倡导的参与式农村评估方法（PRA）与甘肃省整村推进的扶贫方法相结合，从实践中探索出了"参与式整村推进"扶贫模式。该模式倡导由贫困户全程参与项目的选择、实施、管理和监督，政府则以政策引导和技术支持为主，通过到村到户的参与式整村推进，改善示范村的贫困状况，进而带动邻近村、乡的发展。

为进一步加快贫困地区发展，促进共同富裕，如期实现 2020 年全面建成小康社会的伟大目标，党中央、国务院 2011 年 11 月颁布并印发了《中国农村扶贫开发纲要（2011—2020 年）》，根据该项纲要，甘肃省共有 10 个市州的 58 个县区被纳入国家集中连片扶贫地区，分属于六盘山区（该片区有 40 个县区）、秦巴山区（该片区有 9 个县区）、四省藏区（该片区有 9 个县区），其中有 43 个国家扶贫工作重点县，涉及 732 个扶贫开发重点乡和 8347 个重点村，分别占全省总数的 96.3% 和 95%。同时，根据省委、省政府"全覆盖"的决策，将国家片区外农民年人均纯收入在 2300 元以下的贫困片带同样列为扶贫工作范围，以省市为主给予扶持，涉及 17 个县区。这样甘肃省纳入扶贫范围的有 58 个国家级贫困县、17 个插花县。甘肃省结合本地实际出台了《甘肃省〈中国农村扶贫开发纲要（2010—2020 年）〉实施办法》，并于 2012 年 2 月在全省实施"双联行动"（单位联系贫困村、干部联系特困户），省、市、县、乡四级干部 40 万人结对帮扶 58 个贫困县的 1.5 万个贫困村和 67 万特困户。为进一步推进扶贫开发的进程，2013 年 9 月 17 日，省委省政府出台了《关于深入实施"1236"扶贫攻坚行动的意见》，形成"一个核心、两个不愁、三个保障"的攻坚目标，全力实现"六大突破"，把 58 个片区县作为扶贫主战场，统筹 17 个插花县区，瞄准最贫困的乡村、最困难的群体、最迫切需要解决的问题，进行新一轮的扶贫攻坚行动，于精准扶贫中实现区域发展，区域发展的同时进行精准扶贫，啃下贫困这块"硬骨头"。为把全省"1236"扶贫攻坚行动确定的各项目标任务落到实处，根据中央办公厅、国务院办公厅的政策指向，省扶贫办、省委农办、省民政厅、省人社厅、省统计局、团省委、省残联研究制订了《甘肃省建立精准扶贫工作机制实施方案》。至此，甘肃省扶贫工作全面进入精准扶贫的新阶段。

整体来说，甘肃省从 1978 到目前经过 30 多年的扶贫攻坚，取得了一定的成绩，农村贫困人口由 1982 年的 1254.42 万人减少到 2000 年底的 756 万人。进入 21 世纪后，全省贫困人口由 2000 年底的 756 万人减少到 2010 年底的 309.8 万人，累计减少贫困人口 446.2 万人，贫困面由 37.3% 下降到 14.8%。特别是自 "1236" 扶贫攻坚行动实施以来，在全省各界的努力下，共减少贫困人口 140 万，贫困发生率下降了 6.7 个百分点。但按照国家新贫困线标准划分后，甘肃省贫困人口将达到 1200 万人左右，全省贫困人口数量约占到常住人口总数量的 46.92%。

# 第三节　甘肃省扶贫开发的实践与成就

## 一　甘肃省扶贫开发的重要举措

### （一）基础设施建设

加强贫困地区基础设施建设的主要措施有：第一，加大通村道路建设补助力度，切实解决贫困地区行路难问题。财政补助是通村道路建设资金的重要来源，贫困地区通村道路建设在资金筹措上，要用足用好本地区有关优惠政策和补助政策，同时积极争取上级资金扶持和金融部门优先安排贷款，上级相关部门要紧密结合 "1236" 扶贫攻坚计划和双联行动，加大对通村道路建设的资金投入和专项补助力度，提高财政补助标准，实施通村道路硬化工程，加快自然村与自然村之间、自然村与行政村之间、行政村与乡镇之间的道路衔接建设，切实解决贫困地区行路难的问题。第二，加快农网升级改造，切实解决贫困地区用电问题。加快贫困地区农网升级改造，首先要解决无电户和易地扶贫搬迁安置区的用电问题，通过国家支持建设光伏分布式电源，解决好游牧民和居住偏远分散的农户用电问题。为确保农网改造升级工程有序开展，同时将农网改造升级工程实施与农村 "低电压" 综合治理相结合，扎实搞好 "盲点村" 电网改造，全面提高供电能力和供电质量，解决农村 "低电压" 问题。在具体实施方面，严格执行项目计划管理，强化质量管理，严格执行《农村电网建设与改造工程质量管理规定》及有关技术标准、验收标准和工艺规范，切实保障新一轮农网升级改造工程得以顺利实施。第三，实施中小型农田水利设施建设，提升贫困地区水利支撑保障能力。小型农田水利设施是农业基础设施的重要组成部分。对贫困地区中小型农田水利建设补助专项资金应予以倾斜支持，重点加强干旱贫困地区的中小型农田水利设施建设，推进这些地区的小流域综合治理，进一步提升贫困地区水利支撑保障能力。做好中小型水利工程建设的维护和加固，提高利用率，扩大覆盖面，力争有灌溉条件的地方达到人均 1 亩水地。集中资金，抓好特困片带的人饮工程建设，确保"十二五"末人人喝上干净水。同时对干旱缺水地区人饮和灌溉工程给予重点关注，加快既定项目的实施力度。第四，加快农村危房改造步伐，切实解决农村困难群众的基本居住安全问题。继续加大对农村危房改造的支持力度，加快推进农村危房改造工作。按照特困户、易地搬迁、地震灾区和灾害多发区"四优先"的原则，加快危房改造建设工作，逐步提高省级补助标准。严格控制危房改造建筑面积和总造价，依据农村危房改造方式、建设标准、成本需求和补助对象自筹资金能力等不同情况，合理确定不同地区、不同类型、不同档次的分类补助标准。优先帮助住房最危险、经济最贫困农户解决最基本住房安全问题，切实解决困难群众的基本居住安全问题。

（二）以工代赈

以工代赈是我国农村扶贫开发的一项重要政策措施，是实施民生工程的重要内容，是由政府投资建设旨在改善贫困地区生产生活条件和生态环境的基础设施工程，同时是通过组织受益群众参加工程建设获得现金收入的开发式扶贫方式，是实现农村地区反贫困战略的一项重大举措。在 20 世纪 80 年代的经济改革中，中国政府的反贫困战略开始发生重大转变，由单纯补贴贫困地区政府财政和救济贫困人口，转向扶持贫困者改善生产条件和生活条件，启动这些地区内部的经济活力，逐步实现社会经济的发展。"以工代赈"政策就是这种转变中的一个组成部分。作为扶贫开发中的一项重要农村扶贫政策，以工代赈政策为缓解贫困地区的贫困状况起到了积极作用。

　　甘肃省以工代赈政策的实施对象主要包括国家扶贫开发工作重点县和其他贫困地区，但重点扶持范围是 43 个国家扶贫开发工作重点县，共有农业人口 543 万人，其中贫困人口 305 万人，分别占甘肃省农业人口贫困人口的 23% 和 78%。2010 年根据《中共中央国务院关于加快四川云南甘肃青海四省藏区经济社会发展的意见（中发〔2010〕5 号）》文件精神，将甘肃省的迭部县、玛曲县、碌曲县纳入比照国家扶贫开发工作重点县给予扶持建设。除此之外，以工代赈还要兼顾其他贫困地区，向贫困人口多、脱贫难度大、基础设施薄弱的革命老区、少数民族地区和特困地区倾斜，具体包括河西特困移民乡、少数民族地区、革命老区中未纳入国家扶贫开发工作重点县的县区。

　　自 1984 年实施以工代赈政策以来，甘肃省在贫困地区建设了一大批农村公路、农田水利、基本农田、河道堤防、小流域治理、人畜饮水等基础设施工程。"十一五"期间，甘肃省共新建改建县乡村道路 6600 公里，新修桥梁 7000 延米，解决了长期制约贫困地区经济发展的交通瓶颈，改变了贫困地区交通落后面貌，提高了贫困地区开放条件和经济发展能力；新建河堤 485 公里、兴修梯田 5 万亩、新增有效灌溉面积 67 万亩，有效解决了 13 万人和 5 万头牲畜的饮水困难问题，极大地改善了老少边贫地区的农业生产条件，促进了农业生产的发展和农村经济的繁荣，为改善甘肃省贫困地区生产生活条件，增加农民收入，促进贫困地区发展，加快农民脱贫致富进程，做出了不可替代的重要贡献。

　　"十一五"期间，国家和甘肃省共投入 14.65 亿元用于以工代赈建设，其中中央财政预算内以工代赈资金 11.31 亿元，中央国债以工代赈资金 1.06 亿元，省级配套资金 2.28 亿元。通过以工代赈项目建设，有效改善了贫困群众的生产生活条件，增强了贫困群众的自我积累和自我发展能力，提高了贫困群众的收入水平，促进了贫困地区经济发展，为甘肃省的扶贫开发做出了重要贡献。

　　以工代赈项目建设不仅为改善贫困群众基本生产生活条件奠定了坚实的物质基础，使贫困群众从中受益，而且为贫困地区农民直接提供了做工机会，为贫困剩余劳动力提供了短期的就业机会，在一定程度上解决了农村剩余劳动力的就近就业问题，而且在项目实施过程中，坚持向务工群众发放劳务报酬，"十一五"期间，甘肃省通过以工代赈项目建设，共发放劳务报酬 2.23 亿元，有效提高了 43 个国家扶贫开发工作重点县的贫困群众的现金收入水平，这项政策已成为贫困群众直接增收的重要渠道之一。

（三）整村推进

甘肃最早提出并实施整村推进。1998 年甘肃省扶贫办在全省 10 个贫困县的 10 个村，进行整村推进试点，按行政村发展的实际需要选择扶贫项目，编制村级扶贫规划，初步体现了参与式扶贫的思想，2000 年对前 10 个点进行了评比、总结和推广，确定再增加 10 个点，进行参与式扶贫的整村推进思路的试验示范。2001 年 5 月，国务院扶贫办领导来甘肃省调研，对整村推进方法给予了充分的肯定，并向全国其他省区推荐。

整村推进是以国家扶贫工作重点村（贫困村）为基本单元，以村级社会、经济、文化等方面的全面发展和稳定解决群众温饱为目标，选择和实施的扶贫项目。在建设内容上，以发展经济和增加贫困人口的收入为中心，力求水、田、林、路综合治理，教育、文化、卫生和社区文明共同发展。在运行机制上，以参与式方法为基本运行机制，动员项目村广大农户、各级政府、社会各界力量广泛参与扶贫。通过集中扶贫资金，因地制宜有重点地对该村的交通、信息、能源、饮水、基本农田和小型农田水利等基础设施项目，以及危房改造和种养业、特色产业发展，技能培训等进行集中扶持，快速推进该村脱贫致富步伐。"十一五"期间共实施整村推进 3002 个，2012 年全省计划实施整村推进 500 个，实际完成 598 个。完成整乡推进 66 个，连片开发试点项目 21 个。共计投入资金 43.75 亿元。598 个整村推进村，投资总额达 36.21 亿元，其中中央专项扶贫投资 7.53 亿元，甘肃省财政扶贫资金 1.06 亿元。

（四）易地搬迁

易地扶贫搬迁工程，是国家反贫困战略的重大举措，是新时期党和政府探索实施的一项重要扶贫措施。甘肃省以生活在缺乏基本生存条件和发展环境地区的农村贫困人口为对象，以六盘山区、秦巴山区、藏区3个连片特困地区58个县（市、区）为主战场，以安置区基础设施建设为重点，以产业发展为动力，以增加农民收入为核心，调动搬迁群众自力更生、自建家园的积极性，切实解决搬迁群众在生产生活等方面的困难和问题，促使安置区经济社会协调发展，实现搬迁群众"搬得出、稳得住、能发展、可致富"的预期目标。

在国家发展和改革委员会的大力支持下，甘肃省从2001年起开始组织实施"易地扶贫搬迁试点工程"，易地扶贫搬迁成为甘肃省重要的专项扶贫工程和重大民生项目。十年间，国家和省级财政累计投入易地扶贫搬迁专项资金30.3亿元，对甘肃省12个市（州）73个县（市、区）生活在缺乏基本生存条件地区的64万人实施了易地扶贫搬迁，为了帮助移民顺利实现搬迁，甘肃省政府专门制定了《甘肃省易地扶贫搬迁试点工程管理办法（试行）》，决定对搬迁群众按人均3500—5000元的标准进行补助。同时，对搬迁群众在土地政策、税费政策及户籍政策等方面给予了大力的倾斜扶持。仅2012年一年中央就下达甘肃省易地扶贫搬迁专项资金5.4亿元，省级财政配套2000万元，搬迁贫困群众18914户95202人，安置区共开发和调整基本农田6.52万亩，衬砌渠道215.95公里，建设安全饮水点179处，新建及改扩建道路436.41公里，新建住宅147.11万平方米。

近年来，从陇中到陇南，从河东到河西，甘肃各地依托试点工程资金，积极利用退耕还林、教育、卫生等资金，在管理渠道不乱、资金性质不变的前提下，"打组合拳"，大量的移民开始搬离故土，走进他们曾经陌生的地方。搬迁后，群众告别了恶劣的生存环境，集中居住到交通便利、自然环境相对较好的区域，生产生活条件明显改善，综合发展能力显著提高，同时迁出区生态环境也得到了保护和恢复。

（五）劳动力培训与输转

劳务输出是促进甘肃省农民增收最直接、最有效的途径，但甘肃省的农村劳动力整体素质不高，劳务输出以"体力型"简单劳动为主，这成为农村劳动力转移的瓶颈。针对影响农户增收这一难题，全省组织并实施了广泛的与劳动力培训有关的政策和措施。

甘肃省农民转移培训工作是农业部、财政部等六部门实施的"农村劳动力转移培训阳光工程"的组成部分，国家给予每名接受培训的农民600元补助，培训内容包括农民工劳动权益保护、法律知识、城市生活常识、选择就业岗位等知识的引导性培训，以及家政服务、缝纫、保安、餐饮、酒店服务、建筑、制造等工种的职业技能培训。甘肃省依托"阳光工程"、"雨露计划"、"两后生"培训，建立各级培训基地，整合职教中心、就业培训中心、农广校、驾驶员培训中心等培训机构，按照各尽其力、各尽其功的原则，组建机构，并将培训链条向各乡镇延伸，建立培训分校，在行政村设立流动培训点，初步建立了覆盖城乡的培训网络。主要从农业职业技能培训、农业专项技术培训和农民创业培训三个层次推进，农业职业技能培训对象为种养大户等农业农村生产和经营人才，包括病虫专业防治员、蔬菜园艺工、苹果生产工、中药材生产工、畜禽养殖技术员、农机操作员、沼气工、乡村旅游服务员等13个工种；农业专项技术培训主要对粮、棉、油高产创建项目的农民开展技术培训，以及现代农业示范区、农民专业合作社、农业龙头企业和地方农业特色产业发展需求对农民进行培训。培训的重点专业是电子电器类、机电、农机驾驶与维修、计算机应用、加工类（包括缝纫、裁剪服装制作、农产品加工）、电焊、民用建筑类、餐饮服务、家政保健服务类、美容美发等众多专业。各地还根据自身特点，开设具有本地特色的各种培训，甘肃省要求培训基地要确保接受培训的农民就业率达到80%以上。

近年来，甘肃省累计投入扶贫资金近3亿元，共培训贫困人员14.3万人。仅2012年农业部和财政部下达甘肃省农村劳动力培训阳光工程示范性培训任务的补助资金就有4100万元，使甘肃省9.12万多名务农农民接受了阳光工程的培训。

（六）扶贫产业开发

从长远看，产业扶贫才是能够让当地贫困人口彻底脱贫的治本之策。2010年"中央一号文件"（《中共中央国务院关于加大统筹城乡发展力度进一步夯实农业农村发展基础的若干意见》）明确提出："继续抓好扶贫开发工作。坚持农村开发式扶贫方针，着力提高贫困地区群众自我发展能力。"

甘肃省在产业扶贫开发上已经形成规模，五大支柱产业已成为贫困地区农民收入的主要来源。按全省产业化发展布局，扶贫部门重点扶持了草畜、洋芋、中药材、瓜菜、干鲜果品五大支柱产业。目前贫困地区马铃薯种植面积达到 823 万亩，中药材种植面积 210 万亩，果园面积 460 万亩，瓜菜种植面积 425 万亩，耕地种植紫花苜蓿 750 万亩，其中畜牧业产值占农业总产值的 24.7%，全面形成了河西以小麦、玉米制种、啤酒大麦、棉花、酿酒为主，中部、陇南以马铃薯、蔬菜、药材为主，陇东以果品、肉类为主，甘南、临夏以乳制品及皮革加工为主的特色农产品加工格局。通过对重点产业的扶持与开发，形成以点带面的作用，这些产业开发将会促进贫困地区的脱贫进程，形成贫困地区的支柱产业，增加贫困地区的收入。

## 二　"1236"扶贫攻坚行动与双联行动

### （一）"1236"扶贫攻坚措施内容和贯彻实施

为了实现全面小康社会，摆脱贫困，甘肃省出台了《关于深入实施"1236"扶贫攻坚行动的意见》，形成"一个核心、两个不愁、三个保障"的攻坚目标，全力实现"六大突破"。其中"一"是指：紧扣持续增加收入这一核心，确保扶贫对象年均纯收入增幅高于全省平均水平 2 个百分点，到 2016 年贫困地区农民人均纯收入达到 7000 元以上，在 2011 年的基础上翻一番，到 2020 年达到 12000 元以上，进一步缩小与全国的收入差距。"二"是指：做到不愁吃、不愁穿。无论丰年灾年，农村贫困人口的基本生活都有可靠保障，吃穿条件有明显改善，基本实现家里有余粮，手头有余钱。"三"是指：落实义务教育、基本医疗和住房三个保障。到 2016 年，所有片区县义务教育阶段巩固率达到 91% 以上；完成"空白村"卫生室建设，建制村标准化卫生室覆盖率达到 80%；80% 的贫困户危房得到改造。到 2020 年，义务教育阶段巩固率达到 95%，建制村标准化卫生室实现全覆盖，所有农户住无危房。

"六"是指：实现基础设施建设、富民产业培育、易地扶贫搬迁、金融资金支撑、公共服务保障、能力素质提升这六大突破。

"1236"扶贫攻坚行动计划，全力破解制约贫困地区发展的关键性因素和突出问题。一是以强化基础设施建设为突破口，加快推进农村道路、安全饮水工程、农村能源等建设，下功夫帮助贫困地区"换穷貌"。二是围绕培育发展特色种植业、养殖业和相应的加工业以及生态旅游等产业为突破口，下功夫帮助贫困群众"改穷业"，做好特色产业、劳务经济、调整结合、科技扶贫四篇文章。三是以加快易地扶贫搬迁为突破口，坚持政策引导、群众自愿的原则，科学编制规划，下功夫帮助深山区、林缘区、地质灾害频发区等地的贫困群众"挪穷窝"，力争用5年的时间使约112万有强烈搬迁愿望的群众实施易地扶贫搬迁。四是充分发挥金融在扶贫攻坚中的重要支撑作用，进一步创新全省贫困地区金融扶贫政策，不断完善措施办法，更好地利用开发性金融加快贫困地区建设步伐，解决贫困群众融资难题。五是强化公共服务优先覆盖贫困人口的政策导向，加大教育、医疗卫生、文化、体育等社会事业设施建设力度，进一步完善农村低保、五保、新农合等社会保障制度。六是以提高基本素质为突破口，通过加大农业适用技术培训和农技推广，有针对性地开展多种劳务技能培训，巩固义务教育成果，使贫困地区孩子接受良好的义务教育。对贫困家庭子女高中阶段、大专以上职业技术教育实行政府资助，培养能够改变个人和家庭命运的具备较高素质的劳动力，下功夫帮助贫困群众"拔穷根"。

（二）双联行动

针对2020年全面建成小康社会的宏伟目标，从2012年2月开始，甘肃为适应加快全面建设小康社会新形势、立足推动转型发展新实践、着眼于密切党群干群关系新要求，在全省组织开展了以单位联系贫困村、干部联系特困户为主要内容的联村联户、为民富民行动。双联行动是一项全局性、战略性的重大决策；是一次解放思想、转变作风、锻炼干部的创新之举；是一项固本强基、促进发展、造福群众的务实之策。核心内容是以甘肃全省58个贫困县、8790个贫困村为重点，由40余万名干部联系40余万特困户的"联村联户、为民富民"行动，密切了干部和群众的关系；建立起更好的服务于群众的途径；培养了干部的实践能力；对甘肃省扶贫工作起到标杆性的作用；促进甘肃扶贫理论与扶贫实践经验的发展。

1. 工作目标

为了全面推进小康社会的实现、加快甘肃省扶贫工作的进程，针对甘肃省在过去扶贫工作中存在的困难和问题以及一些客观条件的限制，从2012年起甘肃省正式启动了"联村联户、为民富民"的双联行动。该行动的工作目标可以用"八个覆盖"和"五件实事"来概括。其中"八个覆盖"是指，实现小额信贷业务全覆盖，实现融资担保服务全覆盖，实现贫困家庭劳动力技能培训全覆盖，实现贫困家庭劳动力输转全覆盖，实现乡村公路建设全覆盖，实现公共卫生室、文化活动室全覆盖，实现"两委"办公服务场所全覆盖，实现村级商贸综合服务社全覆盖。"五件实事"是指，加强村级基层组织建设，加大农村危房改造力度，推进闲置土地合理有偿流转，关心村内孤寡老人的生活和留守儿童的健康成长，为贫困村0—3岁的儿童捐赠营养包。"八个覆盖"和"五件实事"旨在解决贫困地区目前存在的最紧迫的基础建设问题和人民群众要求最迫切的事情。

2. 工作内容

甘肃省双联行动的主要工作内容有六方面。第一，宣传政策。深入宣传党的路线方针政策、国家法律法规和党委政府的重大决策部署，指导、协调、督促中央和省委省政府决策部署得到深入贯彻落实。第二，反映民意。认真听取群众意愿和诉求，了解群众生产生活状况及对党和政府的意见建议。反映群众的各种呼声，并提出解决问题的建议。第三，促进发展。指导、协调和督促各类发展规划和开发项目的实施。因地制宜，有针对性地为农村群众提供知识、技术、信息和招商引资等方面的服务，提高增收致富能力。重点帮助贫困村和特困户分析贫困原因，找准脱贫路子。第四，疏导情绪。对群众反映强烈的问题做好调查研究和法律法规及政策解释，协助当地做好矛盾纠纷排查处理工作。探索畅通社情民意、化解社会矛盾、提高社会管理能力的新途径和新办法。第五，强基固本。指导基层加强党建工作，健全组织体系，完善工作制度，落实党建工作责任制，提升基层党建工作科学化水平。帮助村"两委"班子提高工作创新能力、领导发展能力、凝聚群众能力、致富带富能力和维护稳定能力。第六，推广典型。发现、总结农村改革发展中的典型经验和成功做法，以多种方式宣传推广，充分发挥典型的引领、示范和带动作用。

3．工作方法与运作机制

"联村联户、为民富民"行动是一项长期性、综合性的工作，内容十分丰富、涉及面极广。因此开展双联工作必须要有战略眼光、创新体制、辩证思维、科学指导、统筹推进、全面落实的要求。要体现战略性，统筹谋划好长期帮扶、长远发展的办法和措施；要体现全面性，既要上项目、搞产业，帮助农民群众脱贫致富奔小康，也要整体推进、全面促建农村基础设施和社会民生发展；要体现规范性，既要按照规定动作，一步一步逐个环节抓好落实，也要按照规矩、依法办事，该有的步骤、该完成的工作，必须一件不少、一样不落。具体的讲就是要做好以下九个方面的工作。

第一，召开村"两委"会议，通气交底、协调工作。双联干部进村入户开展工作后，首先要召开村"两委"会议，说明开展双联行动的目的意义、主要内容和工作意向，听取村"两委"班子意见，取得支持和信任，共同商定开展工作的计划。

第二，召开村民大会或村民代表会议，讲清来意和目的。在召开村"两委"会议之后，应采取召开村民大会或村民代表会议的形式，及时向全体村民宣传双联行动的目的、意义、内容和要求，做到人人皆知，动员和引导全体村民积极参与双联行动。

第三，逐家逐户走访农户，虚心听取群众意见诉求。逐家逐户走访是双联行动的一项重要工作。扎实做好这项工作，才能真正感知百姓冷暖，了解农民的真实生活状况，掌握丰富的第一手资料，才能知道他们在想什么、干什么、需要什么，做到有的放矢。了解到他们的困难和问题，才能知道我们的工作做得好不好。

第四，建立精准的农户家庭档案，做到"一户一策"帮联。在走访农户的过程中，详细了解农户家庭基本情况、耕地面积、人口、收入、种植等基本信息，并记录在册，建立农户家庭档案。这是一项非常重要的基础性工作，是双联行动取得实效的基础，必须严肃认真地完成。

第五，开展深度调查研究，全面掌握村情和产业结构。深入开展调查研究，有助于进村入户干部了解实际情况、听取群众意见、发现和解决问题，密切党群干群关系，提高各项工作的预见性、针对性和实效性，扎实深入地推进双联行动。

第六，深入分析致贫根源，找准切入点和着力点。双联干部进村入户开展帮扶，促进增收，首先要把这个村子、这个家庭的贫困根源找到——"穷是怎么样造成的"，是因为人口素质不高，还是因为自然条件恶劣，是因为基础设施差，还是因为缺乏致富技能，是因为领导班子能力差，还是因为产业发展方向偏了，等等。

第七，科学制定完善"两规划一计划"，多方征求意见，力求切实可行。在切实掌握民情村情，深入分析贫困根源的基础上，认真制定"两规划一计划"是双联行动的关键环节。规划计划制定得好，帮扶发展的目标才能明确，我们的行动才能有方向、有依据、有指引。帮扶发展的工作才能具体化、明细化，才能有计划、有步骤地展开。帮扶发展的机制才能长期坚持下去，做到有始有终、一以贯之。

第八，坚持发展依靠群众，充分尊重群众的意愿和选择。"两规划一计划"确定后，要及时召开村民大会，组织农民群众进行大讨论，达成共识，得到群众的认可，这是必须落实、绝不能少的环节。

第九，做到"八进村、八到户"。双联行动中，一些地方和双联单位突出"务实创新"两大要求，创造性地开展工作，在统筹落实"六项主要任务"、打造"三大工程"等方面，探索出了"八进村、八到户"的工作方法，值得认真学习、大力推广。具体来说，"八进村、八到户"即，科技培训进村，思想观念转变到户；普法教育进村，政策法规宣传到户；惠民政策进村，群众意见征求到户；致富信息进村，产业结构调整到户；富民项目进村，农民增收体现到户；民生工程进村，发展成果惠及到户；民主法制进村，矛盾纠纷排查到户；先进文化进村，文明新风转变到户。

（三）工作成效

1. 促进联系村产业发展，"入户帮增收"成效显著

甘肃省双联行动的开展始终把促进产业发展作为帮扶的主要任务来抓，采取"进村抓产业，入户帮增收"的措施，积极引导群众调整农业产业结构，培育特色产业发展，并在广泛调研和分析联系村现有种植业、养殖业、农产品加工优势的基础上，制订科学可行的帮扶计划，协调联系加工项目，在种植业、养殖业、加工业有效结合方面，积极探索致富产业，寻求致富门路，初步取得了一些成效。

2. 大力开展技术帮扶，推动联系村致富方式的转变

高等院校、科研院所、研究机构等，充分发挥比较优势，针对联系村大力开展技术帮扶，推动联系村致富方式的转变，进而增加农民收入。如西北师范大学积极联系专家学者赴礼县联系村开展了"核桃主要病虫害防治技术"、"农村常见慢性病的防治"等为主要内容的科普知识培训，为各村发放了电动喷雾器、核桃病虫害防治农药、村民常见病治疗药品等，先后为村民进行了体检及健康咨询，发放结核病防治、高血压预防、流感预防等宣传材料，不断加强科普知识宣传力度，引导村民相信科学，并通过科学途径脱贫致富。

双联行动始终把提高劳动者的能力素质作为一项重要措施来抓，切实加大智力扶贫力度，引导农民群众不断转变观念、增强信心，提升自我发展的能力。甘肃省委组织部立足长远抓智力扶贫，积极内引外联，协调联系西北农林科技大学、北京化工大学、中粮集团等10家省内外单位与环县建立帮扶关系，与30多家大型企业达成用工协议，每年培训输转劳动力4000多人，举办各类培训班30多期，培训3700多人次，有效地增强了帮扶地区的内生动力。

3. 大力发展农村电子商务，拓展农产品销售渠道

近几年，甘肃省农产品流通环节多、损耗大，加上市场信息不畅，成为农产品"买难卖难"的主要因素。省商务厅着眼破解难题，充分发挥商务服务职能，在"万村千乡市场"工程、农贸市场新建改造、鲜活农产品市场流通体系建设等项目实施中加大帮扶力度，加快实施"配送中心县区全覆盖，农贸市场重点乡镇全覆盖，

农家店行政村全覆盖"工程，在全省启动建设5个大型特色农畜产品交易市场和3个大型蔬菜果品综合交易市场，扶持建设3000个农家店、36个商品配送中心、34个乡镇商贸中心，重点扶持58个贫困县建设100个农贸市场，在完成省政府为民办实事任务的同时，将电子商务作为重点发展的战略性新兴产业和深化双联行动、推进扶贫攻坚、促进农民增收致富的创新举措。

4. 增强宣传力度，提升社会效益

自双联行动开展以来，甘肃省各双联单位围绕省委部署，认真落实"六大任务"、"六个结合"，实化细化工作措施，不断深化和拓展双联行动，目前已取得显著成效。据甘肃双联办统计，截至2014年10月，全省双联单位已为各联系村帮办各类实事62.84万件，其中涉及基础设施建设、产业发展、公共服务的实事16.85万件；解决群众急事难事35.85万件；开展义诊132.05万人次，开展农民培训271.57万人次；帮助化解农村矛盾纠纷25.3件；发放双联惠农贷款16.82万户，累计达114.61亿元，集中解决吃水、行路、住房、看病、上学等一大批"老大难"问题，全省减少贫困人口140万人，有两个县区整体脱贫。

5. 创新脱贫致富发展模式

双联工作通过对地方发展潜力的不断挖掘，形成了适应于不同贫困区的发展思路，因地制宜地解决不同地方的贫困问题。全省各级双联单位围绕"六大任务"、"六个结合"精准发力、积极创新，形成了各具特色的脱贫致富新模式。例如，泾川县"四个一"互帮互助模式、武威市凉州区"技术单位领导+首席专家+技术服务组+专业合作组织（种苗公司）+农户"五位一体服务模式等。金川集团公司经过两年多的探索实践，制定出了既符合双联行动要求，又切合农村发展实际，还能体现企业优势和特长的"1234工作原则"，培育农民市场意识，通过算账对比、典型示范、"投母还羔"、投工投劳、风险共担、利益共享的方式，引导农民按照市场规律办事，明白只有通过辛勤劳动才能改变贫困面貌，摒弃衣来伸手、饭来张口的"等、靠、要"思想，进一步激发联系村的内生动力，不断增强自我发展意识和能力，走产业化和规模化致富的路子。

### 三  甘肃省扶贫开发的成就

（一）贫困人口大幅下降，农民收入显著增加

从 20 世纪 80 年代初至今，甘肃扶贫已开展了 30 多年。通过实施以工代赈、整村推进、易地扶贫搬迁、劳动力培训转移、产业化扶贫等方式方法，甘肃扶贫工作取得了重大成效，农村贫困人口大幅度减少，农民人均纯收入明显增加，贫困发生率和贫困面也显著下降。（见表 3—1）

表 3—1 　　　　　　　　　　甘肃贫困状况的变化

| 年份 | 1982 | 2000 | 2010 |
|---|---|---|---|
| 农村贫困人口（万人） | 1254.42 | 756 | 309.8 |
| 农民人均纯收入（元） | 86.2 | 1428.7 | 3424.70 |
| 农村贫困发生率（%） | 75.13 | 37 | 14.8 |
| 贫困面（%） | 74.8 | 37.2 | 14.8 |

注：数据来源于国家统计局网站和《甘肃发展年鉴 2011》。

贫困发生率也称贫困人口比重指数，是指处于贫困中的人口占总人口的比率。贫困面是指贫困人口在农业人口中所占的比例（百分比）。农村贫困人口数量、农民人均纯收入、农村贫困发生率和贫困面四个指标是衡量一个地区是否贫困的重要标准，这四个指标的改善意味着扶贫开发取得重大成就。

从表 3—1 中可以看到，经历了从 1983 年开始的"两西"建设阶段、全面扶贫阶段、集中扶贫攻坚阶段、"四七"扶贫实施阶段、参与式整村推进扶贫开发阶段五个阶段后，甘肃农村贫困人口由 1982 年的 1254.42 万人减少到 2010 年的 309.8 万人，减少了 944.62 万人，农民人均纯收入由 1982 年的 86.2 元增加到 2000 年的 1428.7 元，再增加到 2010 年的 3424.70 元。同时农村贫困发生率不断下降，由 1982 年的 75.13% 降至 2010 年的 14.8%，减少了 60.33 个百分点。贫困面由 1982 年的 74.8% 降至了 2010 年的 14.8%。其中 2010 年全省 43 个扶贫重点县的农民人均纯收入达到

了 2599 元，比 2000 年的 1078 元增加了 1521 元。

（二）基础设施建设初具规模

1. 农田水利建设取得一定成效，贫困地区农业生产条件得到改善

甘肃地处西北内陆，是我国中原腹地通向西北的交通要道、丝绸之路的必经之地，总面积 45.4 万平方公里，海拔在 1000—3000 米。水资源极度匮乏，年平均降水量约 280 毫米，水土流失和沙漠化严重，有 1/3 的县区年降水量不足 200 毫米。森林覆盖率仅为 9.9%，自然条件严酷，生态环境极其脆弱。总人口 2500 多万，共有 54 个少数民族，干旱缺水是制约甘肃经济发展的主要因素之一。在全省贫困地区的耕地中，农田占 60%，而水浇地只占其中的 12%。农田中 80% 属于中低产田。

在此背景下，甘肃省坚持地下水、地表水、空中水"三水"齐抓，大力搞好水资源的开发利用，开展了以小型水利工程为主的大规模的水利建设，累计投入水利工程建设资金 19.8 亿元，共新增有效灌溉面积 275 万亩，改善灌溉面积 76 万亩，发展集雨灌溉面积 100 万亩。同时，通过治理洮河、大夏河、广通河、西汉水等重点险段 800 多公里，保护了一大批受洪水威胁的村庄和农田。兴修了一批"五小"水利工程，农业农村生产条件得到一定改善。（见表 3—2）

表 3—2　　　　　　　甘肃农田水利情况　　　　单位：千公顷、%

|  | 1985 | 1990 | 1995 | 2000 | 2005 | 2010 |
|---|---|---|---|---|---|---|
| 有效灌溉面积 | 831.49 | 854.47 | 925.37 | 981.47 | 1030.43 | 1098.88 |
| 占总播种面积比重 | 23.83 | 23.66 | 24.52 | 26.24 | 30.12 | 31.45 |
| 水平梯田面积 | 641.93 | 876.61 | 1149.59 | 1487.44 | 1705.99 | 1840.61 |
| 占总播种面积比重 | 8.39 | 21.27 | 30.47 | 39.77 | 49.87 | 52.68 |

注：数据来源于《甘肃年鉴（2012）》。

2. 加大人畜饮水工程建设，贫困地区群众的饮水困难得到解决

甘肃省位于西北黄土高原、蒙新高原与青藏高原的交汇地带，

分属内陆河、黄河、长江三大流域，干旱少雨，人均水资源占有量1077 立方米，工程型、资源型和水质型缺水并存，农村饮水安全问题十分突出。全省 2112 万农村人口中有饮水不安全人口 1526 万人，占农村总人口的 72%。人畜饮水多采用地面水和地下水及雨水，一些干旱山区基本上是采用水池、水窖等蓄集雨水，以供人畜饮用。这种供水方式不仅远远不能满足群众的基本生活需要，而且水污染严重，细菌含量高，氟、砷等化合物含量超标，水性地方病和水性传染病时有发生。水资源供给不足及饮水不安全问题已成为制约当地经济发展和群众生活水平提高的主要因素。根据 1984 年水利电力部颁布的《关于农村人畜饮水工作的暂行规定》中提出的人畜饮水困难的标准是："出村单程 2—4 华里以上，或至取水点垂直高度 100 米以上的缺水村庄"，甘肃截至 1990 年统计，全省农村人畜饮水困难的人口有 827.5 万人（其中常年缺水的人口为 380.3 万人，季节性缺水的为 208.5 万人）和 568.8 万头牲畜。这些人口主要分布在陇中黄土高原干旱区、陇南半山干旱区、河西走廊沿祁连山北麓冲积扇及河流下游苦咸水地区。

1995 年，甘肃遭受了 60 年未遇的特大干旱，给工农业生产、居民生活带来了严重影响，全省有 300 多万人、200 多万头牲畜发生了用水困难。面对严重的水荒，甘肃省决定在重灾区实施"121 工程"（即每户建 1 个 100 平方米左右的雨水集流场，打两眼水窖，发展 1/15 公顷左右庭院经济），集中力量重点解决中东部特别干旱地区农民群众的饮水困难。经过一年多的努力，"121 工程"共新建和改建水窖 52 万眼，建成集流场地 3716 万平方米，解决了最缺水的 27 个县 131 万人、119 万头牲畜的饮水困难，发展庭院经济1.7 万亩，共投入资金 2.5 亿元。"121 工程"的顺利实施，不仅解决了居民的生活困难，而且产生了巨大的经济效益，还探索出了甘肃的雨水集蓄的基本模式。

1997 年开始，在总结"121 工程"的经验教训基础上，甘肃省在全省范围内开展了雨水集蓄利用工程。截至 2005 年底，甘肃省建成集雨节灌水窖 228 万眼，蓄水能力 9600 万立方米，发展农田补充灌溉面积近 530 万亩。

　　自 2005 年国家启动实施农村饮水安全工程以来，甘肃格外重视农村居民的饮水安全问题，全力推进人饮工程建设，到 2012 年，甘肃省累计投入资金 52.42 亿元，新建农村集中式供水工程 3233 处，小型分散式供水工程 4.34 万处，解决了全省 947 万农村人口的饮水安全问题，农村自来水普及率由 2005 年的 25.8% 提高到 2012 年的 62%。同时甘肃在全省 56 个县（区）建立了县级水质监测中心站，表明甘肃在关注农村饮水困难的同时也关注农村饮水安全问题。

　　人畜饮水问题的解决，有效解决了干旱地区"吃水难"的问题，旱作农业增产效果显著，有效促进了农业结构的调整和农业发展，改善生态环境，加快贫困地区脱贫致富的步伐。

　　3. 农村道路交通建设有所突破，贫困地区群众行路难问题得到基本解决

　　甘肃位于黄土高原、内蒙古高原与青藏高原交汇处，地形、地质条件复杂，山大沟深，沟壑纵横，交通不便，信息闭塞，经济发展滞后，且部分地区群众居住分散。农村公路的不畅通，影响到居民的生产生活和贫困地区的脱贫进程，阻碍农村社会经济的发展。甘肃省针对贫困地区不同的实际情况，分别实施农村公路通达工程和农村公路畅通工程。农村公路通达工程主要指对原来农用三轮车等简单交通工具无法通行的农村道路进行改造升级，以"通"为主要目标。农村公路通畅工程主要在原来通达的基础上，进行改造升级，提高建设标准，提升"通"的水平，达到"畅"的目标。经过多年的建设取得了辉煌的成就，甘肃省农村公路通车里程从 1960 年的 9500 公里增加到 2012 年底的 10.8 万公里。全省 98% 的乡镇、49% 的建制村通了沥青（水泥）路。仅 2012 年，全年新建成建制村通沥青（水泥）路、农林场通沥青（水泥）路、通乡油路和结转工程等 6186 公里，新增 1110 个建制村通了沥青（水泥）路。甘肃省政府承诺的"建成 3000 公里建制村通沥青（水泥）路"实施任务于 2012 年 11 月 20 日全面完成。农村公路的极大改善为"富民兴陇"战略提供了强有力的支撑。

（三）农民生活水平显著提高

1. 贫困地区农民人均纯收入显著增加

随着区域经济发展水平的提高和扶贫开发的不断深入，甘肃农民人均纯收入呈逐年增长的趋势，2010 年农民人均纯收入达到了3424.70 元，较 2000 年 1428.70 元增加 1996 元，全省 68 个扶贫县2010 年农民人均纯收入是 3027.40 元，国家扶贫开发的 43 个重点县 2010 年农民人均纯收入上升到 2599 元。农民收入水平的增加，是提高农户生活水平、改善农村生产条件、加大教育投资等的基础，是贫困地区农户脱贫致富的关键。

2. 温饱问题得到基本解决

自 1982 年开展扶贫工作以来，在耕地面积减少和水资源短缺的情况下，甘肃的粮食产量实现稳步增长，由 1982 年的人均 237.5公斤增加到了 2010 年的人均 374.3 公斤。在 1990 年甘肃人均粮食产量首次突破了 300 公斤（人均粮产 300 公斤是国家制定的贫困地区温饱线），实现了基本温饱。实现温饱是提高农民生活水平的首要任务，至此扶贫开发进入了巩固温饱，由"吃得饱"向"吃得好"转变的新阶段。（见表 3—3）

表 3—3 　　　　　　　　**甘肃人均粮食产量**　　　　　　单位：公斤

| 年份 | 1982 | 2000 | 2010 |
|---|---|---|---|
| 甘肃人均粮食占有量 | 237.5 | 283.7 | 374.3 |
| 全国人均粮食占有量 | 348.7 | 364.7 | 407.5 |

注：数据由《甘肃统计年鉴（2011）》中的数据计算得到。

3. 农民人均消费支出增长迅速

从表 3—4 可以看出，随着农民人均收入水平的不断增加，人均消费支出也不断增长。吃、穿、住、用以及教育、健康、交通、通信等各项支出的全面增长，说明农民在生活必需品数量提高的同时，也逐步开始注重生活质量的提升和发展。

表3—4　　　　　　　　甘肃农民人均消费支出情况　　　　　单位：元

| 年份 | 2005 | 2006 | 2007 | 2008 | 2009 | 2010 |
|---|---|---|---|---|---|---|
| 总支出 | 2828.88 | 2957.09 | 3162.94 | 3784.83 | 4255.03 | 4528.50 |
| 生活消费支出 | 1819.58 | 1855.49 | 2017.21 | 2400.95 | 2766.45 | 2941.99 |
| 家庭经营费用支出 | 790.73 | 848.95 | 884.45 | 1096.68 | 1164.54 | 1192.36 |
| 农业生产支出 | 490.04 | 574.03 | 602.65 | 738.18 | 764.11 | 817.02 |

注：数据来源于《甘肃年鉴（2012）》。

### （四）农业生产条件显著改善

#### 1. 特色产业发展迅速

甘肃由于复杂恶劣的地形地貌和气候条件，农业发展异常艰难，但也孕育了生物的多样性，具有发展特色农业的优势。经过多年努力，现已形成草畜、马铃薯、中药材、果品、瓜菜等特色优势产业，加快了贫困地区群众脱贫致富的步伐。2010年，全省43个扶贫开发工作重点县农民人均纯收入达到2599元，比2005年的1506元增加了1093元，其中，产业收入在农民人均纯收入中的比重提高到60%以上。

#### 2. 旱作农业推广取得了巨大的成效

甘肃常年干旱少雨，自然降雨少，水土流失严重，但同时光温充足，适合发展旱作农业。甘肃省86个县市区中，有67个属于旱作农业区，旱作农业区主要分布在中东部黄土高原区，涉及10个市（州）69个县（区），人口1700多万人，占全省总人口的65%，旱地面积约3600万亩，占全省耕地面积的69%。在常年的实践中，甘肃省总结出以全膜双垄沟播技术为主的地膜覆盖技术，以深松耕、少免耕为主的保护性耕作技术，以测土配方施肥为主的以肥调水技术，以抗旱优良品种为主的结构调整技术，以打窖拦蓄、集雨补灌为主的节水灌溉技术等五大技术，探索出一条"修梯田、集雨水、兴科技、调结构、强产业、促增收"的旱作农业新路子。

旱作农业技术取得突破后，通过坡耕地改成梯田等手段进行了广泛的推广，农产品单位产量大幅度提升，农村经济结构得到优化升级，初步形成了"种植秋粮—秸秆养畜—发展沼气—沼液还田—促进种植"的循环农业模式。此外，旱作农业技术的推广优化了土地利用结构，不仅可以提高农产品的产量和质量，带来经济效益，同时还可以拦截泥沙，防止水土流失，使全省的植被得到改善，生态环境得到恢复。

3. 生产基地建设迅速

甘肃省在扶贫开发进程中，结合自身的产业优势，建设了多种类型的生产基地，如牛羊饲养基地、牛羊繁育基地、苹果生产基地、中草药生产基地等。

牛羊饲养基地、牛羊繁育基地。甘肃草原面积广阔，牧草资源丰富，牛羊种类繁多，品种良好。天祝白牦牛、牦牛、早胜牛、安西牛等，以及河西绒山羊、甘肃高山细毛羊、中国美利奴高山羊、西藏羊、蒙古羊、哈萨克羊、滩羊、岷县黑裘皮羊、兰州大尾羊、荷斯坦奶牛甘肃类群等，都是甘肃独特的品种。这些品种的牛羊能适应严酷的气候，肉质良好，产奶量大，繁育率高。在扶贫开发中，通过畜禽品种改良、人工种草、青贮氨化等建设，建成了大批养殖场和养殖小区。2010 年底，大牲畜年末头数达到了 645.09 万头，牛 485.06 万头，羊 1818.40 万头。

苹果生产基地。由于得天独厚的气候条件，甘肃苹果一直是农民增收的支柱产业之一，具有相当大的竞争优势和发展前景。通过对苹果新优品种和以提质增效为主的先进实用技术的引进以及对旱作栽培技术的推广和无公害、标准化生产、标准化果园创建等项目的进行，2010 年苹果产量达到了 200 多万吨，苹果园面积达到 400 多万亩，使得苹果基地的建设得到长足发展，形成了促进农户收入的主要支柱产业之一。

中草药生产基地。甘肃省现有中药材资源种类达 1527 种，其中药用植物 1270 种，药用动物 214 种，药用矿物 43 种。常年栽培的药材达 40 余种。目前中草药产业区域化趋势发展明显，形成了以岷县为中心的当归种植区，以文县、渭源为中心的黄芪种植区等等。到 2014 年，全省中药材种植面积达到 365 万亩，取得了显著提高。

（五）农民发展能力得到提升

1. 农村九年义务教育水平提高

改革开放以来，贫困地区农村教育越来越受到重视，特别是近些年来，随着中央农村义务教育"两免一补"政策的落实，甘肃省农村贫困地区儿童入学率逐步提高，农村中小学辍学情况明显缓解，教育状况逐步改善。据监测资料显示，2007年贫困地区有幼儿园或学前班的村所占比重为49.75%，比1996年的5.22%提高了44.53个百分点。2007年底甘肃省贫困地区7—12岁儿童入学率为97.19%，比1996年的87.63%提高了9.56个百分点；13—15岁儿童入学率为94.25%，比1996年的80.77%提高了13.48个百分点；7—15岁儿童失学率为4.08%，比1996年的7.13%下降了3.05个百分点。

针对贫困地区基础教育、科技培训薄弱的局面，甘肃省把加强科技、教育扶贫作为战略性举措，把"治穷"与"治愚"相结合，不断提高农民的科技文化素质；把基础设施建设与科技扶贫相结合，不断提高扶贫工作的科技含量；积极建立健全贫困地区县、乡、村、社四级科技扶贫推广网络，已累计推广各种农业科技成果600多项，每年推广先进实用技术400多万亩次，培训乡村干部、农民技术人员45万人次，使大多数贫困户掌握了一至两门农业实用技术。在努力提高贫困人口文化素质、科技素质的同时，对计划生育工作也未放松，将计划生育与扶贫相结合，对实行计划生育的贫困户优先扶持。

2. 劳动力技能培训普及

从2004年到2009年的六年间，甘肃投入扶贫资金2.32亿元，培训贫困地区农村劳动力55.65万人，通过培训提高了就业竞争力。贫困地区每年培训乡村干部1万多人，农民技术员40多万人（次），每年新品种应用面积86.67万公顷，地膜种植、暖棚养畜、苹果套袋、节水灌溉等农业实用技术得到广泛应用。通过培训，贫困群众的劳动技能和生产技能不断提高，思想观念有了很大转变，市场意识不断增强。各市（州）大力推行培训、就业、维权"三位一体"的培训输转模式，劳务输出规模不断扩大，层次有所提高。

近三年来，天水、白银两市重视对"两后生"的培训，加大投入力度，除国家补助的 3000 元外，从省财政扶贫专项资金中人均补贴2500 元，基本实现了免费培训，达到了"培训 1 人、输转 1 人、稳定就业、致富一家"的目的。定西市自 2006 年以来，年均输转 57万人（次），创劳务收入 26 亿多元，有 12.50 万户通过劳务输出实现了脱贫。从入户调查情况看，农户家庭收入中，工资性收入占40.20%，劳务收入已经成为农民家庭收入的重要来源。

（六）社会事业协调发展，科技扶贫步伐加快

在 2006—2010 年期间，甘肃省大力发展贫困地区教育、文化、卫生事业，扶持贫困乡村修建校舍 7.3 万平方米，贫困地区适龄儿童入学率达到 92.7%；新建村文化卫生培训室 16.5 万平方米，贫困村新型合作医疗覆盖面达到 89.8%；贫困地区自然村通电率、通电话率、电视接收率分别达到 97.38%、92.99% 和 98.35%，贫困子女上学难、贫困农民就医难、看电视难等得到明显缓解。引进推广农村实用技术 200 多项，完成全膜双垄沟播玉米 500 万亩，培育科技示范户 6.1 万。开展科技培训 168.9 万人，劳务培训 419 万人，完成"两后生"培训 10.5 万人。

（七）整村推进与连片开发得到大力推进

2006—2010 年期间共实施整村推进 3002 个，完成了整村推进规划任务目标。以整村推进项目为基本形式，中央制定的人口较少民族地区和革命老区等"三个确保"扶贫任务提前完成。认真组织实施扶贫开发与新农村建设相结合试点和"以县为单位，整村推进，连片开发"等试点。扶贫开发与新农村建设相结合省级试点县6 个，国定和省定"连片开发"试点县累计达到 48 个。大胆探索并制定了少数民族地区、河西特困移民和庆阳革命老区等特困片带扶贫攻坚的措施办法。

甘肃省在坚持以村为基本单位整体推进的基础上，定西、会宁、静宁等县还实践了整乡推进；陇南市康县还实践了整片推进、整流域推进新的模式，广大干部群众脱贫致富的创造力得到充分发挥。康县的平洛镇张坪片流域、三官乡的西沟流域、武都县的段河坝流域、宕昌县官亭镇的邓桥沟流域，整流域开发规模大，覆盖面

广，各类项目落得很实，综合治理初见成效。

（八）生态环境改善

从客观上讲，甘肃省贫困地区不断增发的自然灾害首先同地理环境和恶劣的自然条件有关，贫困地区多处于生态脆弱带；从主观上讲，贫困人口为了基本生存需要不得不毁林、毁草、开荒种粮以解决生活、热能需要，不当的资源利用方式导致生态环境日益恶化，进而导致自然灾害增加，从而使贫困地区陷入越穷越垦、越垦越穷的恶性循环之中。为改善这种情况，甘肃省将扶贫开发与生态环境保护相结合，遵循生态经济规律，通过推广一系列有利于生态发展的工程设施、生物设施、农耕措施，进行农村能源建设，在贫困地区形成经济、生态的良睦循环。同时结合国家西部大开发的战略部署，强化贫困地区现有基本农田整治和配套设施建设，提高单产，挖掘潜力，实现从单纯增加数量的外延式扩展向提高内在质量的内涵式发展转变。按照"全面规划、综合治理、集中连片"的原则，在贫困地区重点推广山、水、田、林、路相结合的小流域综合治理，实现区域的可持续性发展，使生态环境得到较大改善，农业生产条件、生产力得到提高，取得了良好的生态效益和经济效益。在扶贫开发进程中，通过采取小流域治理、草场建设等措施，项目区生态环境恶化、水土流失加剧的趋势得到有效控制，并初步形成以林果业或畜牧业为支柱产业的地区经济增长点。通过生态建设，贫困地区生态环境得到明显改善，区域特色产业不断发展，可持续发展能力显著增强，既发挥了贫困地区的资源优势，又改善了自然生态环境，促进了人与自然的和谐发展。

（九）富民产业发展迅速

1. 特色农业发展迅速

自甘肃省实施富民产业多元化政策以来，农业布局不断调整，农业结构不断优化，具有特色的种植业、水果业、蔬菜业、花卉业、林业等产业迅速发展，五大支柱产业已成为贫困地区农民收入的主要来源。按全省产业化发展布局，扶贫部门重点扶持了马铃薯、草畜、中药材、瓜菜、干鲜果品五大支柱产业。2014年贫困地区马铃薯种植面积达到1000多万亩，中药材种植面积365万亩，果园面积 460 万亩，瓜菜种植面积 425 万亩，耕地种植紫花苜蓿面积 750 万亩，其中畜牧业产值占农业总产值的 24.7%。

2. 农产品加工初具规模

随着甘肃省富民产业的培育，各级政府、各单位扶贫资金的不断落实，不仅特色农业发展迅速，而且农产品加工也呈现出良好的发展势头。甘肃省农产品加工业依托各地的特色农产品，涌现出了以莫高实业、敦煌种业、荣华生化、黄河啤酒、皇台酒业、亚盛集团等上市公司为代表的一大批上规模、上水平、上档次的企业，全面形成了河西以小麦、玉米制种、啤酒大麦、棉花、酿酒为主，中部、陇南以马铃薯、蔬菜、药材为主，陇东以果品、肉类为主，甘南、临夏以乳制品及皮革加工为主的特色农产品加工格局。

3. 特色旅游产业带动效应凸显

甘肃省通过富民产业多元化政策的实施，特色旅游产业取得了前所未有的发展，同时促进了甘肃扶贫开发工作的进行。旅游产品体系渐趋完善，旅游市场得到较大程度拓展，旅游业发展环境进一步优化，旅游业的带动功能和民生效应逐渐扩大，对全省经济发展以及扶贫开发的综合贡献日益显著。主要体现在以下两方面。

（1）旅游产品体系逐步完善，乡村旅游业收入不断提高。随着文化旅游、红色旅游、绿色生态旅游和民俗旅游资源的逐步开发，全省旅游资源整合开发的力度进一步加强，各地形成了旅游产品差异化发展、优势互补的态势，旅游产品开始由单一的观光型向多元化产品体系转型。在农村，居民通过发展乡村旅游项目和"农家乐"项目，建设了一批集居住、观光、购物、娱乐等功能为一体的特色旅游村镇，在很大程度上提高了贫困区居民收入。2012 年甘肃省年接待国内外游客 7834.46 万人次，实现旅游综合收入 471.08 亿元人民币，分别比上年度同期增长 34.25% 和 41.17%。

（2）人才培训体系逐渐完善，旅游业吸纳就业的能力不断提高。全省开设旅游专业的高等院校达到 26 所，共培养各类旅游高等人才 1 万余人；培训旅游局长、基层旅游管理干部、导游、旅游企业管理人员等专业技术人员 5 万余人次；积极运用小额担保贷款等扶持政策，推行旅游扶贫和创业计划，帮助大学生、妇女和返乡农民工参与"农家乐"等乡村旅游经营活动，不断提高旅游业自身发展和吸纳就业的能力。特别对于农村劳动力，人才培训体系的完善，增加了农村劳动力就业的砝码，具有显著的社会效益。

# 第四节　甘肃省扶贫开发存在的主要问题

由于多重困难因素，甘肃省的扶贫开发工作虽然取得了显著成效，但与全面建设小康社会、构建社会主义和谐社会的目标要求相比，面临的困难还比较多，脱贫致富的任务还十分艰巨，存在的问题仍然比较突出。甘肃省在扶贫开发过程中目前存在的主要问题可以概括为如下八个方面。

## 一　生态环境与自然条件相对恶劣

生态环境脆弱是贫困地区自然环境的基本特点。甘肃省的生态环境问题主要表现在水土流失日趋严重、水资源日渐枯竭、草地涵养水分的功能降低、天然草地退化严重、生物系统多样性蜕变、自然灾害发生频繁等方面。

甘肃省是生态环境十分脆弱的地区。从自然生态环境特点上看，可以划分为四大生态类型区，即陇中黄土高原区、河西地区、甘南高原区和陇南山区。陇中黄土高原区地处甘肃省中东部，有着全省70%以上的耕地，但耕地主要为坡耕地，川塬地面积不到10%，过度开垦以及农林牧用地结构不合理，加之降水强度偏大，致使水土流失相当严重。极端脆弱的生态环境和严酷的自然条件，导致农业生产大起大落，粮食产量低而不稳，使甘肃成为多灾、低产的贫困地区。河西地区兼有三大自然区，即河东湿润半湿润生态系统大区，河西干旱半干旱生态系统大区，青藏高原东北即高寒生态大区，具有自然生态环境条件总体上较差、水土流失和沙漠化较为严重等特点；陇南地区由于水土流失，泥石流多发，冲毁农田、房屋、道路等，每年都会造成巨大的经济损失，同时表土的流失使地表石质化，部分居民面临着"无土可依"的严重后果；甘南高原区由于超载过牧、采樵挖药、淘金捕猎等活动，草场出现了严重退化、沙化和盐碱化的"三化"现象，优良牧草减少，草原鼠虫害难以有效遏制。甘肃贫困地区面临着水资源严重匮乏的威胁。自国家实施西部大开发以来，甘肃省资源开发的力度、广度、速度不断加大，经济发展水平有了较大幅度的提高，城乡面貌发生了巨大变化，人民生活条件得到了明显改善，经济生态环境建设取得了可喜成就。但是，随着资源开发程度的提高和经济社会活动的加剧，甘肃省生态环境也日益恶化，环境恶化已成为当地人民生存、生产、生活面临的最大问题，也是阻碍扶贫工作的主要原因。甘肃省的贫困完全属于国际学术界所描述的"空间贫困"。

## 二 贫困人口数量大且人力资本匮乏

甘肃省贫困人口从 1983 年的 1254.42 万下降到 1992 年的 427.4 万，到 2006 年为 139.41 万。2003 年，甘肃省 2046 万农村人口中，人均年纯收入在 3000 元以下的人口有 1797.1 万，占农村总人口的 87.8%（甘肃省统计局，2004）。2011 年中央扶贫工作会议将农民人均纯收入 2300 元（2010 年不变价）作为新的国家扶贫标准，据此测算，全省贫困人口将达 1200 万，而全省农村人口为 2080.33 万，贫困人口占农村人口比重为 57.7%。如果按世界银行的标准（每天人均消费低于 1 美元，年人均收入低于 365 美元）来计算，则年均纯收入低于 3000 元的农村人口全部是贫困人口，而贫困地区的贫困人口远远大于这一比例。（见表 3—5）

表 3—5　　　　　　不同贫困标准下甘肃农村贫困人口

| 贫困标准（元） | 人口（万） | 占甘肃农村人口比例（%） |
| --- | --- | --- |
| 625 | 190 | 10 |
| 800 | 667 | 33 |
| 1000 | 969.6 | 47.6 |
| 1200 | 1270.04 | 62.3 |
| 1300 | 1403.6 | 69.4 |

续表

| 贫困标准（元） | 人口（万） | 占甘肃农村人口比例（%） |
|---|---|---|
| 2300 | 1200 | 57.7 |
| 3000 | 1797.1 | 87.8 |

数据来源：《甘肃发展年鉴2011》；甘肃省扶贫办，《甘肃省扶贫开发资料汇编2009》；甘肃省统计局，《甘肃农村经济年鉴2009》，中国统计出版社2010年版。

### 三　个体贫困凸显且分布零散

甘肃贫困地区分布面广，全省共有4个县级市、59个县、7个民族自治县、16个市辖区。在86个县（区）中有58个县是国列和省列贫困县，其中国家扶贫开发重点县43个，包括4个市辖区（麦积区、安定区、武都区、合作市），占全国扶贫开发县的7.26%（国家扶贫开发重点县592个），占甘肃全省县（区）的50%。

甘肃省的贫困人口主要分布在少数民族地区、陇南石质山区、陇东和陇中极端干旱区，其中83%的贫困人口居住在边远山区和干旱山区，9%居住在丘陵区，8%居住在河谷地区（温友祥，2004）。这些地区资源稀缺，灾害频发，基础设施落后，返贫率高。贫困人口的分布呈现为全省分散、区域集中的格局，分布于全省各地。陇南市和甘南州、临夏州的贫困人口合计达85.7万人，占全省农村贫困人口的70%，集中了全省大部分的贫困人口，是甘肃"八七"扶贫计划的攻坚地区，国家确定的41个（2004年）贫困县中有16个县在这些地区，省里确定的8个攻坚县中有7个县也在这一区域。"两州一市"成了扶贫建设的重中之重。

### 四　农民收入水平低，贫困程度深

甘肃省是西部贫困省份，14个市州自然条件差异很大，农村经济发展水平很不平衡，城市近郊和河西地区发展较快，中东部地区和南部的广大农村地区经济发展相对缓慢，城乡差距突出，城市的聚集和辐射功能十分有限，工业反哺农业、城市支持农村的基础条件比较薄弱。农村内在的封闭性以及资源和生产要素流动性差，农业产业化经营水平低，农业基础设施和经营方式落后，农田水利设施不足而且标准低。农业经营方式落后，抵御自然灾害和市场风险的能力十分有限，农民组织化和生产集约化程度低。农村基础设施建设和公共事业发展严重滞后，农村劳动力总体素质偏低。再加上复杂的民族成分，恶劣的自然条件，使得这一地区的贫困程度异常之深。（见表3—6）

表3—6　　　　2008 年甘肃省贫困人口低收入人口监测数据　　　单位：万人

| 贫困市（州） | 贫困人口<br>（低于 625 元） | 低收入人口<br>（625—825 元） | 低收入以下人口<br>（低于 825 元） |
|---|---|---|---|
| 定西市 | 15.27 | 74.93 | 90.20 |
| 陇南市 | 38.8 | 90.52 | 129.32 |
| 庆阳市 | 23.06 | 66.92 | 89.98 |
| 平凉市 | 19.43 | 55.74 | 75.17 |
| 临夏回族自治州 | 23.82 | 63.97 | 87.79 |
| 白银市 | 16.58 | 28.95 | 45.53 |
| 武威市 | 7.98 | 30.56 | 38.54 |
| 甘南藏族自治州 | 17.64 | 27.00 | 44.64 |
| 兰州市 | 5.29 | 23.11 | 28.4 |
| 张掖市 | 3.83 | 13.37 | 17.2 |
| 43 个国扶县 | 157.19 | 436.37 | 593.56 |
| 31 个三西县 | 118.37 | 306.48 | 424.85 |
| 甘肃省 | 196.03 | 559.97 | 756.00 |

数据来源：甘肃省扶贫办，《甘肃省扶贫开发资料汇编 2009》；甘肃省统计局，《甘肃农村经济年鉴 2009》，中国统计出版社 2010 年版。

表3—6是甘肃省 2008 年贫困人口低收入人口监测数据，其中贫困人口是指月收入低于 625 元的人，低收入者是指月收入在 625—825 元的人，要强调的是这一标准远低于国家的贫困标准。从表3—6 可以看出，陇南市的贫困人口最多，达 38.8 万。其次是临夏

州和庆阳市分别为 23.82 万和 23.06 万,总共 43 个国扶县的贫困人口为 157.19 万,如果加上低收入者,这一数字会剧增到 593.36 万。即便采用 625 元和 825 元,甘肃省的贫困人口也高达 196.03 万,低收入人口高达 756 万。

2011 年贫困监测调查资料显示,贫困地区的非农产业主要以初级农副产品的加工和采矿业为主,不仅规模小,起步低,而且整体技术水平落后,其投入产出比也很低,因此,贫困地区农民收入水平也非常低。(见表 3—7)

表 3—7　　2011 年甘肃省 43 个国家贫困县农民人均纯收入　　单位:元

| 县名 | 农民人均纯收入 | 县名 | 农民人均纯收入 |
|---|---|---|---|
| 榆中县 | 3581.83 | 漳县 | 2960.05 |
| 会宁县 | 2986.86 | 岷县 | 2890.15 |
| 麦积区 | 3225.69 | 武都区 | 2528.00 |
| 清水县 | 3151.43 | 文县 | 2267.55 |
| 秦安县 | 3294.24 | 宕昌县 | 2120.63 |
| 甘谷县 | 3324.94 | 康县 | 2458.00 |
| 武山县 | 3220.88 | 西和县 | 2405.72 |
| 张家川县 | 2852.79 | 礼县 | 2524.64 |
| 古浪县 | 2966.15 | 两当县 | 2064.96 |
| 天祝县 | 3199.00 | 临夏县 | 2660.18 |
| 庄浪县 | 2977.17 | 康乐县 | 2667.35 |
| 静宁县 | 3062.70 | 永靖县 | 2698.50 |
| 环县 | 3086.71 | 广河县 | 2893.02 |
| 华池县 | 3579.48 | 和政县 | 2520.40 |
| 合水县 | 3556.00 | 东乡县 | 2061.65 |
| 宁县 | 3700.87 | 积石山县 | 2278.60 |
| 镇原县 | 3355.85 | 合作市 | 3184.57 |
| 安定区 | 3101.11 | 临潭县 | 2801.14 |

续表

| 县名 | 农民人均纯收入 | 县名 | 农民人均纯收入 |
|------|------|------|------|
| 通渭县 | 2883.09 | 卓尼县 | 2805.30 |
| 陇西县 | 3345.43 | 舟曲县 | 3045.99 |
| 渭源县 | 2992.58 | 玛曲县 | 4282.57 |
| 临洮县 | 3282.35 | | |

资料来源:《甘肃发展年鉴2012》。

由于自然、地貌、历史、经济和社会等诸多因素的相互制约,尽管经过了20多年的改革开放和"八七"扶贫攻坚,甘肃省的贫困面依然很大,在农村最低生活保障制度缺失、民政救济覆盖面小、公共卫生服务体系不健全的情况下,贫困状况日益突出,贫困程度相当严重。

### 五　贫困发生率、返贫率居高不下,相对贫困凸显

返贫率居高不下是中国减贫速度下降、扶贫投资成本增加的重要原因之一。据国家统计局农调总队调查,中国西部农村返贫率高达30%。甘肃省贫困发生率达21.3%,为全国之最;返贫率一般为20%—30%,灾年时可达45%左右,也成为全国之最。作为贫困省份,甘肃省经过努力,贫困发生率已由2000年的74.8%下降到2008年的21.3%,返贫率也有所降低。贫困地区的返贫状况与自然、经济、社会、政策等多方面因素密切相关。具体来说主要包括:①自然灾害导致返贫。这种返贫频率极高,范围极广,危害极大,尤其是旱灾返贫,应该是甘肃地区返贫的首要因素;②因病返贫。"八七"扶贫攻坚期间,扶贫开发的同时加强了对地方病的防治,为此投入了大量资金和物资,因病返贫现象有所缓解。进入21世纪后,由于国家用于防治地方病的资金不足,原有设施因煤烟腐蚀损毁,贫困农户无力更新,返贫率开始反弹。尤其是甘肃北部的高原地区,肺病频发,这一区域返贫率尤为突出;③超生返贫。此类

返贫在甘肃贫困农村地区相当广泛，自 20 世纪 80 年代农村实行土地承包到户以来，随着人口自然增长和土地锐减这一短期无法逆转的自然趋势以及稳定土地承包政策的长期延续，超生致贫、超生返贫现象在所难免，尤其在少数民族地区表现得更为突出；④政策变动导致返贫。主要是国家宏观经济环境的变动及重大政策出台导致的返贫现象，如设立自然保护区、退耕还林等。

相对贫困在甘肃表现得尤为明显。甘肃省农民人均纯收入水平基本与全国扶贫工作重点县水平相当，而贫困县、乡的人均纯收入水平就可想而知了。2011 年兰州市城关区的人均纯收入高达14175.88 元，而同一年，贫困县东乡县的人均纯收入仅为 2061.65元，相差巨大，接近 7 倍。2011 年全国的平均水平为 6977.29 元，也高出东乡县近 5000 元。如果与上海的 16053.79 元相比差距更大，相对贫困更加突出。

### 六　思想观念差异较大，开放程度较低

贫困地区山高路远，许多地区交通信息不灵，人们习惯于封闭守常，满足于小安求稳，市场观念、效益观念、竞争观念、人才观念等较为薄弱。由于受长时间的自成体系思想的影响，各贫困地区各自为战，行政分割、地方保护主义严重，从而导致许多贫困地区的经济都作为相对独立的地域单元在各自的框架内运行，很少有经济合作与往来，没有形成一个真正完整、统一、开放、竞争、有序的市场体系，阻碍了生产要素的合理流动和资源的优化配置。贫困地区农村的文化、教育、卫生等各项事业的发展均大幅度落后于其他地区，直接阻碍了当地农民综合素质的提升和对发展机会的把握，形成贫困地区发展过程中的"PPE 怪圈"（贫困—人口过度增长—环境退化的恶性循环）。在此基础上，形成"RAP 恶性循环"（社会发育程度低—传统产业比重大、经济结构单一—农民文化素质低、农村更加落后），更为严重的是上述怪圈和恶性循环通过耦合形成"希克斯恶性循环关系链"，抑制了贫困地区农村社会自身的纠错能力，限制了其自身发展、创新能力的培养。

## 七　教育与医疗卫生水平相对落后

21世纪以来，国家不断加强对贫困地区及西部地区教育的支持力度，先后实施"国家贫困地区义务教育工程"、"国家西部地区两基攻坚计划"、"西部地区寄宿制学校建设工程"等，甘肃农村教育在办学条件、教师队伍建设、办学质量等方面取得很大进步，但是和东部地区相比仍相对落后。主要表现在：①农村学校分布欠合理。山大沟深、地广人稀的现实情况严重制约了甘肃农村学校的合理分布，数据显示，学校的服务半径大多都超过2.5公里，学生走读异常辛苦、缺乏安全保障；②农村学校基础设施落后。农村中小学大都缺乏必备的教学仪器，更不用说现代化的教学设备，音乐、美术、体育等教学器材更是稀少；③师资水平在数量和质量上都相对欠缺。由于教学条件的艰苦，正规在职教师相对缺乏，代课老师相对较多但是水平相对较低，严重影响了农村教育质量。另一方面农村贫困地区普遍存在师生比失衡问题，很难保证教学质量的提高，最终导致甘肃农村贫困地区教育水平相对落后。甘肃农村地区医疗卫生条件近年虽有大幅度提高，但仍相对落后。2011年甘肃农村千人卫生员数仅为3.88，远低于全国4.58的平均水平。可以说目前甘肃农村医疗卫生条件还比较落后，不能完全满足群众的看病需求。

## 八　地区发展不平衡，扶贫成本攀升

甘肃省是西部贫困省份之一，14个市州自然条件差异很大，农村经济发展水平很不平衡。城市近郊和河西地区发展较快，中东部地区和南部的广大农村地区经济发展相对缓慢，城乡差距突出，城市的聚集和辐射功能十分有限，工业反哺农业、城市支持农村的基础条件比较薄弱。农村内在的封闭性以及资源和生产要素流动缓慢性的相互作用，使得农业产业化经营水平低下，农业基础设施建设和经营方式落后，农田水利设施投入不足。落后的农业经营方式，低程度的农民组织化和生产集约化，导致农业和农民抵御自然灾害和市场风险的能力十分有限。再加上复杂的民族成分，恶劣的自然条件，使得这一地区的扶贫难度非常之大。特别是随着贫困性质的变化，贫困人口由整体向个体、分散性贫困转变，人力资本贫困问题突出，扶贫的成本大幅度攀升。

# 第五节　甘肃省贫困与反贫困的新特征

进入新阶段以来，在经济增长、专项扶贫以及一系列的惠农政策安排下，甘肃农村扶贫开发进程取得显著成效，但并不意味着甘肃农村贫困问题已经解决，贫困问题呈现出新的特征。

### 一　偏低的贫困标准在一定程度上掩盖了农村贫困的严重性

我国现行的贫困线标准是国家统计局根据 1985 年、1990 年、1994 年和 1997 年的农村住户调查资料采用世界银行推荐的马丁法测定的，其他年份则在此基础上用农村消费价格指数进行更新。2000 年以前，我国只有绝对贫困线，2000 年以后，我国根据国际贫困线又重新测定了低收入贫困线，即便如此，我国贫困线标准还是受到了国际国内社会的普遍质疑，在可供比较的 75 个国家的官方贫困线中，中国的贫困线是最低的。造成我国官方贫困线低于国际标准的原因主要是由于没有考虑蛋白质及其他营养要素导致的食物贫困线偏低以及由于采用 0.85 的恩格尔系数导致非食物贫困线的偏低。采用这种相对苛刻的贫困标准，使得我国官方统计的绝对贫困人口数量和低收入贫困人口数量要远远低于世界银行用国际贫困标准所估算的贫困人口数量，世界银行最新的研究报告显示利用来自 2005 年最新的调查数据测算，中国仍有 2.54 亿人口每天的消费不到 1.25 美元（按 2005 年的 PPP 美元计），9000 万人口每天的消费不到 1.08 美元（按 1993 年的 PPP 美元计）。因此，如果以国际贫困标准来看，中国农村贫困人口的数量仍然十分巨大，是位于印度之后的世界第二大贫困人口国。从甘肃来看，2010 年国家贫困线标准是 1196 元，甘肃有 310 万贫困人口。2011 年中央扶贫开发工作会议决定，将农民人均纯收入 2300 元（2010 年不变价）作为新的国家扶贫标准，据此测算，甘肃的贫困人口将从目前的 310 万人上升到 1200 万人左右，贫困人口大幅增加。

表 3—8　　　　　　　中国贫困线和国际贫困线的比较

| | 2001 年 | 2002 年 | 2003 年 | 2004 年 | 2005 年 |
|---|---|---|---|---|---|
| 绝对贫困线 | 630 | 627 | 637 | 664 | 683 |
| 低收入贫困线 | 872 | 869 | 882 | 924 | 944 |
| 国际贫困线 | 882 | 873 | 884 | 913 | 935 |

资料来源：王萍萍：《中国贫困线与国际贫困线的比较》，《调研世界》2007 年第 1 期。

过于苛刻的贫困标准不仅掩盖了农村贫困现象的严重性，并且也在一定程度上导致了农村返贫情况的普遍性，从而增加了对扶贫对象动态监测的难度。据国家贫困监测调查结果，农村低收入农户的收入波动很大，贫困地区的低收入人口每年的返贫率在 30% 左右。

### 二　农村贫富差距进一步扩大

由于制度、发展战略等综合性的因素，中国社会、经济在取得快速发展的同时伴随着社会贫富分化的进一步加深，区域差距、城乡差距和贫富差距不断拉大成为中国经济的典型特征。特别是农村内部的贫富差距也日趋扩大，农村基尼系数从 1978 年的 0.2124 上升到 2006 年的 0.378，农村内部的不平等程度日益严重，从近年来的收入五等分分布情况来看，高收入组所拥有的收入份额有扩大迹象。2006 年人均纯收入水平最低的 20% 人口（低收入组）的人均纯收入只有 1182.46 元，高收入组人均纯收入为 8474.79 元，高收入组的收入是低收入组收入的 7.17 倍，而 2000 年，高收入组是低收入组收入的 6.5 倍。2001—2007 年，全国城乡居民收入差距从 2.9：1 扩大到 3.33：1。类似的情况在甘肃贫困地区表现得更加明显，从社会调查的数据来看，贫富差距拉大已经成为新阶段农村贫困的重要特征。贫富差距的扩大，不利于社会主义和谐社会的构建。农村贫困地区面临着各项社会服务缺乏、农民工的保障缺位；环境条件恶劣地区农民生计提高困难、教育费用支出增加等贫困因素的累积因果循环问题，这些问题的相互作用，必然进一步放大贫富之间的差距，特别是在整个经济增长的大背景下愈发显现出对于增长的可持续性以及社会公平、社会稳定的现实挑战。

### 三　致贫原因更加复杂

进入新阶段之前，甘肃农村贫困特征主要是普遍性的绝对贫困，致贫的原因主要是制度性、结构性和自然资源约束等相对普适的因素；随着甘肃扶贫开发进程的发展，农村贫困人口呈现出明显的区位分布特征，山区、少数民族地区、边境地区和革命老区等成为贫困人口相对集中的地方，这些地方的共同特征是自然条件和基础设施条件较差；进入新阶段后，甘肃农村贫困的区域分布开始被点状分散分布所取代，伴随着这样的发展趋势，共同性的致贫因素开始弱化，而农户个体性因素日趋明显，致贫因素呈现出多样化的特征："灾"、"病"、"学"、"愚"、"婚"、"懒"、"粗"、"险"等八种因素成为农户贫困的主要原因。

### 四　新的贫困群体出现导致反贫困需求的多样化

中国长期快速的经济增长也带来社会结构的变化，这种结构变化的一个重要表现就是出现很多新的贫困群体，主要包括留守人口（尤其是留守老人、留守妇女和留守儿童）、流动人口、残疾人口、艾滋病感染者等新的农村贫困群体。很多研究都表明这些人群的贫困发生率要高于一般人群，以流动人口为例，国家统计局的调查数据显示，流动人口的贫困比率很高，全国范围内流动人口贫困比率平均达到 15.2%，在一些城市如乌鲁木齐、济南、南京、呼和浩特、银川、郑州等超过了 20%。甘肃省是劳务输出大省，留守儿童问题一直受到相关部门的高度重视。据省妇联调研统计显示：甘肃省仅父母双方外出务工的农村留守儿童就有近 70 万。其中，小学、初中留守儿童 53 万，占农村中小学生总数的 20% 以上。亲情的缺失、学习成绩不良、监护不力及生活贫困是留守儿童教育面临的主要问题。这些人群不仅贫困发生率高，对于缓解贫困的需求也是千差万别的。

### 五 一些扶贫政策对贫困问题产生了负面影响

新中国成立以来，我国的扶贫战略分别经历了以"输血式"为主的扶贫、以扶持贫困地区区域经济发展为主的开发式扶贫、以扶持贫困人口为主的开发式彻底消除贫困战略。在各个阶段甘肃省采用的扶贫方式也多种多样，包括以工代赈、科技扶贫、机关定点扶贫、横向联合与对口帮扶、社会公益扶贫、劳务输出、异地搬迁、国际合作等形式。虽然扶贫政策在整体上对于"治贫"取得了显著的效果，但是这样的一些扶贫政策在实施过程中也有许多"致贫"的现象。以移民扶贫工程为例，在调查中发现，移民扶贫的方式有利于政府集中进行农村基础设施建设，实现农民生计转换和开拓农业产业化扶贫，为农民脱贫致富等创造良好的生产生活条件，然而在具体实施过程中却产生了一些负面影响，主要表现为：①移民搬迁后新社区中的社会文化冲突。一旦社区内文化冲突问题协调不好，很容易导致新的贫困。许多移民新村是由来自不同村庄的农户构成的，政府根据具体的生产生活条件和农民需求，为特定的村子制定特色的农业产业，帮助建立农民协会，然而这些努力能否发挥作用以及作用的范围有多大，根本上还要看农户之间建立新的人际关系和社会联系付出努力的程度。②贫困人群搬迁到新的地方之后，生活状态一般都低于当地平均水平，如果对于这部分人的社会保障工作没有做到位，容易产生贫困人口的"位移"，甚至使原有贫困人口更加贫困。③由环境保护政策造成的贫困和农民生计替代的问题也不容忽视。自然条件恶劣和生态恶化本身是导致贫困的重要原因，解决此类地区的贫困问题首先要关注生态的可持续发展。然而当甘肃实施退耕还林还草政策和自然保护政策之后，农民生计替代问题就显现出来。具体表现为：农户生产活动受到限制；农民失地需要寻求新的生活来源；农民自身受到各种条件影响，改变了对闲暇的追求而需要得到对如何利用时间和闲置劳动力产生经济效益的指导。扶贫政策或扶贫项目如果缺乏因地制宜和可持续扶贫的观念，则只能导致人力、物力、财力的浪费，在项目期过后返贫现象和持续性的贫困依然存在。以退耕还草政策为例，在粮食补贴期过后，如果不能成功地实现生计替代和转型，对于依靠单薄农业收入为生的农户来说，贫困是潜在的。

# 第四章

# 对甘肃省扶贫开发效果的
# 评价与反思

## 第一节　甘肃省扶贫开发的主要模式

　　从"两西"建设启动扶贫开发开始，甘肃省先后经历了1978—1982年的体制扶贫阶段、1982—1985年的"两西"农业建设阶段、1985—1994年的全面扶贫阶段、1994—2000年的"四七"扶贫攻坚计划阶段和目前的扶贫开发新阶段。甘肃的扶贫开发工作，从管理模式上讲，主要有三种：1982—1992年主要是项目管理；1993—2000年主要是到村到户；2001年至今主要实施参与式整村推进。在世纪之交的1998年就开始积极探索新的扶贫模式，把项目管理和到村到户结合起来，实行整村推进，既是在对过去十多年的扶贫措施进行总结，又是在探索扶贫工作的最佳方式。通过试点，成功地摸索出了21世纪扶贫开发的可行模式之一，即项目管理与到村到户的最佳结合——整村推进。其中以基础设施建设、整村推进为核心内容的村级扶贫开发等一系列大型扶贫项目的落实，取得了显著的成效，形成了具有一定借鉴意义的扶贫开发模式，对中国扶贫开发事业做出了极大贡献，具有十分重要的理论价值和实践意义。

### 一　张哈模式

　　政府的扶贫样板。武威市张哈贫困片包括凉州区张义镇和天祝县哈溪镇，两镇同属石羊河流域源头，土地水域相连，物产资源相同。该扶贫实践的主要做法包括：理清发展思路，进行扶贫开发规划；增加扶贫投入，实施扶贫开发项目；寻找产业发展突破口，培育特色产业；鼓励劳务输出，减轻生态环境压力；政府主导，群众主体。张哈地区的扶贫开发，主要得益于政府的高度重视和大力推动，该模式还重视产业带动和项目推动的作用，改"输血式"扶贫为"造血式"扶贫。比如，加大了对人参果种植、中药材加工、马铃薯培育和暖棚养殖等特色产业的扶持力度，成立了养鸡养羊、人参果种植等行业协会和专业合作经济组织，架起了农民走向市场的桥梁，推动了产业的发展。

## 二　麻安模式

群众参与式整村推进模式。麻安村位于甘肃省徽县最北端的麻沿乡西北部，属于典型的边远山区，山大沟深，交通不便，农业生产自然条件恶劣，经济社会发展水平落后，是甘肃省典型的贫困村。2001 年 12 月，麻安村被确定为甘肃省"参与式整村推进"扶贫试点示范村，形成了以群众参与式整村推进为核心内容的"麻安模式"，扶贫成效显著，受到社会各界的广泛关注，在甘肃扶贫工作中具有非常重要的地位。麻安模式的主要做法：第一，以群众参与的方法进行需求评估与项目设计，其中主要包括召开村民代表会，采用参与式农村评估方法（PRA）对农村贫困原因进行诊断；召开贫困户座谈会，分析致贫的原因并商讨解决方法；第二，组织农户参与项目实施管理，在农户询价采购项目中，采取当面议价综合比较、农户自主选购的方式，并根据项目建设花名册将资金分解到户；第三，进行全方位的监督，突出村民监督的主体作用。这一系列做法使麻安村基本实现了脱贫致富的目标，人均纯收入从 2002年的 650 元增加到了 2005 年的 1650 元。这种群众参与式扶贫模式实现了村民从"要我干"到"我要干"、"抢着干"的转变，激发了村民内在的脱贫主动性，增强了村民的凝聚力。

## 三　唐坪模式

政府联手 NGO 的重建发展模式。唐坪村位于甘肃省陇南市武都区汉林乡，距离城区 20 公里，属典型的半山干旱地区，位于"5·12"地震灾区，是国务院扶贫办确定的扶贫开发和灾后恢复重建相结合试点村。2009 年始，与甘肃省扶贫办有着多年合作经验的富平学校开始介入唐坪村的恢复与发展工作，形成了"唐坪模式"。自项目实施以来，累计投入各类扶贫重建资金 400.5 万元。在开始阶段，政府工作的统一性和政策性，使得项目在宏观层面有一个好的状态，但在社区微观层面则产生了诸多问题，为此富平学校就担负起政策入户的宣传倡导工作，并把群众的需求及愿望不断反馈给政府，使得灾后重建工作在二者的协同努力下，取得了不错的效果。"唐坪模式"在甘肃省的扶贫开发实践中具有非常鲜明的特色，政府与富平学校共同作用，使得在项目执行过程中融入了不同主体的理念与期待，并产生了非常好的协同效果。

### 四　东沟模式

NGO 主导的扶贫开发实践。东沟村位于岷县西河坝乡西北部的高山上，山大沟深、高寒阴湿是其典型特征，贫困问题严重。甘肃某 NGO 自 2008 年开始介入该村开展扶贫发展工作，其主要做法包括：推进社区的产业化发展，即协助东沟村 6 个社的农户制定并实施种养殖发展计划，以此来提高农户的经济收入，改善农户生活；加快人畜饮水工程建设，即通过在东沟村 6 个社建立简易人畜饮水设施，缓解农户饮水困难，减轻村民劳动强度，改善村民卫生状况；进行社区妇女健康骨干培训，并依托骨干进行社区健康教育与宣传，促进社区妇女的健康改善；开展社区文化与公共空间建设，即依托东沟村委会办公室和东沟小学，建设社区文化活动中心，并通过开展社区文化娱乐活动，来增强社区的交流与合作，提升社区的认同感和凝聚力；提高项目执行能力建设，即通过对社区项目实施小组中的乡政府相关工作人员和雨田项目团队成员进行能力培训、参观和研讨的方式，来提升项目的执行力，增强项目执行后的效果。通过这一系列有效措施的推动，解决了东沟村的紧迫需求和发展瓶颈问题，全村面貌焕然一新，实现了脱贫致富的目标。

# 第二节　对甘肃省扶贫开发实践的评价与反思

## 一　对甘肃省扶贫模式的评价

1998 年，中国改革发展研究院"反贫困研究"课题组第一次明确提出了"扶贫模式"的概念，并提出 7 种有代表性的反贫困组织形式、操作模式。同年，甘肃省率先在全国提出并探索、实践了整村推进扶贫开发新模式。这种模式 2001 年被写入《中国农村贫困开发纲要（2001—2010）》，在全国进行推广。这些年，甘肃创新理念，创新机制，探索和调整扶贫思路和方式，创造了适应新时期特点的参与式整村推进扶贫方式及目标管理组织模式，以贫困村为单位，整合扶贫资源，群众参与广泛，通过改善基础设施、培植支柱产业、劳动力培训、转移等方式，从根本上提高贫困村的发展能力，扩大贫困村村民的发展机会。具体而言，"张哈模式"是典型的政府推动型扶贫开发模式，内动力是技术力量与市场力量的结合。武威市政府确定该区域为扶贫开发省级试验示范区后，由政府为主体编制了一套完整的开发思路，即以贫困村为主战场，以贫困人口为重点，依靠项目资金倾斜、政策扶贫倾斜、技术支撑倾斜；"麻安模式"是以群众为主要推动力的扶贫开发模式，内动力在于政策的力量与管理的力量。在社区实施小组组建之后，群众的主体作用开始逐步展现，进行项目的设计与方案的确定、组织项目的实施、负责项目的监测与评估等等；"唐坪模式"是政府与 NGO 两个推动力合作展开的扶贫开发模式，内动力在于政策的力量与社会的力量。在唐坪村项目中，政府是主要推动力量，灾后重建的政策确保了项目资金的到位，并确保县乡政府高度重视项目的执行及效果。作为 NGO 的富平学校成为与政府合作的另一重要力量，在项目中发挥了无法替代的作用，该学校不仅争取了大量的社会资金参与重建与发展，并在执行过程中充分发挥了自身的职能优势。"东沟模式"是以 NGO 为主要推动力的扶贫开发模式，内动力在于社会的力量与管理的力量。东沟项目点的选择、项目的设计、项目的执行等过程，都是由 NGO 负责推动。该 NGO 不仅争取了几乎所有的项目资金，而且长期驻守当地进行项目的开展。综上，甘肃省这几种扶贫模式最大的优点就是这几种模式都很好地把推动力逐步转变成内动力，实现了具有连贯性的内生动力的扶贫。

### 二　对甘肃省扶贫模式的反思

甘肃省农村反贫困政策的制定和实施对于有效缓解农村贫困和提高农民收入起到了积极的作用，但其在政策的制定和实施上还存在一定的弊端。

#### （一）农民主体地位彰显不够

甘肃省农村反贫困政策主要集中于政府资金的扶持和基础设施的建设，忽视了农民在反贫困过程中的主体作用。在反贫困的过程中，应建立政府和农民的双重反贫困主体，政府是政策的制定者，主导反贫困的方向和重点，而农民则应成为政策的执行者，积极地参与到反贫困的进程中。以前的反贫困政策充分发挥了政府在反贫困过程中的主体性作用，而农民的主体性作用没有得到切实的发挥，产生这一现象的原因不仅在于贫困农民因循守旧、墨守成规，不积极地参与到反贫困的行动中来，也在于政府缺乏对贫困农民的积极引导，不能有效培育农民的主体性。在新农村建设的大背景下，政府作为单一的反贫困主体已不能适应反贫困的要求，必须进行反贫困主体的变革。很显然，要想变革，必须让贫困农户和政府均成为反贫困的主体，然而，这两大主体之间如何有效地协调和合作，如何有效地引导和监督，这些均对甘肃省农村反贫困的进行提出了挑战。

国家和省上对贫困地区有大量投入，使得贫困地区农民逐渐形成了一种"等、靠、要"的依赖思想，政府没有从思想上引导农民走上自我变革的道路，脱贫致富的积极主动性不足，自我管理、自我发展的意识严重不足，参与各项社会事务的能力和自我发展的能力严重缺乏，陷入了贫困的恶性循环，给全面脱贫致富带来了很大困难。表面上的投入很大，但没有进一步深入到贫困的根本原因，贫困地区的农民变革意识依然普遍不强，在反贫困上的积极主动性不够。

（二）城镇化对反贫困的作用没有很好发挥

甘肃省农村反贫困政策只是就农村论农村，把农村看成一个孤立的个体进行反贫困，没有有效发挥城市对农村的带动作用。政府在反贫困政策的制定中，并没有考虑先富起来的城市，发挥城市的带动作用，这从一定程度上削弱了反贫困的效果。

打工和非农产业成为增加农民收入和反贫困的主要手段。到2012年，我国外出务工农民达到2.5亿，甘肃省农村外出打工的年总人数已达到500万，外出务工每月收入人均达到2049元，这大大解决了农民增收和就业的问题，但是甘肃省的城市化进程相对缓慢，2012年甘肃省城镇化率只有36.1%，远低于全国52.5%的平均城镇化率。户籍制度等传统体制问题的存在和影响，阻碍了农民工的城市化和市民化，农民工在城市里得不到相应的社会保障，不能真正在城市定居下来，这影响了反贫困的进程，也使得城镇化进程没有跟上，城市对甘肃农村反贫困的作用没有得到应有的体现。

（三）产业链太短影响农民增收效果

甘肃省的农村反贫困政策忽视了推动农业向纵向发展和提高农产品的附加值。提高农民收入的有效途径是提高农产品的附加值或促使农民向二、三产业转移，但在城乡二元结构固化的八九十年代，农民向二、三产业转移非常困难，而政府又忽视了推动农业的纵向发展，所以政府虽然制定了很多缓解农村贫困的政策，但很难快速有效地提高农民的收入。

在农村还有大量选择不外出务工的农民，他们的收入主要依靠农业，但甘肃省农村的整个农业产业链不健全，大多数农民只是单纯地种植初级农产品，农业没有得到纵向发展，没有在当地形成深加工的产业，没能将农业由传统的第一产业向第二、第三产业延伸，减少了当地农民的就业岗位，也使得当地农民的收入水平得不到提高。

（四）一般扶贫政策对特殊贫困人口的扶贫效果不显著

特殊贫困人口是指生活在环境恶劣、基础设施薄弱、公共服务滞后、社会形态特殊的贫困区域的人。特殊贫困地区的扶贫任务异常艰巨，扶贫难度大、投入成本高。一般扶贫政策对这些地区的扶贫效果不显著。

目前在甘肃省贫困人口的分布中，陇南山区占的比重最大，其次是少数民族地区，再次是陇东地区和中部地区。这些贫困人口大都居住在远离社会经济中心、交通落后的高山区、石山区、干旱带片、林缘地带和少数民族聚居区。全省贫困人口有83%居住在山区，9%居住在丘陵地带，只有8%居住在川道地区。这些地方自然条件更为严酷，自然资源更为贫乏，基础条件差，这意味着将会大幅度增加脱贫成本。过去我们通过大规模、卓有成效的扶贫建设，使条件相对较好、集中连片的贫困人口基本解决了温饱问题，并开始向脱贫致富迈进，而剩余的这部分特殊贫困人口，居住的区域更分散，自然和社会条件很差。过去采取过并已取得良好成效的扶贫措施，作用日渐弱化。贫困地区农民整体收入水平虽逐年有所增加，但处于特殊贫困类型的农民收入极不稳定，2003年这部分农民收入不但没有增长，反而下降了24.46元，这反映出目前甘肃省的扶贫政策没有使这部分特殊贫困人口充分享受到优惠。针对这一部分特殊贫困人口，不能采取以往的扶贫政策，而应有更具有针对性的具体政策，比如完善农村社会保障体系，实现扶贫开发与农村社会保障的有效衔接等。

# 第五章

# 富民产业与反贫困

## 第一节　产业发展与贫困、反贫困的关系

人类社会经济发展的历史是产业发展的历史。产业发展是经济增长的基础，也是国民收入的源泉，更是改善民生的主要途径和依托。因此，各个国家都将贫困地区的产业发展作为扶贫开发的主要内容，进行大力扶持与培育。

### 一　农业发展与反贫困

（一）农业发展与农民增收

"民以食为天。"农业不仅是大量农村人口赖以生存的基础，也是他们收入的主要来源，因此，农业的进步与发展是农村反贫困的主要手段，也是主要途径之一。中国的贫困人口主要集中在自然条件恶劣，二、三产业发展滞后的地区，因此农业收入几乎是这些地区收入的唯一来源，农业发展是关系着农民收入的重要因素之一。传统落后的农业技术导致农业生产力极为低下，其基本特征是技术停滞，技术停滞是造成农业落后和农民贫困的主要原因，也是贫困恶性循环的重要推动因素，不在传统农业中引进现代技术就不能把传统农业转化为现代农业。落后的农业技术造成农业的相对产量较低，使得从事农业生产的农民的收入远远低于从事其他行业的同等劳动力的收入，这直接影响着农民的收入，也是造成贫困区域多集中于农村地区的主要原因。

通过发展农业，这里主要是指农业技术的发展，提高农民的人

均收入，对降低贫困在农村的发生率和提高反贫困的效率有着显著效果。农业技术的发展主要表现在单位劳动力生产率的提高，生产率的提高意味着与之前较低的生产率相比在同等资源和同等劳动时间的情况下创造出了更多的价值，这直接会促进从事农业生产的农民人均收入的提高，对降低贫困的发生有着事半功倍的作用。农业的发展不仅会提高农民的人均收入，而且会降低从事农业生产的劳动力的数量，从事农业生产的人口的下降将会降低贫困人口的基数，使得扶贫对象在一定程度上得到减少，从而减轻扶贫难度。

（二）农业发展与贫困人口

农业的发展，在解决了农民基本生存问题的同时还解决了大量的农村就业问题，此外农业作为基础产业对于二、三产业地位的提升也产生巨大的贡献作用，为非农产业的发展提供资本和劳动力的支持，当非农产业发展到一定程度时会吸收大量的贫困劳动力从事非农产业的生产，形成良性的产业循环。

我国的贫困人口主要分布在土地贫瘠、资源短缺、气候恶劣、自然灾害频繁的山区和黄土高原地区，生产生活条件十分恶劣。贫困地区的人们主要从事传统落后的农业生产，其中种植业在农业生产中占有很大的比重。面对贫瘠的土地、恶劣的气候条件和频繁发生的自然灾害，他们只有靠天吃饭，过着维持生计的几近原始的生活。面对贫困地区数量庞大的贫困人口，只有通过推广农业技术，提高农业生产抗自然灾害的能力，才能提高贫困农民的收入，减少贫困人口在我国总人口中占有的份额。

毋庸置疑，农业发展使得贫困人口的收入得到直接提升，达到国家贫困线以上，直接减少了贫困人口的数量。经济增长论认为，经济增长是减少贫困人口的充要条件，而经济的增长主要是依靠三大产业的发展来带动的。农业在国民经济中处于基础地位，农业的发展直接促使国民经济得到一定的增长，这将间接地减少贫困人口。所以面对我国庞大的人口基数，必须要发展农业，这不仅关系到 13 亿人口的吃饭问题，而且也会在一定程度上解决我国严重的就业问题，同时也会提高从事农业生产的劳动力的人均收入。贫困地区人均收入的提高将使一部分由于农业生产技术落后而造成的贫困人口脱离贫困，这将对我国扶贫事业有着重要的意义。

## 二　非农产业发展与反贫困

对于贫困地区而言，通过发展非农产业来带动贫困人口脱贫致富，摆脱自然条件和生态条件束缚，实现可持续发展，是反哺农业的核心途径，成为解决衣食住行低层次贫困之后的解决发展性贫困的核心内容和途径。非农产业发展是解决贫困问题强有力的手段，是反贫困的一种有效途径，能够带动贫困地区的经济增长，而经济增长的最终表现是贫困地区人口收入的增加和贫困人口数量的减少。非农产业的发展不仅使得贫困人口免受饥寒之苦，而且能提高贫困人口的自我发展能力，进而从根本上消除贫困。

（一）非农产业发展与农民增收

非农产业扶贫是实现脱贫致富的主要途径。由于农业生产受季节影响，所以农民可以在农忙季节从事农业生产，在农闲季节通过外出打工的形式来补充自己的家用消费，提高自己的收入。这就意味着要有足够的工作岗位提供给他们，所以强大的非农产业是实现脱贫致富目标的前提。同时农民也可以进行一些小本经营的服务业，比如在旅游业比较发达的地区，农民可以在农忙季节之后从事旅游服务业提高自己的收入。吸收一部分贫困人口从事非农产业的生产，是实现脱贫致富、提高贫困人口收入的主要方式，所以非农产业的发展对农民的收入有着重要的影响，是脱贫致富的主要途径。

贫困地区的非农产业发展相对滞缓，对贫困地区的脱贫致富支撑力度相对较弱。非农产业的收入占据着农民人均收入很大的部分，如果非农产业发展强度不够大，直接影响着农户的收入，而衡量贫困的主要标准就是收入，所以非农产业的发展对于贫困地区的农民收入有着重要的支柱作用。贫困地区可以通过大力发展非农产业来延长当地的产业链条，通过大力发展非农产业来带动当地的经济发展。对于非农产业的发展要有选择，这就要求应立足于区域特色优势资源，充分发挥比较优势，找准扶贫开发的主导产业，加大产业扶贫的政策引导力度，培育符合国家和当地的新产业增长点，以产业发展促进当地经济发展，以产业发展促进脱贫致富。

（二）非农产业与贫困人口脱贫

根据国家统计局对全国6.8万个农村住户的抽样调查，2007年底全国农村绝对贫困人口中西部地区占了一半，且绝对贫困人口居住在山区的占51.4%，而连续贫困的群体有76%居住在自然条件特别恶劣的地区，人均耕地不足一亩。从贫困人口的分布特征不难发现，在那些自然条件恶劣、基础设施落后的极不发达地区，自然条件是阻碍发展的主要原因，所以想要摆脱贫困就只有一条道路，那就是脱离贫困的生活环境。脱离恶劣的生活环境并不意味着他们就不再是贫困人口了，只有解决了他们的就业问题，他们的人均收入提高了才能使他们从根本上摆脱贫困，使我国庞大的贫困人口得到一定的减少。

非农产业的发展不仅在一定程度上可以提高贫困地区的人均收入，而且还能吸收一定的贫困人口长期从事非农生产，这就让他们摆脱了束缚他们几代人的贫瘠土地，使得人均耕地面积得到提高，这就从两方面缓解了贫困问题。所以贫困地区应该充分发挥比较优势，以产业发展环境建设为中心，充分发挥气候优势、资源优势及地理环境优势来发展非农产业，使得贫困地区的劳动力优势得到长足发展，成为致富脱贫的增长点，而不是脱贫致富道路中的绊脚石。

城镇化水平提高意味着基础设施建设水平的发展，通过发展非农产业使得贫困地区的城镇化水平提高，这将会促进贫困地区的发展，使得大量的农业生产劳动力从事非农产业生产，脱离农业户口，提高他们的人均收入，大大地缩减贫困人口。

（三）非农产业发展与生态环境恢复重建

生态环境问题已成为人类关注的焦点，因为只有良好的生态环境才能保证社会经济的正常运行。中国的贫困地区面临的一个共同问题就是恶劣的环境束缚和严重的生态破坏。贫困地区的经济发展与生态环境之间存在着严重的冲突，由于相对于贫困地区的耕地面积而言人口过多，这就导致贫困地区出现过度垦殖现象，大面积的植被遭到严重破坏、水土流失非常严重。粗放式开发导致的自然资源急剧耗损和环境质量不断下降，严重地阻碍着贫困地区的经济增长和发展，引起环境与经济增长之间的恶性循环。人们急需寻找一种可持续发展的方式，以缓解贫困地区的贫困问题和生态被严重破坏的问题。这需要从两方面入手，一是提高贫困地区的人均收入，二是疏散大量的贫困人口从事非农产业的生产。非农产业的发展对于解决贫困地区的环境问题有着重要的意义，首先，非农产业可以吸收大量的贫困人口从事非农产业生产，这可以直接缓解贫困地区严重的耕地短缺现象，使得贫困地区的生态环境得到一定的修复；其次，非农产业发展可以带动地方经济发展，使得人均收入提高，缓解严重的能源紧缺问题，可以使更多的财政资金投入到高新科技行业，提高生产水平。

## 第二节　甘肃省富民产业培育在扶贫攻坚中的重要作用

### 一　富民产业的内涵

发展富民产业的目的在于使广大劳动者特别是普通劳动者能尽快增收致富，使普通劳动者共享改革发展的成果，实现全面建设小康社会的目标任务。为民、富民，说到底就是要千方百计提高城乡居民的收入水平，这既是社会主义的本质要求，也是当前阶段缩小贫富分化差距、保持社会稳定的重中之重。因此，富民产业之"民"即指全省城乡居民，重点是农业与非农产业的普通从业人员。

发展富民产业就是要以特色优势富民产业带动关联产业，以关联产业促进区域经济全面发展，以区域经济的全面发展推动富民兴陇规划的实现。特色优势富民产业作为具有相对差别化或绝对差别化的产业，往往体现着特定区域的比较优势，蕴藏着特定区域的发展潜力。转变经济发展方式、培育区域特色优势产业，就是要通过落实科学发展观，大力培育吸纳就业能力强、增长潜力大、产业链条长、增收效果明显、资源消耗小、环境污染少、辐射带动能力强、科技含量高、能够实现可持续发展的行业和产业。

## 二　富民产业培育在扶贫攻坚中的重要作用

### (一) 有利于促进农村小康社会建设

2010年,甘肃省全面建设小康社会的实现程度为62.7%,比全国的80.1%低17.4个百分点,要在2020年实现与全国同步全面建成小康社会目标,时间紧、难题多,建设任务重,亟须从各方面扎实奋力推进。发展富民产业是甘肃省贯彻落实党的十八大和中央领导指示精神,适应全面建成小康社会新形势,顺应广大人民群众新期待所做出的一项全局性、战略性的重大决策,是坚决贯彻执行"1236"扶贫攻坚计划的务实之策,意义深远而重大。要实现城乡居民稳定就业和收入水平增长以及消费能力稳步提高,改善和提高城乡居民生活质量,促进经济健康稳定发展,实现脱贫致富奔小康目标,富民产业培育是关键、是核心、是根本。

### (二) 有利于贫困地区形成优势产业

富民产业的培育是在充分挖掘当地特色资源的基础上,发展科技含量高、增长潜力大、产业链条长、带动能力强、经济效益高、资源消耗小、环境污染少、人力资源得到充分利用、能够实现可持续发展的产业。贫困地区由于经济基础薄弱、社会发育程度较低,对当地优势资源的开发和利用程度不高,而富民产业的培育将按照以"特"求出路、以"特"促发展的思路,有利于贫困地区实现资源的有效配置,逐渐形成当地优势产业。

### (三) 富民产业培育是农民增收的重要途径

富民产业最大的特点就是富民,即提高人民的收入水平。对于贫困地区,一方面,由于经济发展水平较低,提供就业岗位能力有限,同时富余劳动力较多,而随着富民产业的培育,会极大地促进贫困地区非农产业发展,进而使得劳动力需求呈多元增长态势,实现劳动力资源有效配置,促进贫困地区居民收入水平的提高。另一方面,富民产业的培育将在很大程度上带动贫困地区民营经济的发展,民营经济将成为富民产业发展的重要载体,成为增加就业机会、优化经济结构、增强市场经济活力、提高人民收入水平的重要渠道。

（四）富民产业培育是甘肃省"1236"扶贫攻坚计划的核心内容

甘肃省"1236"扶贫攻坚计划实施的主要任务是要持续增加农村贫困人口收入，无论丰年灾年，做到不愁吃、不愁穿，同时确保扶贫对象接受义务教育，能够享受基本的医疗保障和住房保障。富民产业的培育将通过依托突出的资源禀赋特色，以市场为取向，促进甘肃省草食畜、设施蔬菜、优质林果、薯类、中药材、乡村文化旅游等特色优势产业的发展，有利于贫困地区形成优势产业，有利于贫困地区提高居民收入和农村建设小康社会。富民产业的培育为甘肃省"1236"扶贫攻坚计划的实施打下良好的基础，而扶贫攻坚计划的实施将反过来促进富民产业的进一步发展，两者相辅相成，共同发展。

# 第三节　富民产业的选择

## 一　富民产业的选择原则与标准

（一）富民产业的选择原则

第一，市场导向原则。富民产业要使普通劳动者增收致富奔小康，必然要求该产业的发展能满足市场需求，得到市场认可。因此，富民产业的发展必须坚持市场导向，依据市场多元化需求进行产业定位，谋划产业长远发展。

第二，比较优势原则。富民产业要蓬勃发展，富民兴陇，必须要结合省内各地区自身特定优势，实施差异化和特色化战略，以产业的集中化、规模化发展为基本准则，坚持分片区产业扶贫的差异化原则，在产业布局、项目安排、人力资源开发、政策制定上向贫困地区、贫困乡村、贫困群众倾斜。

第三，政策支持和自力更生相结合原则。在加大政策支持力度的同时，要进一步增强城乡居民尤其是困难群众自我发展的信念和能力，发扬艰苦奋斗、开拓创新的精神，将政策机遇转化为现实优势，将资源优势转化为经济优势，将后发优势转化为发展成效。

第四，政府主导与社会参与相结合原则。坚持政府主导与社会参与相结合，分层次、分领域，明确部门职责，积极引导社会参与，形成区域发展与扶贫攻坚合力。

第五，加快发展与和谐稳定相促进原则。坚持把发展作为第一要务，以经济建设为中心，依靠发展壮大经济实力、促进民族团结、保持社会和谐稳定，坚持把稳定作为第一责任，以稳定保发展、促和谐。

第六，可持续性原则。要把加快发展同高效利用资源能源、有效保护生态环境结合起来，走经济发展生态化、生态建设产业化的路子，大力发展生态经济，加大节能减排力度，推广节约、低碳、绿色的生产生活方式，努力实现经济与环境、资源的协调可持续发展。

（二）富民产业的选择标准

第一，具备必要的产业发展条件。纳入富民产业选择范围的产业或区域，应具备以下产业发展条件：一是较为完善的农业基础设施，满足作物生长需求的水土光热等基本条件；二是贫困区域集中连片，满足现代农业区域化布局和专业化生产的需要；三是具有一定的地域特色，能发挥地域比较优势，适宜发展田园风情；四是符合国家产业政策要求，符合甘肃省及各地州市产业发展政策要求。

第二，具有明显的区域比较优势。富民产业的选择与发展，应该以当地的经济社会发展现状为基础，以本地区的资源禀赋条件为支撑点，充分考虑区域内的区位、资源、技术、资金、人才、市场等多方面的综合因素，选择适宜当地气候条件和特殊地理环境、自然资源丰富、区域特色和区域优势明显、全要素生产率相对较高的优势产业。

第三，具有较强的市场竞争。纳入富民规划支持范围内的产业，应该具有较大的市场需求量和市场容量，符合当前市场需求发展趋势，短期内难以大规模被其他产品替代，产品品质具有竞争优势，市场前景广阔。同时，产品在区域内外具有较强的市场影响力和显著的市场美誉度，能够广泛地吸纳市场需求，并具有较强的辐射带动作用。

第四，具有良好的发展基础。纳入富民规划支持范围内的产业，应该具有一定的发展基础和发展规模，在生产基地建设、产业组织体系建设、产业技术支撑体系建设、产品市场体系建设等方面有一定的发展，农牧业产业化龙头企业建设取得一定成效，产业链基本形成，在本区域增长潜力较大。此外，富民产业选择应该遵循城乡居民的发展意愿，重点支持群众认可度高、具有丰富的生产经验、发展意愿强烈、与扶贫关联度高的产业。

第五，具有明显的产业增收效果。发展富民产业的最终目的是通过产业的发展，带动群众尽快脱贫，实现区域社会经济可持续协调发展。富民产业的选择要结合国际国内特色生态产业发展趋势，把市场效益好、增收效果明显、符合区域发展特点的特色高效产业纳入遴选支持范围。要积极培育创新型产业组织，不断完善富民产业各产业主体间的利益分配机制，确保富民产业的发展能切实惠及城乡居民。

第六，具有最大限度的覆盖范围。居民增收主要是通过产业发展实现的，区域富民产业的建设与发展，主要目标在于通过产业发展带动区域扶贫开发，以区域发展带动富民产业发展，增加贫困居民收入水平，稳定区域发展基础，最终实现贫困居民"两不愁、三保障"，因此富民产业的选择必须以最大限度地覆盖贫困居民与贫困地区为标准。

## 二　评价方法

甘肃省居民收入的总体增长是国民经济各个部门或产业合力的结果，但贡献度差异较大，要从数量繁多、部门各异的产业中找到吸纳就业能力强、增长潜力大、产业链条长、增收效果明显、资源消耗小、环境污染少、辐射带动能力强、科技含量高、能够实现可持续发展的产业，即富民产业，需综合考虑其就业集中度、产业集中度、产业增收水平、产业发展水平、产业增长潜力、产业辐射带动能力、环境保护等多个方面的因子，比较适宜利用因子分析法进行分析，以较为客观地筛选出重要因素和富民产业。

本章结合甘肃省产业发展实际情况，从三大产业中选取具有代表性的产业作为研究对象，运用统计软件 SPSS19.0 对《甘肃年鉴》、《甘肃发展年鉴》、《甘肃农村年鉴》、《中国统计年鉴》、《中国农村统计年鉴》、《中国畜牧业年鉴》、《中国第三产业统计年鉴》、《中国农村住户调查年鉴》、甘肃省农村住户调查报告以及甘肃省经济信息网、国家统计局网站等提供的 2001—2011 年统计数据进行了处理。分析过程中，将农业分为种植业与畜牧业两部分，在第二产业中选取甘肃省具有典型代表的采矿业、制造业、建筑业作为研究对象，在服务业中选取交通运输、仓储和邮政业，信息传输、计算机服务和软件业，批发和零售业，住宿和餐饮业，金融业和房地产业作为研究对象。用因子分析法对上述产业进行评价、筛选，分析点为对各产业富民因子的分析，对各产业富民综合指数的分析。

### 三　评价指标体系

考虑到研究的可实现性及对甘肃省产业发展的共识，本书选取了部分具有代表性的产业作为研究对象。在种植业内部选取了薯类、中药材、蔬菜、瓜果、制种等特色优势农业产业及稻谷、小麦、玉米、豆类、油料、棉花、烟叶、麻类等，畜牧业内部选取了牛、马、骡、骆驼、山羊、绵羊、猪、鸡（鸭鹅）等，第二产业内部选取了采矿业（煤炭开采和洗选业、石油和天然气开采业、黑色金属矿采选业、有色金属矿采选业、非金属矿采选业）、制造业（农副食品加工业、食品制造业、饮料制造业、纺织业、纺织服装鞋帽制造业、皮革毛皮羽绒制品业、木材加工及藤棕草制品业、家具制造业、石油加工及炼焦业、化学原料制品及制造业、医药制造业、橡胶制造业、塑料制造业、黑色金属冶炼及压延加工业、非金属矿物制品业、有色金属及压延加工业、金属制品业、通用设备制造业、专用设备制造业）和建筑业，第三产业内部选取了交通运输、仓储和邮政业，信息传输、计算机服务和软件业，批发和零售业，住宿和餐饮业，金融业，房地产业等。

（一）种植业

种植业评价指标体系如表 5—1 所示。

表 5—1 种植业评价指标体系

| 一级指标 | 二级指标 |
|---|---|
| 产业就业集中度指标 | $X_1$：就业人口比例 |
| | $X_2$：就业弹性系数 |
| 产业发展水平指标 | $X_3$：单位面积产量（吨/亩） |
| | $X_4$：单位面积产值（元/亩） |
| | $X5$：人均纯收入（元/人） |
| | $X_6$：人均产值（元/人） |
| | $X_7$：产品商品率 |
| | $X_8$：本行业总产值占种植业总产值比例 |
| | $X_9$：区位熵 |
| | $X_{10}$：农用机械总动力（万瓦特） |
| 产业增收水平指标 | $X_{11}$：人均纯收入增长率 |
| | $X_{12}$：人均产值增长率 |
| 产业增长潜力指标 | $X_{13}$：就业人口比例增长率 |
| | $X_{14}$：单位面积产量增长率 |
| | $X_{15}$：单位面积产值增长率 |
| | $X_{16}$：产品商品率增长率 |
| 生态环境指标 | $X_{17}$：化肥农药总施用量倒数（1/万吨） |

其中，$X_1$：就业人口比例，是指本行业就业人口占整个种植业就业人口的比重，比重越大，吸纳劳动力的能力就越强，反之则越弱。$X_1 = \dfrac{本行业就业人口}{种植业就业人口}$。就业人口比例获取方法如下：首先根据甘肃省农村住户调查数据计算出种植业各行业劳动力数占总调查劳动力数的比例，然后用此比例乘以甘肃省种植业劳动力总数；$X_2$：就业弹性系数，是指就业人数增长率与 GDP 增长率的比值，即 GDP 增长 1 个百分点所带动的就业增长的百分点，系数越大，吸收劳动力的能力就越强，反之则越弱。$X_2 = \dfrac{\triangle N/N}{\triangle GDP/GDP}$；$X_5$：人均纯

收入，是指本行业纯收入与就业人数之比，比值越大，说明人均纯收入越高。$X_5 = \dfrac{\text{本行业纯收入}}{\text{本行业就业人数}}$。人均纯收入数据获取方法如下：首先根据《甘肃农村年鉴》获取农业人均纯收入，然后根据种植业各行业的销售产值比例分配给各行业；$X_7$：产品商品率，是指本行业农作物销售总值与本行业农作物总产值之比或者本行业农作物销售总产量与本行业农作物总产量之比，比值越大，说明产品商品率越高，农作物的价值越容易实现。$X_7 = \dfrac{\text{本行业农作物销售总值}}{\text{本行业农作物总产值}}$或$\dfrac{\text{本行业农作物销售产量}}{\text{本行业农作物总产量}}$；$X_8$：本行业总产值占种植业总产值比例，这一指标能够说明本行业在整个种植业中相对规模的大小；$X_9$：区位熵，又称专门化率，用来衡量某一区域要素的空间分布情况，反映某一产业部门相对于全国而言其地域重要程度。$X_9 = \dfrac{\text{该行业总产值/本省生产总值}}{\text{全国该行业总产值/国民生产总值}}$；$X_{10}$：农用机械总动力，是指各行业年农用机械总动力消耗情况，其值大小在一定程度上能够反映该行业的机械化水平，值越大说明机械化程度越高，反之越低；$X_{17}$：化肥农药总施用量倒数。数据获取方法如下：首先根据《甘肃农村年鉴》—纵向序列资料—农业现代化获取各行业化肥农药总施用量，然后根据种植面积大小分配给各行业，最后取倒数，取倒数是为使其成为正向指标，即值越大越好。

（二）畜牧业

畜牧业评价指标体系如表5—2所示。

表5—2　　　　　　　　　　畜牧业评价指标体系

| 一级指标 | 二级指标 |
| --- | --- |
| 产业就业集中度指标 | $X_1$：就业人口比例 |
| | $X_2$：就业弹性系数 |

续表

| 一级指标 | 二级指标 |
|---|---|
| 产业发展水平指标 | $X_3$：人均产值（元/人） |
| | $X_4$：人均纯收入（元/人） |
| | $X_5$：畜禽出栏率 |
| | $X_6$：本行业总产值占畜牧业总产值比例 |
| 产业增收水平指标 | $X_7$：人均产值增长率 |
| | $X_8$：人均纯收入增长率 |
| 产业增长潜力指标 | $X_9$：就业人口比例增长率 |
| | $X_{10}$：畜禽出栏率增长率 |

表5—2中，$X_4$：人均纯收入，是指本行业纯收入与就业人数之比，比值越大，说明人均纯收入越高。$X_4 = \dfrac{本行业纯收入}{本行业就业人数}$。人均纯收入数据获取方法如下：首先根据《甘肃农村年鉴》—农村住户资料—农村住户调查基本情况—农村住户纯收入来源—全年纯收入—家庭经营纯收入—第一产业纯收入—牧业收入来获取农业人均纯收入，然后根据畜牧业各行业的销售产值比例分配给各行业；$X_5$：畜禽出栏率，是指出售、宰割畜禽数量占畜禽全年平均头数。$X_5 = 禽畜出栏率 = \dfrac{（售出＋宰割）数量}{全年平均头数}$。

（三）第二产业

第二产业评价指标体系如表5—3所示：

表5—3    **第二产业评价指标体系**

| 一级指标 | 二级指标 |
|---|---|
| 产业就业集中度指标 | $X_1$：就业人口比例 |
| | $X_2$：就业弹性系数 |

续表

| 一级指标 | 二级指标 |
|---|---|
| 产业发展水平指标 | $X_3$：人均营业收入（元/人） |
| | $X_4$：人均工资收入（元/人） |
| | $X_5$：人均产值（元/人） |
| | $X_6$：产销率 |
| | $X_7$：净利润率 |
| | $X_8$：产值利税率 |
| | $X_9$：流动资产周转率 |
| | $X_{10}$：区位熵 |
| 产业增收水平指标 | $X_{11}$：本行业产值占第二产业产值比例 |
| | $X_{12}$：人均主营业务收入增长率 |
| 产业增长潜力指标 | $X_{13}$：人均产值增长率 |
| | $X_{14}$：就业人口比例增长率 |
| | $X_{15}$：产销增长率 |
| | $X_{16}$：净利润率增长率 |
| 生态环境指标 | $X_{17}$：单位产值能耗倒数（万元/吨标准煤） |

其中：$X_4$：人均工资收入，是指本行业工资收入总计与本行业就业人数的比值，$X_4 = \dfrac{\text{本行业工资收入总计}}{\text{本行业就业人数}}$。由于第二产业多布局在城镇，因此本书用《甘肃发展年鉴》—就业人员和职工工资—按行业分城镇单位就业人员平均工资来近似替代；$X_8$：产值利税率，是指利税总额与总产值之比，该指标反映工业企业或建筑业的效益水平。$X_8 = \dfrac{\text{利税总额}}{\text{总产值}}$；$X_9$：流动资产周转率，是指一定时期内流动资产完成的周转次数，反映投入工业企业或建筑业流动资金的周转速度，是评价企业资产利用率的一个重要指标。$X_9 = \dfrac{\text{产品销售收入}}{\text{全部流动资产平均余额}}$，建筑业流动资产周转率 $X_9 = \dfrac{\text{工程结算收入}}{\text{全部流动资产平均余额}}$；$X_{17}$：单位产值能耗倒数，是指本行业工业

总产值与综合能耗的比值，单位为万元/吨标准煤。是衡量一个行业能源利用效率的重要指标。

（四）第三产业

第三产业评价指标体系如表5—4所示，其中，X5：固定资产投资额，是指以货币形式表现的在一定时期内建造和购置固定资产的工作量以及与此有关的费用的总和。该指标是反映固定资产投资规模、结构和发展速度的综合性指标，也是观察工程进度和考核投资效果的重要依据。

表5—4　　　　　　　　　第三产业评价指标体系

| 一级指标 | 二级指标 |
| --- | --- |
| 产业就业集中度指标 | $X_1$：就业人口比例 |
| | $X_2$：就业弹性系数 |
| 产业发展水平指标 | $X_3$：人均工资收入（元/人） |
| | $X_4$：人均产值（元/人） |
| | $X_5$：固定资产投资额（万元） |
| | $X_6$：区位熵 |
| 产业增收水平指标 | $X_7$：人均工资收入增长率 |
| | $X_8$：人均产值增长率 |
| 产业增长潜力指标 | $X_9$：就业人口比例增长率 |
| | $X_{10}$：固定资产投资额增长率 |
| | $X_{11}$：单位产值能耗倒数（万元/吨标准煤） |

## 四　甘肃省富民产业综合评价及结果

依据因子分析法的基本原理，运用SPSS19.0统计分析软件对指标数据进行处理。因本书涉及三大产业11年的数据，将数据处理过程全部展示出来篇幅过大，故只给出各行业富民综合指数的得分排序及最终评价结果，所有富民因子的提取过程及得分、排序均略去。据此，最终选出各行业的富民产业。另外，在以下呈现的数据处理结果中，我们把主因子称作富民因子，把综合得分称作富民综合指数。

（一）种植业的富民增收效果

1. 种植业各年度分行业富民综合指数得分排序（见表5—5）

表5—5　　　　　　　种植业富民综合指数F得分排序

| 行业 | 2001 | 2002 | 2003 | 2004 | 2005 | 2006 | 2007 | 2008 | 2009 | 2010 | 2011 |
|------|------|------|------|------|------|------|------|------|------|------|------|
| 稻谷 | 8 | 9 | 11 | 11 | 10 | 11 | 9 | 12 | 11 | 10 | 11 |
| 小麦 | 3 | 3 | 6 | 2 | 12 | 3 | 8 | 2 | 3 | 8 | 5 |
| 玉米 | 5 | 6 | 8 | 5 | 9 | 10 | 4 | 10 | 4 | 4 | 4 |
| 豆类 | 7 | 8 | 9 | 10 | 7 | 9 | 10 | 6 | 9 | 7 | 10 |
| 薯类 | 4 | 4 | 4 | 3 | 6 | 4 | 3 | 3 | 2 | 1 | 2 |
| 油料 | 9 | 7 | 7 | 6 | 11 | 8 | 7 | 8 | 8 | 9 | 8 |
| 棉花 | 6 | 10 | 3 | 8 | 5 | 7 | 2 | 5 | 7 | 5 | 6 |
| 麻类 | 11 | 1 | 12 | 7 | 2 | 12 | 12 | 11 | 12 | 12 | 12 |
| 烟叶 | 10 | 12 | 2 | 12 | 1 | 5 | 11 | 9 | 10 | 11 | 9 |
| 中药材 | 1 | 5 | 5 | 4 | 3 | 6 | 5 | 7 | 5 | 6 | 3 |
| 蔬菜 | 2 | 2 | 1 | 1 | 4 | 1 | 1 | 1 | 1 | 2 | 1 |
| 瓜果 | 12 | 11 | 10 | 9 | 8 | 2 | 8 | 4 | 6 | 3 | 7 |

2. 综合评价

结合表5—5的种植业富民因子综合指数得分排名，最终筛选出以蔬菜、薯类、中药材为代表的特色优势农业产业作为甘肃省种植业的富民产业。蔬菜富民综合指数独占鳌头，所有年份中分值均为正且其中7年排名行业第一，3年排名行业第二。依据富民因子分析可知，蔬菜被选作富民产业主要是因其在人均纯收入增长率、人均产值增长率、单位面积产量、单位面积产值、行业产值占比等方面的表现十分突出；薯类富民综合指数在各行业中仅次于蔬菜，所有年份中分值均高于各行业平均水平且除2005年排名第六外，其余年份均挤进前4名，特别是在2007—2011年排名更是稳定在行业前3名，依据富民因子分析可知，薯类被选作富民产业是因其在单位面积产量、单位面积产值、行业产值占比、就业人口比例、农用机械动力与区位熵等指标上远高于行业平均水平；中药材富民综合指数在各年均为正值且排名位居各行业前列，依据富民因子分析可知，中药材在单位面积产值、人均纯收入、人均产值、商品率、区位熵等指标上的不俗表现也使得其被选作甘肃省富民产业；虽然分析显示小麦种植业吸纳就业能力很强，其富民综合指数在 9 年中为正值且排名位居各行业前列，但作为传统产业，其在单产、人均纯收入增长率、行业产值占比等方面都不占优势，故不将其纳入富民产业范围。

（二）畜牧业的富民增收效果

1. 畜牧业各年度分行业富民综合指数得分排序（见表 5—6）

表 5—6　　　　　　　　畜牧业富民综合指数 F 得分排序

| 行业 | 2001 | 2002 | 2003 | 2004 | 2005 | 2006 | 2007 | 2008 | 2009 | 2010 | 2011 |
|------|------|------|------|------|------|------|------|------|------|------|------|
| 牛 | 2 | 5 | 2 | 2 | 4 | 2 | 2 | 3 | 3 | 4 | 3 |
| 马 | 6 | 7 | 8 | 6 | 7 | 5 | 6 | 7 | 5 | 5 | 7 |
| 骡 | 8 | 8 | 7 | 8 | 5 | 6 | 7 | 8 | 8 | 8 | 8 |
| 骆驼 | 4 | 6 | 1 | 7 | 8 | 8 | 5 | 6 | 7 | 3 | 6 |
| 山羊 | 3 | 4 | 4 | 5 | 2 | 7 | 8 | 5 | 4 | 6 | 5 |
| 绵羊 | 5 | 2 | 6 | 3 | 3 | 3 | 3 | 2 | 2 | 2 | 4 |
| 猪 | 1 | 1 | 3 | 1 | 1 | 1 | 1 | 1 | 1 | 1 | 1 |
| 鸡鸭鹅 | 7 | 3 | 5 | 4 | 6 | 4 | 4 | 4 | 6 | 7 | 2 |

2. 综合评价

结合表 5—6 的畜牧业富民因子综合指数得分排名，最终筛选出猪饲养业、绵羊饲养业、牛饲养业作为甘肃省畜牧业富民产业。猪饲养业富民综合指数独占鳌头，所有年份中分值均为正并远高于行业平均水平，且其中 10 年居行业首位，1 年居行业第三。依据富民因子分析可知，猪饲养业被选作富民产业主要是因其在就业人口比例、人均产值、畜禽出栏率、行业产值占比等指标上的表现十分具有优势；牛饲养业和绵羊饲养业在富民综合指数的表现上不分伯仲，在得分方面，牛饲养业和绵羊饲养业分别有 9 年得分高于行业平均水平且其余年份均接近行业平均水平，在排名方面二者分别有 8 年跻身行业前 3 名。依据富民因子分析可知，由于牛饲养业与绵羊饲养业在就业人口比例、人均产值、人均产值增长率、人均纯收入增长率等指标上的表现相对突出，也可作为甘肃省富民产业的选择。

（三）第二产业的富民增收效果

1. 第二产业各年度分行业富民综合指数得分排序（见表 5—7）

表 5—7　　　　　　　　第二产业富民综合指数 F 得分排序

| 行业名称 | 2001 | 2002 | 2003 | 2004 | 2005 | 2006 | 2007 | 2008 | 2009 | 2010 | 2011 |
|---|---|---|---|---|---|---|---|---|---|---|---|
| 煤炭开采和洗选业 | 15 | 6 | 16 | 13 | 13 | 12 | 8 | 6 | 11 | 9 | 21 |
| 石油和天然气开采业 | 3 | 1 | 1 | 1 | 1 | 1 | 1 | 1 | 2 | 2 | 2 |
| 黑色金属矿采选业 | 17 | 24 | 25 | 4 | 15 | 23 | 15 | 4 | 23 | 8 | 17 |
| 有色金属矿采选业 | 7 | 11 | 7 | 11 | 8 | 5 | 5 | 19 | 14 | 6 | 9 |
| 非金属矿采选业 | 8 | 20 | 15 | 22 | 11 | 24 | 11 | 8 | 20 | 22 | 23 |
| 农副食品加工业 | 16 | 14 | 11 | 7 | 10 | 15 | 12 | 10 | 8 | 10 | 10 |
| 食品制造业 | 24 | 19 | 20 | 12 | 19 | 13 | 19 | 14 | 17 | 15 | 14 |
| 饮料制造业 | 18 | 18 | 21 | 17 | 14 | 11 | 6 | 11 | 12 | 12 | 12 |
| 纺织业 | 20 | 15 | 13 | 24 | 17 | 20 | 24 | 24 | 24 | 20 | 22 |
| 纺织服装、鞋、帽制造业 | 4 | 4 | 22 | 8 | 3 | 25 | 22 | 21 | 22 | 18 | 7 |
| 皮革毛皮羽绒制品业 | 12 | 5 | 5 | 9 | 6 | 19 | 25 | 7 | 13 | 11 | 8 |
| 木材加工及藤棕草制品业 | 22 | 22 | 19 | 20 | 23 | 14 | 23 | 13 | 25 | 24 | 25 |
| 家具制造业 | 13 | 17 | 10 | 21 | 12 | 8 | 16 | 22 | 10 | 21 | 24 |
| 石油加工及炼焦业 | 1 | 2 | 2 | 2 | 4 | 3 | 2 | 2 | 1 | 1 | 1 |
| 化学原料及制品制造业 | 19 | 21 | 12 | 18 | 20 | 17 | 21 | 25 | 19 | 14 | 19 |
| 医药制造业 | 6 | 13 | 8 | 10 | 25 | 10 | 10 | 15 | 9 | 7 | 13 |

续表

| 行业名称 | 2001 | 2002 | 2003 | 2004 | 2005 | 2006 | 2007 | 2008 | 2009 | 2010 | 2011 |
|---|---|---|---|---|---|---|---|---|---|---|---|
| 橡胶制造业 | 25 | 23 | 9 | 19 | 21 | 6 | 13 | 23 | 3 | 23 | 11 |
| 塑料制造业 | 9 | 10 | 18 | 23 | 18 | 18 | 9 | 20 | 15 | 17 | 16 |
| 黑色金属冶炼及压延加工业 | 10 | 9 | 6 | 6 | 7 | 7 | 4 | 9 | 7 | 4 | 6 |
| 非金属矿物制品业 | 14 | 16 | 23 | 15 | 24 | 22 | 17 | 12 | 16 | 13 | 20 |
| 有色金属冶炼及压延加工业 | 2 | 8 | 4 | 3 | 4 | 2 | 3 | 5 | 6 | 3 | 5 |
| 金属制品业 | 11 | 7 | 14 | 14 | 16 | 9 | 20 | 17 | 5 | 19 | 3 |
| 通用设备制造业 | 23 | 25 | 24 | 25 | 22 | 21 | 14 | 16 | 21 | 25 | 15 |
| 专用设备制造业 | 21 | 12 | 17 | 16 | 9 | 16 | 18 | 18 | 18 | 16 | 18 |
| 建筑业 | 5 | 3 | 3 | 5 | 5 | | 7 | 3 | 4 | 5 | 4 |

## 2. 综合评价

结合表5—7的第二产业富民因子综合指数得分排名，最终筛选出石油和天然气开采业、石油加工及炼焦业、黑色金属冶炼及压延加工业、有色金属冶炼及压延加工业、建筑业作为甘肃省第二产业中的富民产业。石油和天然气开采业各年富民综合指数均为正值且7年位居行业第一，3年第二，1年第三，依据富民因子分析可知，石油和天然气开采业在人均营业收入、人均工资收入、人均产值、区位熵、行业产值占比、净利润率、产值利税率、流动资产周转率、产销率增长率等指标上表现得都非常出色，相对其他行业可以说具有绝对优势，因此入选甘肃省富民产业之列；石油加工及炼焦业各年富民综合指数均为正值且4年位居行业第一，6年第二，1年第三，依据富民因子分析可知，石油加工及炼焦业表现全面，在人均营业收入、人均工资、人均产值、区位熵、行业产值占比、净利润率上相对其他行业来说具有极大竞争力，故其被选作甘肃省富民产业；黑色金属冶炼及压延加工业、有色金属冶炼及压延加工业各年富民综合指数均为正值且均位居行业前列，有色金属冶炼及压延加工业历年排名稍高于黑色金属冶炼及压延加工业。依据富民因子分析可知，黑色金属冶炼及压延加工业、有色金属冶炼及压延加工业在人均营业收入、人均工资收入、人均产值、区位熵、行业产值占比方面表现均比较突出。此外，有色金属冶炼及压延加工业在就业人口比例、净利润率增长率两方面表现也较突出；建筑业各年富民综合指数均高于行业平均水平且 10 年进入行业前 5 名。依据富民因子分析可知，建筑业被选作甘肃省富民产业是因其在吸纳就业指标上具有绝对的优势。

（四）第三产业的富民增收效果

1. 第三产业各年度分行业富民综合指数得分排序（见表 5—8）

表 5—8　　　　　　　第三产业富民综合指数 F 得分排序

| 行业名称 | 2001 | 2002 | 2003 | 2004 | 2005 | 2006 | 2007 | 2008 | 2009 | 2010 | 2011 |
|---|---|---|---|---|---|---|---|---|---|---|---|
| 交通运输、仓储和邮政业 | 1 | 2 | 6 | 2 | 1 | 2 | 2 | 1 | 1 | 4 | 1 |
| 信息传输、计算机服务和软件业 | 5 | 4 | 4 | 3 | 3 | 5 | 3 | 6 | 4 | 5 | 6 |
| 批发和零售业 | 6 | 6 | 5 | 5 | 6 | 4 | 1 | 4 | 6 | 2 | 5 |
| 住宿和餐饮业 | 2 | 1 | 1 | 4 | 4 | 3 | 5 | 3 | 2 | 3 | 2 |
| 金融业 | 4 | 5 | 3 | 1 | 5 | 6 | 6 | 5 | 5 | 6 | 4 |
| 房地产业 | 3 | 3 | 2 | 6 | 2 | 1 | 4 | 2 | 3 | 1 | 3 |

2. 综合评价

结合表 5—8 的第三产业富民因子综合指数得分排名，最终筛选出交通运输、仓储和邮政业，住宿和餐饮业，房地产业作为甘肃省第三产业富民产业。交通运输、仓储和邮政业富民综合指数 9 年分值为正且 5 年位列行业首位，4 年位列行业第二。依据富民因子分析可知，交通运输、仓储和邮政业在人均工资收入增长率、人均产值增长率、吸纳就业、人均工资、固定资产投资额、区位熵等指标上相对于其他行业优势十分明显，因此被选作甘肃省富民产业；住宿和餐饮业 9 年分值为正且 8 年挤进各行业前 3 甲。依据富民因子分析可知，住宿和餐饮业在区位熵指标上表现相当突出，说明该行业在甘肃省第三产业中的行业地位要远超过其他行业，该行业在其他指标的表现上也相对突出，因此被选作甘肃省富民产业；房地产业富民综合指数 9 年分值为正且 9 年进入行业前 3 名。依据富民因子分析可知，其被选作甘肃省富民产业是因其在人均产值和固定资产投资额增长率两指标上的出色表现。

（五）总体评价

依据上述因子分析过程及各行业富民综合指数得分排序，结合富民产业界定，拟在第一产业中选择蔬菜、薯类、中药材等特色优势农业产业、猪牛羊饲养业，在第二产业中拟选择中小型加工制造业、建筑业，从第三产业中选择交通运输业带动下的仓储物流、住宿餐饮、批发零售等商贸流通业作为富民产业。

# 第四节　甘肃省富民产业发展中存在的问题

## 一　产业链条短，富民产业缺乏竞争力

发展产品加工业，延伸产业链条，增加农业附加值，是农业、农村经济发展中的热点问题，也是难点所在。近年来，甘肃省农产品加工业得到了一定的发展，通过培育特色精深加工龙头企业，打造特色地域品牌农业，建立区域特色产业加工集群，形成了河西以小麦、玉米制种、啤酒大麦、棉花、酿酒为主，中部、陇南以马铃薯、蔬菜、药材为主，陇东以果品、肉类为主，甘南、临夏以乳制品及皮革加工为主的特色农产品加工格局，但是农产品加工业发展滞后仍然是制约农业和农村经济发展的瓶颈因素。

目前，甘肃省各个富民产业还处于建设的发展期，相关产业规模小、集约化程度低，大多数为中小企业甚至个体，少数龙头企业规模小、实力弱，精、深、细加工滞后，经营管理比较粗放，产业链没有真正形成；产业运行机制僵化，冗员多，经费短缺，设备陈旧，经营活力不足，虽然也组建了一些企业集团，但多数经营情况一般，效益不理想；区域性优势品牌的市场认同度低，普遍存在"小、弱、散"现象，没有形成合力，地域优势特征没有很好地表现出来，精品名牌少，缺乏在全国叫得响的知名品牌，制约着产品的销售和产业效益。特别是一些特色农产品，因产量不足或地域限

制，多停留在卖原料的初级阶段，目前的加工品大多数为初加工产品，高附加值的精深加工产品少，精品名牌农产品更少，加工品质量档次偏低，较大型加工企业缺乏，导致产业附加值非常低，需要加快发展龙头企业，创建一批知名品牌，提高市场活力，建立健全公平有序的市场体系，引进一批有技术的特色农产品加工企业，延伸产业链条，增加产品附加值。

### 二　财政资金投入不足，富民产业发展缺乏力度

随着地方政府财力的增强，甘肃省财政资金对各富民产业的绝对投入规模大幅度提高。2006—2011 年，财政支农资金从 18.88 亿元增加到 90.08 亿元，年均增长 35%以上，商业服务业支出由不足亿元增加到近 17 亿元，财政资金的支持为富民产业的后续发展注入了强大的力量，使富民产业对国民经济的贡献率不断提高。但由于甘肃省财政能力有限，财政支出总额偏低，导致与上述产业份额上升走势相反，财政支农支出占财政总支出的份额呈下降趋势，从 2006 年占比近 10%下降至 5.03%，财政支农支出占农业 GDP 的份额亦大幅度下降。财政投资的不足严重地阻碍着富民产业的发展，影响着富民产业在脱贫致富方面的效果。

另外，在有限的财政能力下，尚没有形成投资的长期增长机制，投资主体也过于单一，导致在生产原料、劳动力成本及融资成本持续提升的情况下，许多行业利润空间狭小；加之农业、建筑业、商贸流通业等从业者或企业从银行贷款困难，资金不足，导致科技研发的投入不够，缺乏自主知识产权，缺乏专有技术和技术专利，造成了一些行业或企业重外延扩张和产值规模，轻科技创新和科学管理，以致内在发展动力严重不足。企业的盈利水平与长期产业升级的投入需求形成巨大矛盾。

### 三　技术人才缺乏，创新能力不足

由于所处地理位置相对封闭，市场开放程度不高，尚未建立完善的专业技术人才培养、交流、引进、提升机制，甘肃省不仅缺乏高层次的富民产业科技专业技术人才，也缺乏优秀管理人才及营销

人才，特别是基层技术推广力量不足，导致对富民产业及产品开发力度不够、新技术应用滞后，企业产品竞争力不强，很大程度上影响了富民产业的市场开拓和战略发展。同时，由于长期以来受历史、文化等因素的影响和制约，农民安于现状，加之专业技术人才及创新人才缺乏，富民产业发展中创新意识淡薄，创新文化缺位，导致科技创新原动力不足、创新人才匮乏、创新投入不足、创新机制不健全，创新与市场应用"两张皮"的问题至今尚未完全转变，富民产业发展多循旧路，即使有所创新，也力度不大、执行不佳、成效甚微。因此在发展富民产业中应加强科学管理、提高科技含量、调整科技投入重点，由注意产中科技向注意产前、产中、产后科技整体规划、合理配置改变，从注意科技研发向重视示范偏重改变，同时改变投入方法，在保障公平的前提下，建立较完善的滚动支撑机制，以实现产业可持续发展、增强产业效益。

### 四　基础设施建设滞后，产业发展环境欠佳

近年来，尽管各级政府都加大了对基础设施建设的投入力度，投资额度显著增加，但由于需要投入的地方多，资金投向也过多倾向于全局性的基础产业，真正投入到基础设施建设上的资金十分有限，所占比例并不大，加之基础设施建设的资金来源渠道复杂，建设的内容和项目也比较杂乱，各投其资、各计其功，使资金的使用效率大打折扣；基础设施建成后又因缺乏管护费用和长效管理机制，管护不力，使很多设施尚未达到使用寿命就已经报废，并且缺乏配套扶持政策及长远规划，尤其是农村基础设施建设中普遍存在着有部署、有要求、有规划、有政策但却无具体落实措施的问题，而且长期以来形成的政府作为唯一基础设施建设投资建设主体的思想根深蒂固，老百姓"等、靠、要"思想严重，使富民产业发展所必需的快捷便利的交通、公平开放的市场、畅通发达的信息网络等硬软件环境建设力量单薄，环境条件欠佳。

### 五　支撑体制机制不完善，富民产业发展受制

当前，甘肃省的产业仍处在夯实基础、改善环境、加快发展的

阶段,生态环境脆弱,资源约束趋紧,产业发展的结构性矛盾比较突出,与发达地区差距拉大。面对全球经济一体化、资本流动加快和承接产业转移等新形势,产业发展的体制机制明显存在与科学发展观不相适应的方面,主要是政府职能转变不到位,对微观经济运行干预过多,项目审批、核准和备案过程中部门职责交叉、权责脱节和效率不高的问题仍比较突出,重大事项专家论证、技术咨询、决策评估制度还不健全,决策失误追究、纠错改正机制不完善,思想解放的程度、体制机制创新的深度与对外开放、加快发展的需要不相适应,这些都制约了产业发展。因此,必须充分认识产业发展体制机制创新的重要性和紧迫性,以党的十八大精神为指导,深入贯彻落实科学发展观,适应社会主义市场经济发展要求,遵循产业发展规律,以市场为导向,以发展为主题,以改革为动力,按照转变经济发展方式、实施"工业强省"战略和推进新农村建设的要求,围绕改造提升传统产业、振兴装备制造业、建设新能源基地、培育农村特色优势产业等重点,建立有利于增加产业投入,有利于自主创新,有利于统筹城乡产业发展的体制机制,形成以产业和大企业带动为主的产业引导机制,健全以产业集聚区平台、融资、信息等服务为主的产业服务体系。在查找影响和制约甘肃省科学发展的突出问题,把握全省产业发展阶段性特征的基础上,建立起富有时代特色、充满生机活力、相互衔接配套、符合科学发展要求的体制机制,为推动富民产业又好又快发展提供强有力的制度保障。

## 第五节 产业扶贫措施

结合甘肃省"十二五"规划制定的三次产业发展目标测算,甘肃省第一产业总产值以年均5.8%的速度增长,从2010年的575亿元增加到2015年的760亿元,若以同样的速度增长,到2020年将增加到1007.5亿元,在总产值中的比重呈现下降趋势,2010、2015、2020年在总产值中的比重分别为14.02%、10.13%、7.12%;第二产业总产值年均增长率为14.5%,在2010年1995亿元的基础上，2015 年增加到 3800 亿元，若以同样的速度增长，2020 年将达到 7478 亿元，在总产值中的比重稳定在略高于 50% 的水平，作为第二产业的主要组成部分，工业总产值增长率为 16%，预计从 2010 年 1608 亿元增长为 2015 年的 3300 亿元，2020 年将达到 6931 亿元以上，在总产值中占比从 39.22% 提高到 49%；第三产业在 2010 年 1530 亿元的基础上，以年均 14% 的速率增长，2015 年增加至 2940 亿元，预计 2020 年产值将达到 5661 亿元，在总产值中的比重从 2010 年 37.32% 提高到 2020 年的 40.02%。

综合上述总体目标，经对筛选出的富民产业在 2006—2011 年间的发展速度、发展规模、就业与增收效应等方面数据的分析测算，为促进全省富民产业发展，达到富民增收目标，甘肃省需在下述六个方面积聚力量，加快发展。

**一　加快发展现代农业，进一步提高农业综合生产能力**

进一步推进农业科技创新和农业机械化，建立健全公益性农业技术推广体系和服务体系。健全农业技术推广体系，加快全膜双垄沟播、全膜覆土穴播、脱毒种薯、高效农田节水、设施栽培、牛羊品种改良、畜禽标准化养殖、保护性耕作等先进使用技术的集成配套和转化应用。以实施现代农业人才支撑计划为抓手，逐步形成以科研推广优秀人才为核心的创新推广团队，打造一支数量充足、能够有效服务农业农村经济发展的实用人才队伍，造就一大批新型职业农民。提高农业机械化装备水平，结合农业部提出的到 2020 年主要农作物耕种收综合机械化水平超过 65% 的总体目标，考虑到甘肃省的具体情况，到 2020 年，甘肃省耕种收机械化率将达到 55%。大力发展农民专业合作社和农村专业经济协会，提高农业组织化程度。支持农民专业合作社参加农产品展示展销活动，鼓励合作社开展信用合作，扶持合作社建设农产品仓储、冷藏、初加工等设施。

继续夯实农业基础，稳定粮食生产，提高农业综合生产能力。构建沿黄农业产业带、河西和陇东农产品主产区、中部重点旱作农业区及陇南山地特色农业区为主体的农业战略布局。加快大中型灌区配套改造，扩大节水灌溉面积，加大中低产田改造力度、坡耕地综合治理工程建设力度。扩大特色农产品种植面积，使特色优势农业播种面积逐年增长，建成以酿酒原料、设施农业、草食畜、现代制种、优质瓜果和棉花生产为重点的河西及沿黄特色农产品生产基地，以马铃薯、苹果、中药材、小杂粮、肉牛肉羊、生猪等为重点的中部和陇东特色农产品基地，以林果、露地蔬菜、中药材、茶叶、油橄榄、核桃、花椒等为重点的天水、陇南特色农产品生产基地，以牧区畜牧业为重点的甘南高原特色畜产品生产加工基地。发展农产品加工、保鲜、储运和其他服务业，鼓励和扶持优势农产品出口，促进农业生产经营专业化、标准化、规模化、集约化。

继续实施好特色优势产业提升、草食畜牧业发展等"农民增收六大行动"。大力推进农业产业化发展和市场化经营，进一步健全和完善龙头企业与农户利益共享、风险共担的机制。加快劳务经济发展，着力打造劳务品牌，促进农村富余劳动力转移和稳定就业，保障农民工合法权益，增加农民务工收入。进一步加强农民技术培训，加快培养种养大户、科技示范户、农机作业能手、农村经纪人等农村发展急需的实用人才，拓宽增收渠道。把甘肃省建成全国种业强省、草畜大省和重要的特色农产品生产与加工基地，城市郊区、灌溉农业区和农垦农场现代农业建设率先取得重大突破。

### 二　大力发展服务业，加快农村劳动力转移

大力发展批发零售、住宿餐饮服务业。批发零售、住宿餐饮业对第三产业总产值贡献率在22%以上，且有逐年增长趋势，促进其发展对于带动整个第三产业产值的快速发展意义重大。在吸纳就业方面，批发企业从业人数近年基本稳定在2.5万人左右，零售业保持年均1%的增长率，2020年可实现近5万人的年均就业水平，住宿业就业人数年均增长近4个百分点，到2020年末就业人员近3.5万人，餐饮业2006—2011年就业人员年均增速高达50%以上，但受国家相关调控政策影响，2012年后的经营情况会受到较严重的抑制，若将其增速减半，则2020年餐饮业就业人数将为17万左右。固定资产投资方面，以年均30%的增长率计，批发零售业、住宿餐饮业固定资产投资到2020年将分别达到1107亿元、461亿元；经

营业绩方面，批发业的商品销售额及期末商品库存额增长速度均在20%以上，预计2020年商品销售额为10946亿元，期末商品库存额为1445亿元，零售业商品销售额增速在36%以上，2020年估算值为9377亿元，期末商品库存额增速高达50%以上，若住宿餐饮业营业额以10%的速率计，其营业额2020年将均在55亿元以上。

着力培育仓储物流服务业。适应工业化和城镇化发展需要，进一步着力培育和发展仓储物流、金融、信息等现代服务业，依托兰州、酒嘉、天水、张掖、平凉等综合运输枢纽，整合物流资源，建设区域性现代物流基地，形成"一主五副、两大重要节点"的物流业发展格局。进一步提升兰州区域性物流中心地位，强化物流园区建设，推进兰州商贸中心和交通枢纽建设，培育发展保税物流、国际中转、国际配送等跨国物流，建设支持新疆、西藏发展和面向中亚西亚的区域性物流中心。积极发展酒嘉、天水、张掖、平庆、金武地区性物流中心，依托大型企业建设一批大型物流园区、配送中心和批发市场。建成陇西物流节点，进一步推进临夏面向藏区的物流业发展。

继续发展多种形式的商业服务、居民和其他服务业。大力发展租赁业和商业服务业，支持汽车、农机等各种设备用品租赁，以及法律、会计、咨询、设计、广告、职业中介等服务业加快发展，促进创意经济、商务会展、服务外包等新兴高端服务业发展，继续发展家庭服务、托儿所、保健、婚丧等生活性服务业，大力实施品牌战略，支持优势商贸企业做大做强，推进老字号企业采用现代经营管理技术，积极引进国内外大型连锁经营企业。推进特色街及商圈建设，打造一批特色专业市场，积极建设大型综合超市、便利店、农贸市场等生活服务网点。加快农村现代流通设施和网络建设，完善城乡商品市场体系。同时，要大力促进金融服务业、信息服务业、娱乐健身、市政服务等多种形式的服务业发展，以共同带动第三产业的快速发展，提高全省第三产业贡献率。

### 三　营造良好发展环境，促进中小型加工制造业快速增长

进一步完善中小型加工制造业的社会环境建设。根据国家和省上已出台促进中小企业发展的法规，市（州）、县制定出台与国家

和省上中小企业发展政策相匹配的地方性政策措施；大力实施中小企业信息化推进工程，搭建信息化公共网络平台，支持有条件的企业积极发展电子商务、网上营销、信息发布等，使信息化真正成为助推企业成长的"加速器"。力争到"十二五"末，全省14个市（州）、86个县（市、区）和70%的规模以上中小企业建立并开通企业信息网站或网页，经常应用电子商务的中小企业数达到30%以上；建立较完善的中小企业社会化服务体系，进一步建立完善省级公共服务平台，扩大咨询专家队伍，每年培训中小企业经营管理人员和职工等各类人才2万人次，每年选择50家成长性中小企业，对其经营管理者实施全面培训；建立和完善中小企业投融资服务体系，加强创业投资体系、贷款担保体系、政府资金扶持体系、直接融资服务体系建设。力争到"十二五"末，建立2—3家省级中小企业发展基金投资机构；村镇银行基本覆盖全省86个县（市、区）和县级以上工业集中区，每个县（区）都有1—2家小额贷款公司，每个市（州）、工业集中区引入1—2个创新投融资公司，全省担保机构达到300户以上，注册资本超过150亿元，融资担保业务总量达到350亿元，建立2—4家省级中小企业投资中心，14个市级投资中心，成立省级再担保机构，14个市级再担保机构。

促进中小企业组织结构合理化。初步确立以高新技术产业和现代服务业为龙头、以现代制造业和基础服务业为支撑、以现代农业为补充的"三二一"产业协调发展的产业格局；形成文化创意、旅游会展、现代物流、商贸商务服务、软件产业、信息服务、光机电一体化、生物医药、都市工业、现代农业10个中小企业集群，以产业集聚带动中小型加工制造业的快速发展。

### 四　增强技术创新能力，提高建筑业综合实力

积极采用新技术、新工艺、新材料，建设优质节约环保适用的精品工程。不断提高建筑业企业的技术装备水平和动力装备水平，进一步提高劳动生产率，到2020年，使建筑业人均技术装备突破万元大关，人均动力装备达到8千瓦，人均劳动生产率从2011年不足20万元提高至2020年的80万元以上，年均增长超过20个百

分点，以项目建设为载体，加快推进建筑企业技术进步和创新发展。

不断提高建筑业的国民经济贡献率。进一步深化建筑企业改革，发展具有竞争优势和综合实力的大型建筑企业，使建筑业企业数量逐渐降低，规模不断扩大，综合实力逐渐增强，到 2020 年，国有企业、集体企业总数减少至 100 家左右，股份合作企业、联营企业、有限责任公司、股份有限公司、私营企业等其他企业数量达到 850 家左右。充分发挥建筑业就业容量大、产业关联度高、投资带动性强的优势，面向工业化、城镇化和新农村建设，积极参与市场竞争，努力开拓省外市场，扩大对外工程承包，不断壮大实力，使建筑业从业人员、建筑业固定资产投资及其产值分别以年均 1.5%、50%、22% 的速度增长，到 2020 年，建筑业从业人员突破 50 万人，占第二产业全部从业人员的 25% 以上，建筑业固定资产投资额达到 2 万亿元以上，建筑业产值超过 5000 亿元，在国民经济中的贡献率提高到 25%，建筑业产值利税率不断提高，接近 10 个百分点。

## 五　打造农村六大富民增收产业

甘肃省贫困人口基数大、贫困面广，因此，甘肃富民产业培育应该充分考虑当地资源优势、发展基础，将生态建设和产业发展相结合，突出地域特色，力求产业的选择能够覆盖尽可能多的贫困人口。从近年来甘肃省富民产业培育的情况看，以做大优质林果产业、做强马铃薯产业、做特设施蔬菜产业、做优中药材产业、做精草食畜产业、做活乡村文化旅游产业作为发展思路，对扶贫的贡献明显，也是今后富民产业培育的重点。

### （一）做大优质林果产业

将林果产业发展与扶贫开发相结合，重点支持平凉、庆阳、天水、陇南等市贫困地区发展苹果产业，建立规范的良种苗木繁育基地，稳步适度扩大优势区域种植面积，调整优化品种和布局结构，改善果园基础设施条件，深入开展标准果园创建活动，提高综合生产能力；加强科研和技术攻关，加快科技进步和自主创新，强化果农技术培训，提高果农果园水平；扶持果农专业合作经济组织发展，提高组织化程度；推进贮藏加工业发展，延伸产业链条。创建品牌，拓宽营销渠道，扩大出口，增加效益，促进富民产业培育，提高贫困地区农民收入。

具体可以通过以下方式来完成：①苗木繁育体系建设：在苹果主产市、县两级建立苹果育苗基地。②标准化生产基地：在苹果主产县区扶持建设一批高产稳产的标准化果品生产基地。③创建一批国家级示范性苹果标准园：在苹果重点县区建立一批果品贮藏库和产后处理生产线。④贮藏处理和市场营销体系以及科技支撑体系：围绕苹果产业发展关键技术问题，立项支持科研攻关，组建省级苹果产业技术体系专家指导组。

（二）做强马铃薯产业

积极探索集中连片贫困地区扶贫特色优势产业的发展路径，建立贫困群众稳定增收基础，通过各项政府扶贫资金的注入，加快新品种选育，优化品种结构，实现脱毒种薯全覆盖，做强马铃薯产业，提高贫困地区居民收入。重点要抓好四大基地建设：以定西市、兰州市等为主的中东部高淀粉、菜用型马铃薯生产基地；以张掖市、武威市祁连山沿线等为主的食品加工专用型马铃薯生产基地；以陇南市、天水市为主的早熟菜用型马铃薯生产基地；以定西高寒阴湿区和武威市、张掖市冷凉灌区为主的优质种薯生产基地。同时，加强马铃薯仓储能力建设，完善市场体系；抓好以定西市为主的精淀粉及变性淀粉加工、以河西沿山冷凉灌区和沿黄灌区为主的马铃薯全粉和薯条薯片等休闲食品加工。整体推进，形成技术研发、良种繁育、原料基地、加工企业、市场流通、信息发布相互配套的产业体系，将马铃薯产业发展和扶贫开发相结合，促进甘肃省经济迅速发展，贫困地区居民收入迅速上升。

（三）做特设施蔬菜产业

依托各地区特色优势，重点支持河西及沿黄灌区、渭河流域、泾河流域、陇南"两江一水"沿岸和陇东川区等优势产区蔬菜基地建设，使得蔬菜产业逐渐成为当地农民脱贫致富的"绿色银行"。为了实现"人均一亩菜，户均一个棚，科技为先导"的产业扶贫目标，政府应该每年拿出专项资金，设立"设施蔬菜贷款风险担保基金"，对新建大棚农户进行财政贴息，并积极整合扶贫、水利、农业等各类专项资金，用于蔬菜种植配水配电和膜下滴灌等基础设施工程。与此同时，加快新品种选育、引进和推广、集约化育苗，大力发展设施蔬菜生产，并加快产地市场体系、冷链设施和加工能力建设，增强均衡供应和市场调节能力，提升产业发展水平，促进富民产业培育，提高居民收入。

（四）做优中药材产业

结合扶贫攻坚连片推进，通过加强规范化生产基地建设，构建试验、示范、辐射推广相结合的中药材生产技术体系，做优全省中药材产业，有效促进甘肃经济发展，实现农民增收。具体包括：稳定贫困地区药材种植面积，优化品种结构，提高产品品质，加快推进标准化、规范化生产，建立"中药材生产质量管理规范"认证基地；加强仓储和流通能力建设，建立健全中药材质量检测体系；积极培育发展龙头企业和专业合作组织，支持建设一批产品达到"药品生产质量管理规范"标准的中药材饮片加工和浸膏提取生产企业，提升中药材精深加工层次和市场竞争能力，通过建设优质中药材药源基地、饮片加工基地、储运交易中心、药材价格形成中心和信息发布中心，促进富民产业培育，提高贫困地区居民收入。

具体通过以下方式来完成：①品种选育与种子种苗繁育：开展品种提纯复壮，主产药材新品种系统选育、引种筛选、野生资源栽培驯化研究。②建立"中药材生产质量管理规范"认证基地：建设标准化生产示范区，鼓励制药企业与基地农户共同建立"中药材生产质量管理规范"认证基地。③中药材加工：在陇西等市贫困地区，发展一批"药品生产质量管理规范"中药材加工和生产企业，鼓励企业进行新产品研发。④市场流通体系：建立健全中药材区域中心市场、产区市场和产地市场，实现产需对接、货畅其流。⑤质量检测体系：在重点县区建设中药材质量检测站，逐步建立市场准入制度，推进中药材质量追溯制度建设。⑥资源利用与技术创新：建设中药材品种资源保护与野生药材人工繁育中心。针对中药材产业关键环节，开展科研攻关，提高标准化生产水平和产品综合开发利用能力。

（五）做精草食畜产业

将草食畜牧业作为扶贫攻坚的核心产业，整合各类生产要素，强化技术、资金、电力、市场等要素保障，努力构建以千家万户养殖为基础、以设施规模养殖为方向、种养加一体化循环发展的畜草产业发展新格局。具体包括以肉牛、肉羊产业大县建设为重点，以特色化、规模化、标准化为基础，逐步向养殖园区化发展，着力推进规模养殖和健康养殖；加快牛羊品种改良步伐，建立健全牛羊良种繁育体系、动物疫病防控体系和畜牧业信息化体系；全力推进草业开发与秸秆青贮氨化利用；完善活畜及畜产品交易市场。同时实施牛羊产业进位工程，确立战略性主导产业地位，建设草食畜牧业强省，促进富民产业培育，增加贫困地区居民收入。

（六）做活乡村文化旅游产业

采用旅游扶贫与发展乡村旅游相结合的办法，通过大力支持发展乡村旅游，"实施乡村旅游富民工程"，把贫困乡村问题作为一个整体来解决，通过发展集体经济、规模经济和旅游经济来带动一方经济的发展。具体来说，就是要充分利用各级政府、各单位扶贫资金，通过加大农村生态环境保护和建设力度，整治村容村貌，完善乡村公共服务设施及文体综合服务设施，提高乡村旅游接待能力和水平；大力实施乡村旅游创业援助计划、旅游扶贫行动、妇女旅游就业援助计划和大中专毕业生就业援助计划等政策措施，发挥乡村旅游惠及民生的作用；加强对乡村旅游从业人员的专业技术能力培训，提高旅游服务意识和服务水平，建设一批集居住、观光、购物、娱乐等功能为一体的特色旅游村镇，打造一批乡村旅游标准化建设项目；扶持有条件的贫困村、贫困户发展乡村旅游项目和"农家乐"项目，并大力号召旅行社积极组织城市居民开展"乡村旅游"活动，形成更为庞大的扶贫群体，以此大力发展乡村旅游，带动农村千家万户脱贫致富。

## 六　优化农村富民产业空间布局

按照国家关于集中连片贫困地区的划分，甘肃省58个贫困县主要集中在秦巴山区、六盘山区、甘南藏区三个片区（见图5—1），此外还包括穿插在这三个片区当中的17个插花县，也叫天窗县。在综合评价三大片区自然条件、主体功能发展定位、片区集中连片和产业化发展水平的基础上，按照有利于统筹协调、分类指导、发挥比较优势的原则，依据贫困地区资源禀赋条件、特色农产品生长环境、现有产业发展基础，结合地方民俗民风与宗教传统、农产品市场变动趋势、现代农业发展趋势，将三大片区内首位度高、发展势头良好、增长潜力大的产业界定为全省扶贫主导产业，主要包括养殖业、马铃薯产业、蔬菜产业、中药材产业、经济林果业、旅游业等六大产业体系。同时，由于地域条件的差异，全省扶贫主导产业在某个地区不一定是主导产业，某个地区的主导产业，不一定是全省的主导产业。此外，为全面体现差异化发展的要求，将具有很强的地域性和发展潜力，增收效果良好，但产业首位度比较低，还没有发展成为主导产业的种植业、养殖业和旅游业，界定为某个地区的增收项目，进行重点扶持与培育，并不断优化产业结构和空间布局。

图5—1　甘肃省三大片区行政区域图

表 5—9　　　　　　　　三大片区主导产业与增收项目

| 片区 | 市（州） | 主导产业 | 增收项目 |
|---|---|---|---|
| 六盘山片区 | 定西市（6县1区） | 马铃薯、中药材、养殖 | 蔬菜、小杂粮、旅游 |
| | 白银市（3县） | 马铃薯、养殖 | 经济林果、小杂粮、蔬菜、旅游 |
| | 兰州市（3县） | 马铃薯、蔬菜 | 养殖、旅游 |
| | 平凉市（4县1区） | 经济林果、养殖 | 中药材、蔬菜、旅游 |
| | 庆阳市（7县） | 养殖、经济林果、蔬菜 | 小杂粮、中药材、旅游 |
| | 天水市（5县1区） | 蔬菜、经济林果、养殖 | 马铃薯、中药材、旅游 |
| | 武威市（1县） | 蔬菜、养殖 | 经济林果、旅游 |
| | 临夏州（7县1市） | 养殖 | 马铃薯、经济林果、旅游 |
| 秦巴山片区 | 陇南市（8县1区） | 经济林果、中药材 | 马铃薯、蔬菜、旅游 |
| 藏区 | 藏区（8县1市） | 养殖、旅游 | 中药材、蔬菜、油菜、苗木 |
| 天窗县 | 天窗县（2县4区） | 马铃薯、蔬菜、养殖、经济林果 | 中药材、旅游 |

表 5—10　　　　　　　分县市主导产业与增收项目

| 市州 | 主导产业 | 增收项目 | 备注 |
|---|---|---|---|
| 定西市 | 马铃薯、中药材、养殖 | 蔬菜、小杂粮、旅游 | |
| 安定区 | 马铃薯、养殖 | 小杂粮、旅游、蔬菜 | |
| 通渭县 | 马铃薯、养殖 | 小杂粮、中药材、旅游 | |
| 陇西县 | 中药材、马铃薯、养殖 | 小杂粮、旅游、蔬菜 | 食用菌 |
| 渭源县 | 马铃薯、中药材、养殖 | 经济林果、旅游 | |
| 临洮县 | 马铃薯、养殖、 | 旅游、花木、蔬菜 | 花卉 |
| 漳县 | 中药材、养殖 | 蔬菜、经济林果、马铃薯、旅游 | |
| 岷县 | 中药材、马铃薯 | 蔬菜、旅游 | |

续表

| 市州 | 主导产业 | 增收项目 | 备注 |
|---|---|---|---|
| 白银市 | 马铃薯、养殖 | 经济林果、小杂粮、蔬菜、旅游 | 枸杞、红枣等 |
| 靖远县 | 蔬菜、养殖 | 马铃薯、经济林果、旅游 | |
| 会宁县 | 马铃薯、养殖 | 小杂粮、蔬菜、旅游 | |
| 景泰县 | 养殖 | 经济林果、旅游 | |
| 兰州市 | 马铃薯、蔬菜 | 养殖、旅游、花木 | 玫瑰、百合、油用牡丹等 |
| 永登县 | 马铃薯、蔬菜 | 养殖、花木、旅游 | |
| 皋兰县 | 经济林果、蔬菜 | 养殖、旅游 | 白兰瓜、红砂洋芋、旱砂西瓜 |
| 榆中县 | 蔬菜、养殖 | 马铃薯、花木、经济林果、旅游 | 油用牡丹文冠果等 |
| 平凉市 | 经济林果、养殖 | 中药材、蔬菜、旅游 | |
| 灵台县 | 经济林果、养殖 | 旅游 | |
| 庄浪县 | 经济林果、马铃薯 | 养殖、蔬菜、旅游 | |
| 静宁县 | 经济林果、养殖、马铃薯 | 旅游 | |
| 泾川县 | 经济林果、养殖、蔬菜 | 旅游 | |
| 崆峒区 | 经济林果、蔬菜、养殖 | 养殖、旅游 | 苹果、核桃 |
| 庆阳市 | 养殖、经济林果、蔬菜 | 小杂粮、中药材、旅游 | |
| 环县 | 养殖、马铃薯 | 小杂粮、旅游 | 绒山羊养殖 |
| 庆城县 | 养殖、经济林果、蔬菜 | 旅游 | 绒山羊养殖 |
| 华池县 | 养殖、小杂粮、 | 蔬菜、马铃薯、旅游 | 绒山羊养殖 |
| 宁县 | 经济林果、养殖 | 中药材、蔬菜、旅游 | |
| 镇原县 | 养殖、经济林果、蔬菜 | 旅游 | 牛、羊养殖 |
| 合水县 | 经济林果、养殖 | 蔬菜、旅游 | |
| 正宁县 | 养殖、经济林果 | 中药材、蔬菜、旅游 | |

续表

| 市州 | 主导产业 | 增收项目 | 备注 |
|---|---|---|---|
| 天水市 | 蔬菜、经济林果、养殖 | 马铃薯、中药材、旅游 | 苹果、樱桃、蜜桃、葡萄、核桃 |
| 甘谷县 | 经济林果、蔬菜、养殖 | 中药材、马铃薯、旅游 | |
| 武山县 | 蔬菜、马铃薯 | 养殖、旅游 | |
| 秦安县 | 经济林果、马铃薯、养殖 | 蔬菜、旅游 | |
| 清水县 | 蔬菜、经济林果、养殖 | 中药材、马铃薯、旅游 | |
| 张家川 | 养殖（牛、羊） | 蔬菜、中药材、马铃薯 | 大麻 |
| 麦积区 | 经济林果、养殖（猪） | 中药材、蔬菜、旅游 | |
| 武威市 | 蔬菜、养殖 | 经济林果、旅游 | |
| 古浪县 | 蔬菜、养殖 | 经济林果、小杂粮、旅游 | 人参果 |
| 临夏州 | 养殖 | 马铃薯、经济林果、旅游 | |
| 临夏市 | 养殖 | 经济林果、旅游 | 花木繁育 |
| 临夏县 | 养殖、蔬菜 | 旅游 | |
| 和政县 | 养殖 | 中药材、蔬菜、旅游 | |
| 康乐县 | 养殖、中药材 | 育苗、旅游 | |
| 广河县 | 养殖 | 马铃薯、旅游 | |
| 永靖县 | 蔬菜、养殖 | 马铃薯、旅游 | 百合 |
| 东乡县 | 养殖、马铃薯、经济林果 | 经济林果、旅游 | 花椒、核桃 |
| 积石山 | 养殖 | 经济林果、旅游 | 核桃 |
| 秦巴山区 | 经济林果、中药材 | 马铃薯、蔬菜、旅游 | 花椒、核桃、油橄榄 |
| 武都区 | 经济林果、中药材、蔬菜 | 马铃薯、养殖、茶叶、旅游 | 蚕桑 |
| 康县 | 中药材、养殖 | 经济林果、蔬菜、茶叶、旅游 | 蚕桑、食用菌 |
| 文县 | 经济林果、中药材 | 蔬菜、养殖、小杂粮、马铃薯、旅游 | 茶叶、蚕桑 |

续表

| 市州 | 主导产业 | 增收项目 | 备注 |
|---|---|---|---|
| 成县 | 经济林果、养殖 | 蔬菜、中药材、林木、旅游 | |
| 徽县 | 经济林果、养殖、蔬菜 | 中药材、苗木、旅游 | |
| 两当县 | 经济林果、中药材 | 养殖、食用菌、旅游 | 食用菌 |
| 西和县 | 马铃薯、经济林果、中药材 | 蔬菜、养殖、旅游 | |
| 礼县 | 经济林果、马铃薯、养殖 | 中药材、蔬菜、旅游 | |
| 宕昌县 | 中药材、马铃薯、 | 经济林果、养殖、旅游 | |
| 藏区 | 养殖、旅游 | 中药材、蔬菜、油菜 | 藏中药材 |
| 合作市 | 养殖、旅游 | 中药材 | |
| 夏河县 | 养殖、旅游 | 油菜、苗木 | 蕨麻猪 |
| 禄曲县 | 养殖、旅游 | 中药材、油菜 | 蕨麻猪 |
| 玛曲县 | 养殖、旅游 | | 蕨麻猪 |
| 舟曲县 | 养殖、中药材 | 经济林果、蔬菜、旅游 | 土鸡、土蜂 |
| 迭部县 | 养殖 | 经济林果、藏中药材、旅游 | 蕨麻猪 |
| 临潭县 | 养殖、中药材 | 蔬菜、旅游 | |
| 卓尼县 | 养殖、蔬菜 | 中药材、油菜、旅游 | 蕨麻猪 |
| 天祝县 | 养殖、蔬菜、马铃薯 | 旅游 | 食用菌<br>人参果 |
| 天窗县 | | | |
| 平川区 | 马铃薯 | 经济林果、养殖 | |
| 白银区 | 蔬菜、经济林果 | 旅游 | |
| 华亭县 | 养殖、蔬菜 | 中药材、<br>经济林果（核桃）、旅游 | |
| 崇信县 | 经济林果 | 养殖（牛）、蔬菜、旅游 | |
| 西峰区 | 蔬菜、经济林果 | 旅游 | |
| 秦州区 | 经济林果、养殖 | 中药材、马铃薯 | |

　　注：旅游业除了个别县域将其作为主导产业发展之外，在各个县（区、市）都有发展，作为每个县的增收项目。

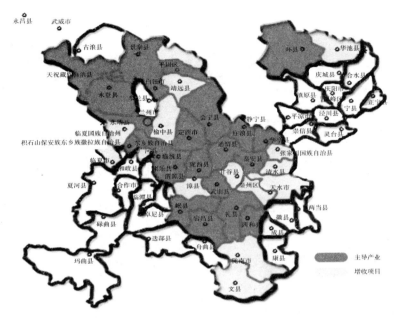

图 5—2 三大片区马铃薯产业分布图

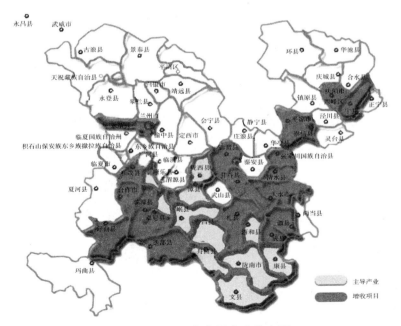

图 5—3 三大片区中药材产业分布图

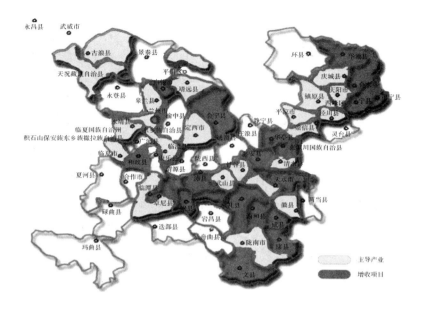

**图5—4　三大片区蔬菜产业分布图**

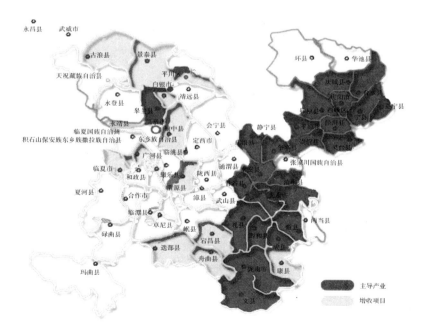

**图5—5　三大片区经济林果产业分布图**

# 第六章

# 劳动力流动与反贫困

## 第一节　甘肃省农村劳动力现状与特征

按照统计学的概念，农村劳动力资源是指乡村人口中劳动年龄（16 周岁）以上能够参加生产经营活动的人。不论是否参加劳动，都计算在劳动力资源总数之内。这个定义意味着，农村劳动力包含农村人口中符合年龄段的就业人口和失业人口以及超过劳动年龄而实际经常参加劳动的人口三个部分，而不包含因长期患病、劳动教养而丧失劳动能力和机会的农村人口。另外，由于农村现行的所有制及传统农业的特殊性，甘肃农村劳动力中的失业群体，主要以隐性的方式附着于农村经济系统内部，理论上将这一群体称为剩余劳动力。解决剩余劳动力是解决农村劳动力就业问题的核心。因此，科学地认识和分析剩余劳动力在整个市场经济系统中的相对规模和结构，是解决甘肃农村劳动力就业问题的前提和关键。

### 一　农村劳动力的规模及结构

（一）劳动力规模

甘肃省农村劳动力资源丰富。根据甘肃统计年鉴和人口普查数据显示：新中国成立以来，甘肃农村劳动力规模在 1949 年至 2000年一直保持上升趋势，2000 年至今则呈现下降趋势，而劳动力占总人口的比重自新中国成立至今一直保持上升趋势。1958 年甘肃省农村劳动力为 458.7 万人，占农村总人口的 41.98%；随后农村劳动力规模和比重逐年上升，1997 年农村劳动力总量为 1046.44 万人，比重为 54.73%，农村劳动力在总人口的比重超过 50%；2000 年随着农村人口总量的下降，农村劳动力数量上升为 1250.38 万的峰值，劳动力所占比重为 65.42%；此后，甘肃农村劳动力的绝对数量开始下降，2010 年甘肃农村劳动力总量为 1168.24 万人，而劳动力所占比重则继续上升，2010 年为 71.44%。（见表 6—1）

表 6—1　　　　　　　　　甘肃农村劳动力规模变动　　　　　单位：万人、%

| 年份 | 劳动力规模 | 比重 | 年份 | 劳动力规模 | 比重 |
|------|-----------|------|------|-----------|------|
| 1958 | 458.7 | 41.98 | 1998 | 1056.4 | 54.83 |
| 1988 | 781.76 | 45.76 | 2000 | 1250.38 | 65.42 |
| 1990 | 821 | 46.69 | 2006 | 1234.12 | 70.32 |
| 1997 | 1046.44 | 54.73 | 2010 | 1168.24 | 71.44 |

甘肃农村劳动力规模从 1949 至今经历了先上升后下降的变动趋势。1999 年甘肃农村人口达到 1939.4 万人的峰值，劳动力规模达到 1250.38 万；2000 年至今甘肃农村人口和劳动力的绝对值处于下降趋势，2010 年甘肃农村人口总量为 1635.32 万人，劳动力规模为 1168.24 万。甘肃农村劳动力占比从 2000 年的 65.42% 上升为 2010 年的 71.44%，人口抚养负担从 2000 年的 52.8% 下降为 2010 年的 40.12%，劳动力供给相对充足，处于人口红利的末期。

（二）劳动力结构

用 2000 年和 2010 年的甘肃人口普查数据可以说明甘肃农村人口年龄结构变动情况。首先，2000 年至今甘肃农村 0—14 岁少儿人口比重逐年下降，2000 年少儿人口所占比重为 29.28%，2010 年下降为 19.93%，10 年下降了 9.35 个百分点。在人口学上把 0—14 岁人口所占比重低于 18% 的社会称为严重少子化社会，甘肃农村地区少子化现象已经出现，这不仅会影响农村劳动力资源的供给，严重者甚至会造成农村人口发展的生态灾难，使社会人口难以恢复到代际均衡的水平，对此需要特别关注。（见表 6—2）

表6—2　　　　　　**甘肃和全国农村人口年龄结构变动比较**　　　　单位:%

| 年龄结构 | 甘肃农村人口 | | 全国农村人口 | |
|---|---|---|---|---|
| | 2000 年 | 2010 年 | 2000 年 | 2010 年 |
| 0—14 岁 | 29.28 | 19.93 | 25.52 | 19.16 |
| 15—64 岁 | 65.45 | 71.36 | 66.98 | 70.78 |
| 65 岁及以上 | 5.28 | 8.71 | 7.5 | 10.06 |

少儿人口比重下降的同时，甘肃农村 15—64 岁劳动年龄人口比重则逐年上升，2000 年甘肃农村 15—64 岁人口所占比重为65.45%，2010 年上升为 71.36%，10 年上升了近 6 个百分点；而全国农村劳动年龄人口比重从 2000 的 66.98% 上升为 2010 年的70.78%（见表 6—2）。甘肃农村劳动年龄人口比重上升趋势明显，总人口抚养比呈现逐渐下降趋势，这样一种生产性的人口结构为甘肃农村的经济增长提供了一个额外的源泉，即甘肃农村地区处于人口红利期，对农村经济发展有着一定的推动作用，但这种人口的不可持续性增强，对将来的农业和农村发展造成一定影响。

（三）劳动力变化趋势

甘肃农村老年人口比重的不断攀升，将使老龄化速度加快，从2000 年的 5.28% 上升为 2010 年 8.71%，10 年上升了 3.43 个百分点。具体从甘肃的人口年龄分布中可以看出，15—24 岁人口比重从2000 年的 21.07% 上升为 2010 年的 25.05%，40—49 岁人口占农村劳动年龄人口比重从 2000 年的 16.15% 上升为 2010 年的 25.84%（如表 6—3 所示），同时 55—64 岁年龄组人口占劳动年龄人口的比重也有所上升，表明农村劳动力内部结构不稳定，而且老龄化严重，农村未来 20 年将有近 1/3 的劳动力退出，而这不仅减少了农村劳动力人口，还增加了农村老年人口数量和比重，即在 2030 年左右甘肃农村老龄化水平将非常高，人口抚养负担加重，农村劳动力将成为稀缺资源。

表6—3 **甘肃农村各年龄段人口占农村劳动力比重** 单位：%

| 劳动年龄人口分组 | 2000 年 | 2010 年 | 劳动年龄人口分组 | 2000 年 | 2010 年 |
|---|---|---|---|---|---|
| 15—19 岁 | 11.68 | 13.38 | 40—44 岁 | 7.5 | 14.65 |
| 20—24 岁 | 9.39 | 11.67 | 45—49 岁 | 8.65 | 11.19 |
| 25—29 岁 | 14.71 | 8.23 | 50—54 岁 | 7.39 | 6.86 |
| 30—34 岁 | 16.89 | 7.53 | 55—59 岁 | 6.14 | 7.79 |
| 35—39 岁 | 12.45 | 12.29 | 60—64 岁 | 5.2 | 6.41 |

综上所述，目前，甘肃农村拥有较大规模的劳动力，劳动力资源处于充足状态，而且人口抚养比又较低，这样一种生产性的人口结构能够为甘肃农村的经济增长提供一份额外的源泉，所以目前甘肃农村地区处于人口红利期，对农村经济发展有着重要的推动作用。但是随着甘肃人口老龄化不断地加重，老年人口比重的不断上升，劳动力的数量在未来将有所减少，预计在2030年甘肃农村将会出现严重的老龄化现象，人口抚养负担加重，农村劳动力将成为稀缺资源。

## 二 农村劳动力的就业状况

（一）就业率

农村劳动力失业有两种表现形式：一种是显性失业；另一种是隐性失业。甘肃省的农村劳动力主要是隐性失业。所谓的从业不是充分就业，主要附着在农村各产业内部，虽然农村第二、三产业可能存在现有劳动力利用不充分的现象，但是这部分农村非农产业的剩余劳动力兼业较多，在劳动力产生剩余后，他们一般又回到原居住地参加农业生产劳动，因此农村第二、三产业剩余劳动力最终仍然表现为农业剩余劳动力。而在农业内部，林牧渔业占第一产业的比重很小，剩余现象不突出，甘肃省大部分以农业为主的地区，只作为副业经营，所以农业劳动力的剩余主要表现为小农业（即种植业）劳动力的剩余。按照第五次人口普查资料，甘肃省农村的失业率为26%，即就业率为74%，由此计算2008年甘肃省1101.89万农村劳动力中，实际就业的劳动力有815.40万人，失业劳动力即剩余劳动力有 286.49 万人，这说明甘肃省隐性附着于农村经济系统内部的失业人员还有 286.49 万人。

（二）就业结构

从产业分布上看，全省 1101.89 万农村劳动力中，第一产业从业人员为 727.57 万人，占全部农村劳动力的 66%。而从事第一产业的劳动力，多以种植业为主体，有 682.94 万人，占农村总劳动力的 61.98%，从事种植业劳动力所占比重较大；第二产业从业人员为 114.89 万人，占农村总劳动力的 10.43%；第三产业从业人员为 259.43 万人，占全部农村劳动力的 23.54%。从数据中可以看出，全省农村从事第一产业的劳动力是从事二、三产业劳动力总和的近 2 倍。作为大量吸纳农村劳动力的二、三产业在甘肃省的发展明显滞后，农村劳动力在产业结构上的分布呈现明显不合理状态，农村劳动力在一、二、三产业分布的比例为 1∶0.16∶0.36，结构分布明显不合理。

同时可以看出，非农产业人员主要从事建筑业，共有 77.01 万人，占整个非农产业劳动力总数的 20.57%，占农村总劳动力的 6.99%；从事工业活动的劳动力为 37.88 万人，占整个非农产业人员总数的 10.12%，占农村总劳动力的 3.44%；从事交通运输、仓储业和邮政业从业人员为 25.32 万人，占整个非农产业人员总数的 6.76%，占农村总劳动力的 2.30%；从事批发、零售贸易业的劳动力为 27.44 万人，占整个非农产业人员总数的 7.33%，占农村总劳动力的 2.49%；住宿和餐饮从业人员为 15.92 万人，占整个非农产业人员总数的 4.25%，占农村总劳动力的 1.45%；其他非农产业从业人员为 190.75 万人，占整个非农产业人员总数的 50.96%，占农村总劳动力的 17.31%。

从地区分布看，甘肃省农村劳动力分布有明显的地区差异，各地区的农村劳动力从业结构各不相同。农村经济落后和较为落后的陇南、定西、庆阳和天水四市，其农村从业人员占全省农村从业人员的比重超过 1/2，达 547.02 万人。这四市由于农村人口的基数大，农村从业人员在全省所占的份额也最大。同时，由于这些地区总体上属于传统农业区，农业生产受自然条件和季节性的影响较强，且人多地少，农村劳动力就业不充分或隐性失业的比例较高，对全省农村劳动力就业问题的影响较大。而农村经济发展较快的酒泉市、张掖市、金昌市、嘉峪关市的农村从业人员仅占全省农村从业人员总数的9.86%，有108.67万人。这些地区总体上已进入现代化农业阶段，由于农村生产中的资本投入和技术投入相对较高，农村经济属于农、工、商一体化的结构，相应地提高了对农村劳动力的吸纳能力。因此，农村劳动力的就业较为充分，剩余劳动力的比例较低。这种模式为像甘肃这样的农业省份解决农村劳动力的就业问题提供了可资借鉴的实践经验。

由上可知，贫困地区农业从业人员较多，收入水平较高的地区农业从业人员相对较少，农村人力资源开发和非农产业就业对促进贫困人口脱贫意义重大。

### 三　甘肃省农村劳动力流动现状和特征

#### （一）农村劳动力流动现状

农村劳动力流动的规模和速度，是依据国民经济发展的需要和可能以及农业自身的承受能力来决定的。作为西部大开发的重点省份，近几年随着甘肃省国民经济发展步伐的加快，农村劳动力的流动范围在扩大，流量也在加大。其一是转移规模逐年增大，增速趋缓。据抽样调查推算，自2000年以来，全省农村实现转移劳动力呈逐年增加，到2007年全省实现转移总人数达587.20万人，比2000年增加近434.98万人。2008年受金融危机的影响，农村外出劳动力有所下降，2010年后再次回升，并且每年的规模稳定保持在600万左右。从总体来看，农村能够外出的劳动力基本上已经全部外出，剩余劳动供给总量有下降趋势。

#### （二）农村劳动力流动的基本特征

甘肃省农村劳动力流动具有以下特征：第一，中青年是构成农村外出就业的主体。在甘肃省农村劳动力转移过程中，18—40岁人群是构成农村劳动力的主体，代表着转移趋势。各年龄组在农村劳动力总数所占比重分别为：18岁以下的占4.18%，18—30岁的占38.49%，30—40岁的占38.29%，40—50岁的占14.48%，50岁以上的占 4.56%。第二，男性劳动力是劳动力流动市场中的主力。在转移的农村劳动力中 74.21% 的是男性，而女性只占 25.79%。产生这种差别的主要原因来自于行业差别以及劳动力自身受教育的程度、工作经验及劳动技能等因素。另外，妇女在家庭中所要承担的责任，客观上也是造成这一差别的重要原因。第三，外出劳动力以自发择业为主。受农村劳动力自身素质限制，外出劳动力流动 65.78% 以自发就业为主，亲属介绍占转移人数 27.28%，政府单位组织在外就业的占 6.94%。第四，半数以上的外出劳动力就业时间延长。在外就业累计 6 个月以上的占 56.45%，3—6 个月的占 25.69%，1—3 个月的占 17.66%，1 个月以下的占 0.2%。第五，转移劳动力受教育程度偏低。2010 年转移出去的劳动力主要以初中、小学文化程度为主。全省转移劳动力中，文盲及半文盲占 2.73%，初中、小学文化程度占 68.64%，高中及以上占 28.63%。同时，转移出去的劳动力技能偏低，有一技之长的劳动力不多。劳动力素质低下的状况越来越不适应就业市场对劳动力素质的要求，同时各行业对劳动力素质要求的提升，将逐步成为农村低素质劳动力转移的主要障碍。第六，山区劳动力转移数量明显增加。一些经济不发达的贫困山区农业生产条件长期得不到改善，加之人多地少，使这些地区外出打工人数较多，而丘陵、平原地区外出打工人员数量相对较少。第七，主要转移地区以西部为主。2010 年甘肃省农村剩余劳动力转向西部地区的劳动力最多，比重为 66.37%；转向东部地区的比重为 29.45%；而转向中部地区的最低，比重为 4.18%。第八，城市流向为主，且以中小城市为主导。产生这种现象，原因之一是多数外出劳动力主要以就近的中小城市为就业去向，这样可以亦工亦农，亦商亦农，兼业并存；原因之二是外出农村劳动力文化素质低，因而限制了他们向经济较发达地区流动。第九，转移劳动力从事建筑、社会服务业的居多。据抽样调查资料显示，2010 年甘肃省转移到第二产业的农村劳动力占 48.55%，其中建筑业占 26.51%，比上年增长 1.47 个百分点。转移到第三产业的农村劳动力占 49.96%，比上年减少 1.65 个百分点。全省转移劳动力转向二、三产业的占到近 99%，转向第一产业的只占 1.49%。

# 第二节　劳动力流动与反贫困

## 一　劳动力流动与农民增收

从甘肃城乡劳动力流动的特征来看，外出劳动力与农村家庭之间保持着紧密的联系，素质相对较高的农村青壮年劳动力由相对落后的农村地区大量、持续地流入相对发达的城镇地区，使得原来未充分利用的剩余劳动力实现了和生产资料的必要结合，成为现实的生产力，创造了社会财富。在增加了社会财富总量的同时，他们也通过务工经商获得了收入，他们会以各种不同的方式将收入送回农村，从而增加农村地区的收入。每年有大量的资金由外出务工人员自城镇带回农村，因此，农村劳动力的流动将会对农民收入的增长产生积极影响。

表6—4表明1995年到2013年农民纯收入从880.3元增加到5107.8元，增加了4228.5元，其中工资性收入贡献最大，工资性收入占农民人均纯收入的比重从10.4%增加到43.1%，上升了32.7个百分点。以甘肃礼县为例，礼县坚持"走出一个人，挣回一笔钱，养活一家人，带动一方经济"的劳务输转工作理念，采取"先培训、后输转"的原则，着力打造"礼贤妹"、"礼贤大嫂"、"礼县架子工"等劳务品牌，劳务收入得到连年递增。截至2010年底，全县累计认定培训转移基地5个，举办农机驾驶与维修、农村动物防疫、家政服务、保安、建筑等培训班63期，培训农村剩余劳动力7883人，转移农民工7794人，全县有组织地输转劳动力7.5万多人，外出务工总人数达12.16万人。仅2010年，全县创造劳务收入8.5亿元，农民人均劳务收入达到1730元。据甘肃省政府劳务工作办公室资料显示，截止到2014年，全省输转城乡富余劳动力483万人，完成年计划500万人的96.6%；创劳务收入392.6亿元，全省劳务输转数量和质量同步提高，全省劳务经济各项目标任务完成良好。

表6—4 甘肃农民纯收入构成

| 年份 | 农民人均纯收入（元） | 工资性收入（%） | 家庭经营纯收入（%） | 转移性收入（%） | 财产性收入（%） |
|------|------|------|------|------|------|
| 1995 | 880.3 | 10.4 | 83.4 | 4.1 | 2.1 |
| 2000 | 1428.7 | 24.9 | 70.8 | 3.2 | 1.1 |
| 2005 | 1980.0 | 29.6 | 63.8 | 5.6 | 1.0 |
| 2010 | 3424.7 | 35.0 | 54.2 | 9.6 | 1.2 |
| 2013 | 5107.8 | 43.1 | 43.7 | 10.6 | 2.6 |

数据来源：《中国农村统计年鉴》。

## 二 劳动力流动与人地关系改善

我国农村人口众多，人口与土地之间的矛盾越来越尖锐。目前我国农村的人均耕地越来越少，不少地方已下降到人均1亩以下。对每家每户来讲，这极少的耕地还不能集中使用，而要分为好几块进行耕作，且种植作物多样化。据有关方面抽样调查，调查的样本户户均人口4.76人，劳动力2.63个，经营耕地11.7亩，分为8.08块，半数以上的农户生产五种以上农产品，最多的甚至达到十几种。这种小规模兼业化经营，是我国农村提高土地效益、增加农业产量、加快经济发展的一大障碍，只要这种小规模的兼业化经营方式继续存在，我国农业的进一步发展就会受到极大制约。大规模的农村劳动力流动，降低了单位土地面积上的劳动力人数，一定程度上缓解了人多地少的矛盾。在部分农民工流动比较集中的地区，出现了过去没有过的现象，长期依赖土地生存的农民，有的要求减少责任田，有的要求退田，有的找人代耕，有的干脆把土地抛荒。土地抛荒问题需要我们认真对待，但这种情况的出现，对当地实行农村土地适度规模经营创造了最基本的条件。我们应该充分利用这一有利条件，在有条件的地方深化土地制度的改革，加快土地的转让与集中，促进农村土地的适度规模经营。目前，在劳动力外流较多的地区，农民已经开始用不同形式调整土地承包经营方式。部分长期在外的农民退还承包地，季节性外出者减少责任田，以低价甚至贴钱转租承包地等，这样做使"留守"农村的农民可以扩大土地经营规模，增加粮食产出，提高收入。

### 三 劳动力流动与人力资源开发

农村剩余劳动力向城市的大规模流动，必然导致城乡之间、不同地区之间的文化碰撞、交流与融合，其结果必然是先进、开放的文化代替落后、封闭的文化。在这个文化碰撞、交流与融合过程中，农民的思想观念在逐步更新和变化。这种变化主要表现在以下几点：首先，进取意识的觉醒。由于农民长期在自给自足的小农经济环境中生存繁衍，所以在具备勤劳朴素美德的同时，又养成了安于现状、墨守成规、不思进取、平安即福的秉性。如今农民离开黄土地到城市去务工经商的本身就体现了农民进取意识的觉醒，他们已不满足于"不求有福，但求无祸"、"老婆孩子热炕头"的乡村生活，不甘心沉醉于"一个月过年，四个月种田，七个月休闲"的淡泊岁月，他们要到陌生的城市世界里去闯天下，这种觉醒的进取意识在城市务工经商的过程中必然会得到进一步的强化。其次，竞争意识的增强。成千上万的农民走向城市，接受市场经济的运作方式，在争生存、争发展的奋斗中，培养了自己的竞争意识和冒险精神，而长期在农村生活中形成的"与世无争、忍让为上"的旧观念正在逐步被取而代之。再次，四海为家意识的萌发。以前农民恋农情结甚重，总是离不开黄土地，甚至一辈子也走不出那个贫穷的小山村。如今农村劳动力在流动的过程中逐步树立了"四海为家"的现代观念，哪里有活干就在哪里干，此地无活干就到彼地干，不少农民还谋求在城市定居。总之，哪里有利于自己的生存和发展就在哪里安身，哪怕是天涯海角。最后，自我实现意识的增强。不少外出打工的农民已经不满足于自身及家庭生活条件的改善和经济收入的提高，外出农民的追求目标有三个层次：一是求生存，在城市能找到活干；二是追求一份稳定的职业和较丰厚的经济收入，过上比较富裕的生活；三是追求自我价值的实现和社会地位的提高，这是流动农民追求的最高层次。现在已有部分流动农民历经坎坷苦苦追求，在完成了第二层次的目标追求后，把最高层次的目标追求当作人生的乐事，他们更重视的是自我价值的实现和社会地位的提高。在农民流动的过程中，现代社会的观念和意识正悄然渗入他们的大脑。此外，思想观念的更新和变化不仅仅发生在流动农民自身，外出打工农民带回的新思想、新观念还会通过各种不同的方式影响周围的农民。因为这些影响带有现身说法的特点，其影响的深度和广度是电视、广播、报纸、杂志等大众传播媒介所不能比拟的。农村劳动力的流动，改变了农民的落后观念，提高了农民的思想素质和文化素质。关于这一点，列宁对俄国 19 世纪那种类似于中国目前大量农民到城市打工现象所做的评价极为贴切，仿佛就是针对中国今天的情况所写的，他说，与居民离开农业而转向城市一样，外出做非农业的零工是进步的现象。它把居民从偏僻的、落后的、被历史遗忘的穷乡僻壤拉出来，卷入现代社会生活的旋涡。它提高居民的文化程度及觉悟，使他们养成文明的习惯和需要。可以说，农村劳动力的流动对农民的影响绝对不亚于普及九年义务教育，是一次中国农民的文化启蒙运动和思想解放运动。

### 四　劳动力流动与发展能力提升

流动的劳动力进城务工学会了一定的技术和管理经验。人口流动不仅仅是人们由一个地区转移到另一个地区的空间位移过程，而且是人们由一种生活方式进入另一种生活方式的社会变化过程。人们从农村进入城市，就必须放弃原来的许多习惯、传统和观念，同时学习城市生产和生活中的各种技能、规范，只有这样，他们才能适应城市生活，在城市里争得一席之地。这样，他们就有意识或无意识地开始了接触、了解、学习和掌握现代知识、技能和观念的过程。当他们返回农村时，就会利用学得的技术和管理经验，自己开办企业，带领当地农民走上劳动致富的道路。返乡民工在创业的过程中会面临许多新的问题，这迫使他们去学习新的文化知识和科技知识，而学习的过程本身就是一个提高自身素质的过程。其次，面对创业中的新情况和新问题，创业者必须要思考和寻求解决问题的办法，其思维能力、判断能力、决策能力与实施能力得以综合提高。再次，返乡民工在创业的过程中必然要经历市场风雨的洗礼，面对日益激烈、十分残酷的市场竞争，其间有成功的辉煌，也必然有失败的苦楚。这些经验和教训对返乡创业的民工来说无疑是一笔极其重要的财富，让他们受益匪浅，总结经验和吸取教训会使他们自身的能力进一步提高，从实践中增长才干，促进了农村商品经济的发展和农村经济的繁荣。

### 五 劳动力流动与城镇化进程

首先，返乡创业者带回来的创业资金，可成为小城镇建设资金的重要来源。由于创业者的投入受市场经济行为的支配，创业地点一般会选择在经济活动比较集中的城镇；创业者投入的成功，又增强了小城镇的凝聚力，为更多的投资者进入小城镇求发展打开了一条通道；他们的投资，又为小城镇公共设施建设积累了资金，有利于改善小城镇的投资环境，吸引更多的投资者。这些对于加快小城镇建设都是非常有利的。其次，返乡民工创业，带动了企业的发展、聚集和升级，促进了小城镇建设。靠企业兴镇，是小城镇发展的一般规律。凡发展较快的小城镇，大多是靠第二、第三产业或市场的带动发展起来的。可见，经济活动的聚集，是加快小城镇发展的前提。一些地方政府为了加快地方经济发展，吸引更多的投资者参与地方经济建设，开辟了各种类型的经济开发园区，为返乡创业民工提供了用武之地。而返乡创业民工不受社区范围的限制，把企业办在经济相对发达、交通较为便利、人口比较集中、有利于企业发展的小城镇，这是一种理性的选择。创业地点相对集中，可使服务需求形成规模，使商业、餐饮、服务、娱乐、通信等行业应运而生。这样，就会使人口和生产要素向小城镇集聚，加快小城镇发展。同时，企业只有以城镇为依托，借助城镇集聚要素所形成的良好的市场环境，才能实现企业自身的快速发展。企业壮大了，又提高了对城镇发展的要求，同时，也为城镇发展积累了资金，形成了加快小城镇发展的推动力。没有企业的发展、集聚、升级并形成规模，小城镇的快速发展是难以实现的。此外，返乡民工创业的示范效应，会使其他农村人口为实现非农化转移、进入城镇而奋斗。更多的农民认识到，小块土地只能维持温饱，难以致富，只有像返乡创业民工那样，依靠自己的力量，逐步实现向二、三产业的转移，才能走上富裕之路。从事二、三产业的农民，大多会进入城镇，又成为推动小城镇建设的重要力量。

# 第三节　劳动力流动与农村反贫困的实证分析

农村劳动力以外出打工形式向城市流动已经成为中国农村地区的普遍现象。对这一现象的众多研究表明，劳动力迁移对于农村经济的重要意义不仅表现在农村劳动力资源配置的结构性改变，而且对农户的收入结构也产生着十分重要的影响；劳动力迁移所带来的收入已成为中国大多数农村地区农户家庭收入的重要来源，国家统计局组织的农村住户劳动力抽样调查显示，外出半年以上的劳动力人均年收入转移达到 4522 元左右。就贫困地区而言，农村劳动力流动成为改善和缓解农村人口贫困的重要途径。

为进一步分析欠发达地区贫困的成因，探究劳动力流动对农村的影响，特别是在反贫困中的多重作用，我们分别于 2006 年底 2007 年初、2007 年底、2008 年初、2010 年初、2013 年初带领西北师范大学经济学和社会学专业的部分研究生及"三农"问题研究社的部分成员在甘肃、宁夏、四川、陕西等地进行了四次社会调查，调查村庄的共同特征是自然条件差、基础设施薄弱、文化教育落后、社会发育程度低，当地农民不仅收入水平低下，而且教育、医疗、社会保障等都十分缺乏。调查样本户分布情况见表 6—5。

表 6—5　　　　　　　　　　　　调查样本的总体情况

| 年份 | 2007 | 2008 | 2010 | 2013 | 合计 |
|---|---|---|---|---|---|
| 总户数 | 871 | 306 | 697 | 603 | 2477 |
| 有劳动力流动的户数 | 729 | 233 | 644 | 430 | 2036 |
| 流动户数占总户数比例（%） | 83.7 | 76.1 | 92.4 | 71.3 | 82.2 |

注：本文所说的流动劳动力，专指农村劳动力外出在乡镇以上行政区就业，且年流动时间在 3 个月以上的流动人口。

数据来源：2006 年、2007 年、2009 年、2012 年 4 年对贫困样本村调研。

四次调查共收集到有效样本 2477 个，其中有劳动力流动的农户

2036 户，没有劳动力流动的农户 441 户，劳动力流动率高达 82.2%。

## 一　样本村农户贫困的原因

关于贫困产生的理论原因，第一章论述较多，此处不再赘述。通过对调查样本的具体分析，作者认为，样本村贫困的原因既有自然和生态等原发性因素，又是人力资本水平低下、社会文化落后和制度缺失等综合因素共同作用形成的恶性循环。

（一）自然条件恶劣是贫困人口形成的基础性因素

首先，在调查的样本村中，大多数村庄耕地资源数量不足且相当贫瘠。只有川口村人均耕地面积为 0.22 公顷，高于全省 0.18 公顷的平均水平，但基本都是贫瘠的山坡地，没有灌溉条件。其他 5 个村庄人均耕地面积都低于全省平均水平，没有灌溉条件，平地所占比例不到 15%。其次，从生态特征来看，大多数样本村年降雨量仅为 200—400 毫米，素有"十年九旱"之称，农业和生活用水极度缺乏。此外，由于特殊的地理环境和地质条件，这些地区自然灾害频繁，不仅面临严重的干旱，而且季节性的风灾、霜冻、冰雹、洪灾和病虫害等自然灾害时有发生。

（二）教育水平落后是贫困长期存在的主要原因

人口的教育水平是人力资本的主要方面，思想观念的塑造和知识技能的获得都要靠教育水平的提高来实现。就 2006 年调查的样本农户的 348 个户主（98% 是男性）的受教育水平来看，具有高中及以上文化程度者占 7.83%，初中文化程度者占 41.12%，小学文化程度者占 41.84%，而文盲半文盲率高达 9.21%。农村重男轻女思想的长期存在，使得妇女的受教育状况远低于这一水平。劳动力素质低下，不仅使农业生产技术长期停滞不前，而且使贫困地区农村劳动力对其他非农职业的竞争力和对外界环境的适应力极低，这进一步强化了农户农业生产结构单一和土地产出率低的格局，萎缩了贫困农户对经济机会的选择能力，强化了人口对土地的依赖，加剧了人们对生态的掠夺。

（三）传统社会文化是贫困长期延续的重要因素

美国学者刘易斯认为，贫困与其所拥有的脱离主流的"亚文化"有关。就所调查的样本村来看，贫困地区地理位置都处于边远山区，人们与外界联系很少，封闭、落后、保守、机会缺乏等成为主要的文化特征。长期的封闭使村民对新技术、新事物的感知能力和接受能力十分有限，使得教育这种通过科学文化知识传播促进生产力进步的有效手段难以取得预期效果。在调查村庄未出现劳动力流动之前，有80%的农村人口从来没有离开过自己所居住的乡镇，基本上过着一种"生于斯，长于斯"的传统生活，农业技术和品种基本上保持长期不变，农业种植主要由倒茬等老传统来决定，农民市场参与度很低。调查数据显示，有83.5%的样本农户表示近年来农产品品种没有变化，81%表示农业技术没有变化；对于农业生产的决策，选择"根据倒茬等老传统"和"吃什么就种什么"两项的农户占到77%以上。传统文化固化了农民的思想，形成"贫困—落后的传统文化—不重视教育—文化素质更低—更加落后、更加贫困"的恶性怪圈。

（四）制度障碍是导致村落贫困的主要根源之一

这里所指的制度障碍主要是指我国城乡分置的二元体制所造成的农民政治权利、经济权利和社会保障权利的缺失。在二元分割体制下，农民缺乏参与政治决策和维护自身利益的权利，也难以公平地享受到与城市居民大体一致的公共服务，如道路交通、供水供电、政府补贴等，并且农民教育权、就业权、社会保障权等社会权益的缺失更加严重。四次调查的样本村，在历史上都无一例外地形成了很多公共产品欠账问题，虽然这些村庄目前都已纳入国家扶贫开发重点地区，但这些问题仍然难以得到根本解决。农民在面临自然灾害、疾病、市场风险等突发事件时，由于权利与机会匮乏，缺乏必要的经济和社会保障，经常陷入贫困之中。

由此可见，收入水平低下只是贫困的表象特征，贫困的内涵和原因是多元性的。被调查的样本村在自然因素、教育水平、文化观念和制度等多重因素的互相作用下，与贫困之间形成了多个互相作用的恶性循环怪圈，在没有足够强大的外部力量介入的情况下，这种循环难以被打破，使得贫困在代际传递，贫困"生产"贫困问题十分严重。

## 二  劳动力流动与反贫困的实证分析

### (一) 劳动力流动对农户收入水平和收入结构的影响

贫困农户的首要困境就是收入低下，以致不能维持正常的物质和精神生活。农村劳动力外出就业，首要动机就是增加家庭收入。四年的调查数据显示，有劳动力流动家庭的人均收入远高于没有劳动力流动家庭的人均收入。以 2006 年的调查数据为例，有劳动力流动家庭的人均收入为 1799.6 元，没有劳动力流动家庭的人均收入为 942 元，前者是后者的 1.91 倍，而打工收入是前者的主要收入来源，后者则主要依赖于农业和非农经营收入，并且受地方条件限制，非农经营者数量和经营收入都十分有限。

表 6—6 列出了流动劳动力家庭的收入结构，从中可以看出，流动劳动力家庭的人均收入增长迅速，从 2006 年的 1799.6 元提高到 2012 年的 10358.8 元，增加了 8559.2 元，增长了近五倍。其中打工收入从 2006 年的 1046.4 元提高到 2012 年的 6452.5 元，增加了 5406.1 元，占收入增加额的 63.2%；农业收入从 2006 年的 545.2 元提高到 2012 年 2502.7 元，增加了 1957.5 元，占收入增加额的 22.9%；非农产业收入从 2006 年的 150.8 元提高到 2012 年 994.0 元，增加了 843.2 元，占收入增加额的 9.9%；其他收入从 2006 年的 57.2 元提高到 2012 年 409.6 元，增加了 352.4 元，占收入增加额的 4.1%。综上可知，人均收入的增加主要来源于打工收入的增加。

表 6—6                **流动劳动力家庭的人均收入结构**                单位：元

| 收入 \ 年份 | 2006 | 2007 | 2009 | 2012 |
|---|---|---|---|---|
| 人均收入 | 1799.6 | 4131.9 | 8130.3 | 10358.8 |
| 打工收入 | 1046.4 | 2179.4 | 6169.4 | 6452.5 |
| 农业收入 | 545.2 | 1285.7 | 1378.4 | 2502.7 |
| 非农产业收入 | 150.8 | 507.0 | 502.0 | 994.0 |
| 其他收入 | 57.2 | 159.8 | 80.5 | 409.6 |

数据来源：2006 年、2007 年、2009 年、2012 年 4 次样本村调研资料。

　　由表 6—7 可知，农民收入主要来源于打工收入和农业收入，四次调查的结果显示打工收入对总收入的贡献度大体上呈上升趋势，农业收入对总收入的贡献度大体上呈下降趋势。其中打工收入对总收入的贡献远高于其他几种收入，2006 年打工收入对总收入的贡献度为 58.1%，远高于排在第二位的农业收入的 30.3%。2012 年打工收入对总收入的贡献度为 62.3%，比 2006 年提高了 4.2 个百分点，农业收入对总收入的贡献度为 24.2%，比 2006 年下降了 6.1个百分点。

表 6—7　　　　　　　　农村流动劳动力家庭收入情况分析

| 分项 | 人均年收入（元） | 打工收入所占比例（%） | 农业收入所占比例（%） | 非农产业收入所占比例（%） | 其他收入所占比例（%） |
|---|---|---|---|---|---|
| 2006 年 | 1799.6 | 58.1 | 30.3 | 8.4 | 3.2 |
| 2007 年 | 4131.9 | 52.7 | 31.1 | 12.3 | 3.9 |
| 2009 年 | 8130.3 | 75.9 | 17.0 | 6.2 | 1.0 |
| 2012 年 | 10358.8 | 62.3 | 24.2 | 9.6 | 4.0 |

数据来源：2006 年、2007 年、2009 年、2012 年 4 年对贫困样本村调研。

（二）劳动力流动对农村人力资本水平的影响

　　一般认为劳动者的人力资本主要是通过教育和培训、劳动力迁移以及营养与健康投入等途径而获得。考虑数据的可获得性，在此主要分析外出者知识技能、思想观念等方面的变化及其对子女受教育水平的影响。有研究认为，农民到比较发达的城市打工，在"边学边干"中综合素质会发生较大的变化，比如解放思想、更新观念、增长技术和才干、提高适应新环境的能力等。以 2006 年调查数据来看，在 453 名外出者中，换过 2 次或 2 次以上工作的占39.93%，一方面表明流动工的稳定性比较差，另一方面工作的变换有利于提高劳动者的适应能力。对于打工后自身的变化，有32.53% 的外出者表示"思想观念更加开放"，有 27.40% 认为"增长了见识"，有 4.11% 认为"学到了新的知识和技术"，这反映出流动劳动者人力资本水平得到一定程度的改善和提高，对缓解人文贫困有着积极的影响。此外，流动人口的流动收入对家庭成员的知识水平、营养状况、疾病预防、健康状况等都会产生十分积极的影响。

劳动力流动对家庭子女受教育水平的影响是近年来学术界关注的焦点，这种影响主要体现在两个方面：一是流动收入可能增加了对子女的教育投资；二是外出打工者的低龄化可能对其受教育产生替代。该调查显示，这两个方面的影响都是存在的。首先，有劳动力流动的农户对子女受教育水平的期望高于没有劳动力流动的农户，"愿意让孩子上好的学校"、"学更多知识"的样本占外出户的比例为78.11%，占非外出户的比例为69.38%。其次，外出者寄回家的钱的使用方向，除用于家庭日常开支外，列第二位的就是用于孩子上学，占总额的17.12%。

但同时必须注意到，外出打工者的低龄化对其受教育水平的提高有着很强的替代效应。外出打工者低龄化实际上是对其高中和大学教育的"痛苦"替代，这对农村贫困的影响具有两面性：一方面年轻劳动力的适应性就业在短期内迅速改善了家庭贫困状况；另一方面，从长期来看，随着年龄的上升，这部分劳动者在劳动力市场上的竞争力不强，其获得收入的机会和能力将逐渐萎缩，其后代也很容易因父代在就业市场中的不利而得不到较好的基础能力培养，引发贫困的"代际传递"，这是值得引起多方面关注的问题。

（三）劳动力流动对农户农业生产的影响

农村劳动力外出流动，增加了农户收入，提高了劳动者自身的人力资本水平，同时也对流出的农村经济特别是农业发展产生了多方面的影响。这种影响首先表现在农业劳动力资源的配置方面。调查资料显示，有劳动力流动户家庭的耕地由父母耕种的占54.73%，没有劳动力流动户家庭的耕地由父母耕种的仅为11.54%；有劳动力流动户家庭的耕地由妻子一人耕种的占40.20%。这就是说，在劳动力配置方面，有劳动力外出的农户，家中土地主要由父母或者妻子耕种。这与对劳动力流动特征的分析相吻合，外出劳动力中年龄在30岁以下的占到了54.39%，多数家庭中年轻、男性、受教育程度较高的劳动力外出，父母或者妻子在家种地务农。由于劳动力外出流动导致的农业劳动力配置的这种变化，一方面缓解了尖锐的人地矛盾，因从事农业实际人口的减少，直接提高了农业劳动生产率；另一方面，从长远来看，由于外出劳动力以年轻人为主，农业人口的老龄化和女性化趋势对农业劳动力的素质结构将产生一定的障碍。每 22.77 户拥有一辆三轮车，而没有劳动力流动的农户每 5.78 户拥有一辆摩托车，基本上不拥有拖拉机和三轮车等价值相对较高的农机。近年来一些节劳型小型农具（玉米脱粒机、耕地机、打麦机、农药喷雾机等）由于劳动力外出流动而得到广泛应用。在农药、化肥、种子等要素使用方面，调查显示，有劳动力流动户平均每公顷年投入为 9.58 元，没有劳动力流动户平均每公顷年投入为 8.13 元，有劳动力流动户的农业投入明显高于没有劳动力流动户。

劳动力流动对农业生产决策带来一定的影响。在农业种植品种和结构的安排上，有劳动力流动户的市场导向性较强，没有流动户以满足自身消费为目的，市场导向较弱。调查显示，选择"什么好卖种什么"为目的的前者高于后者，而以"吃什么种什么"和"什么产量高种什么"为目的的后者都高于前者，如表6—8所示。

表6—8　　　　　　有流动户和没有流动户的种植决策比较　　　　单位:%

| 问题：怎么样决定种什么 | 有流动户 | 没有流动户 |
| --- | --- | --- |
| 吃什么种什么 | 55.29 | 64.71 |
| 什么好卖种什么 | 6.14 | 7.92 |
| 倒茬等老传统 | 21.84 | 11.76 |
| 别人种什么就种什么 | 0.68 | 1.96 |
| 什么产量高种什么 | 13.56 | 15.96 |
| 不知道 | 12.39 | 1.96 |

数据来源：2006 年对贫困样本村调研结果。

（四）劳动力流动对农村生态环境的影响

在贫困地区，一直以来土地是农民最重要的财产资源，是他们最基本的生存保障，土地资源拥有数量的多寡不仅决定着农民收入水平的高低，也是农民遇到突发事件时的有力保障。贫困地区人口密度大，人地矛盾突出，当赖以生存的土地等自然资源无法承受超负荷的人口压力时，劳动力流动成为摆脱原有生态约束的一种新的选择。

调查资料显示，大量的劳动力流动，减轻了人口对自然资源的依赖性，对由于生态恶化导致的贫困起到一定的缓解作用。在样本农户中，有劳动力流动户和没有劳动力流动户人均耕地面积分别为0.094公顷和0.098公顷，劳均耕地面积分别为0.18公顷和0.22公顷。有劳动力流动户若按最少1人流动计算，则实际人地比率就会大幅度下降，也就是说，劳动力外出减轻了人口对土地的压力，从一定程度上缓和了人多地少的尖锐矛盾。再者，通过农户对国家退耕还林政策的态度的调查发现，有劳动力流动户表现得更加积极，参与退耕的比例前者为8.11%，后者为7.84%，并且退耕后返耕的比例有劳动力流动户明显偏低。此外，在访谈中还了解到，一些村庄如钱家坝村、韩赵家村、团结村等原来一直存在的农民挖虫草、挖野生药材的现象，随着劳动力流动人数的增加减少了，一些农民也开始有了自觉保护生态的意识。由此可见，劳动力流动对缓解农村资源环境压力、保护农村生态环境及提高村民的生态保护意识等都具有十分积极的影响。

上述研究表明，劳动力流动已成为农民摆脱恶劣生存环境的一种积极选择，对缓解农村贫困发挥了多重作用。

首先，有劳动力流动的家庭，打工收入已成为家庭总收入的主要来源之一，并且劳动力外出打工对提高农户的绝对收入水平和降低农村人口绝对贫困发生率具有十分重要的作用，这种作用随着农村劳动力流动规模的扩大有逐渐强化的趋势。

其次，劳动力流动对流动者本人及对后代的人力资本改善、思想观念更新与变革都有一定正面影响，这在一定程度上增强了农民的自我发展能力，从而对缓解农村贫困具有长期的潜在影响。但还应看到，农村劳动力流动中的低龄化现象，虽然短期内增加了农户家庭收入，但对农村整体受教育水平产生一定的负面影响，而通过职业技能的培训边干边学就成为解决这一问题的主要途径，这是在农村人力资本研究中需要进一步明确的问题。

再次，劳动力流动通过减少附着在土地上的农业劳动力的绝对数量，相对提高了农业劳动生产率，减缓了人地矛盾，对缓解农村生态压力及生态贫困具有一定的积极影响。同时农业劳动力在部分农户中的缺乏，促进了资本对劳动的替代，有利于农业机械的推广使用，也促进了农业内部劳动力市场的发育以及耕地的适度规模经营。但是还应该看到，农业人口老龄化和女性化趋势对农业劳动力素质的提高、农业新技术的推广都会产生一定的影响，这也是有待进一步研究的一个方向。

最后，开放程度的提高和更多就业机会的获得，是劳动力流动对农村社会意识和现有制度的一种冲击。劳动力外出，成为打破农村长期封闭、保守格局的主要力量，给农村所带来的城市生活理念和现代化意识，使农民在农村与城市之间有了更多的信息交流，使农民开始在生活方式、市场观念、婚恋和政治权利等方面有了新的认识。此外，劳动力流动最直接的表现是劳动者获得了更多就业机会，扩大了其就业选择面，这对原有城乡分离的就业制度也是一种挑战。

## 第四节　加快甘肃省贫困地区农村劳动力转移的对策建议

贫困地区因工业化、城镇化水平较低，劳动力市场发育迟缓，城市就近吸纳农村劳动力的能力有限，非农产业就业岗位缺乏，劳动用工信息闭塞，加之缺乏有效的制度供给，农村劳动力的转移大多处于自发的、盲目的无序状态。为此，本部分在前文分析的基础上，从制度创新和政策完善等方面入手，提出进一步加快贫困地区农村劳动力转移的一些政策措施建议，以期早日实现贫困地区农村劳动力有步骤、有秩序地顺利转移。

### 一　创新制度，促进农村劳动力的转移

打破制约农村劳动力流动的制度，消除城乡劳动力各种不平等的政策，在农村户籍制度、土地制度、社会保障制度、就业制度等方面进行创新，保证农村劳动力在经济权利和社会权利上与城市劳

动力平等，促进农村劳动力在城乡之间自由流动，建立城乡统一的劳动力大市场，实现劳动力在城市范围内的优化配置。

（一）渐进推动户籍制度改革，彻底消除农村劳动力向城市转移的制度障碍

户籍制度是传统计划经济的产物，过去那种通过社会身份和出生地划分人口类型的户籍制度，造成大量农村劳动力被人为地滞留在农村有限的耕地上，导致农村劳动力大量过剩，阻碍着其向城市和经济发达地区自由转移。随着经济体制改革的日益深化，农村劳动力富余现象越来越明显，对整个社会经济发展的影响也越来越大，主要输入地的城市当权者对进城农民工的就业、技能培训、子女教育和社会福利等各方面的歧视都归因于城乡两种身份界限的二元户籍制度。当前，我国户籍制度改革的核心内容：由现行的城乡分割的二元户籍制度，过渡到城乡统一的一元户籍制度，打破"农业人口"和"非农业人口"的户口界限，剔除黏附在户籍关系上的种种社会经济差别，真正做到城乡居民在发展机会面前地位平等，获得统一的社会身份。彻底打破城乡分割的二元社会结构，逐步实现人口的自由迁徙并建立起城乡一体化的户籍管理制度，解决目前城乡居民两种身份、就业和待遇不平等的问题，统一城乡就业政策，为农村劳动力转移打开"城门"。

（二）建立并完善合理的土地流转制度，实现城乡土地市场的一体化

土地历来是中国农民的命根子，如果不能解决好这个问题，农村劳动力转移是不可能做好的。土地不能顺利流转，土地收益不能得到补偿是农村城市化的重大障碍，因为进城农民难以彻底"离土"，不得不成为城乡"两栖"公民。要在保持农民原有土地承包关系稳定的前提下，赋予基层更多的灵活性，促进农村土地流转步伐，发展适度规模经营，为农业结构战略性调整创造条件，为农村劳动力转移创造机会。

（三）建立健全高水平、广覆盖、多层次的城乡衔接的社会保障制度，为劳动力转移解决后顾之忧

1993 年党的十四届三中全会《关于建立社会主义市场经济体制

若干问题的决定》要求在我国建立多层次的社会保障体系，"社会保障政策要统一，管理要法制化，社会保障水平要与我国社会生产力发展水平以及各方面的承受能力相适应。城乡居民的社会保障办法应有区别"。但十几年以来，中央全会的这一决定尚未彻底实现，尤其是随着农村富余劳动力的增加，指望将土地作为农民福利保障的替代物将越来越不现实。因此，尽快在农村建立与城市政策统一、形式有所不同、城乡一体的公平的就业和保障体系是农村劳动力进城务工的"安全带"。

（四）加强城市用工制度改革，逐步建立城乡统一的就业制度

城市就业制度对农村富余劳动力的转移有着极强的约束。目前，农村富余劳动力进入城市后的就业，仍主要被限制在"非正规"部门，不能参与和城市劳动力的公平竞争。一些大中城市为了保证城市居民就业都规定了限制农村富余劳动力进入的行业和工种。农村富余劳动力外出就业要办理名目繁多的证件。一些地方存在简单粗暴地清退进城务工农民的做法。这些做法既不符合市场经济公平竞争的原则，也没有真正起到引导农村富余劳动力有序转移的作用，无形中增加了进城务工农民的负担。

## 二 强化教育培训，提高农业劳动力综合素质

农村劳动力素质的高低，直接关系着农村经济的发展，关系着农村劳动力转移的规模和速度。大量分析表明，农村劳动力素质与转移的速度和层次成正比关系，一般劳动力素质高的地区，转移速度要快于劳动力素质低的地区，同时转移劳动力的就业层次也比较高。随着市场经济的发展和经济增长方式的转变，社会各方面对劳动力素质的要求越来越高。因此，从近期看，只有针对不同的劳动力文化水平，分层次、分对象、分渠道地进行转移技能培训，提高农村劳动力在统一的劳动力市场中的竞争能力，才能促进农村富余劳动力向非农产业的转移。从长远看，要大力发展农村教育事业，把青少年作为最主要的培训目标。

（一）增加农村基础教育投资，完善九年制义务教育

目前，甘肃省贫困地区已基本普及了九年义务教育，但就实际

情况来看，城市比农村要好些，农村经济发展较好的地区比偏远山区和民族地区要好些，而且受家庭经济困难等的影响，农村初中在校生近年辍学人数较多。对此，必须采取一些措施。

（二）加强农村劳动力转移培训，创劳务品牌

甘肃省贫困地区农村富余劳动力转移过程中存在的一个重要障碍就是自身素质较低。因此，各级政府应该将提高农村富余劳动力素质培训工作作为一项重要任务来抓，实施"先培训、后输转"战略，提高劳务输出的质量和效益。

### 三　以科技进步促进劳动力转移

科技进步对劳动力转移有非常重要的作用，科技进步在经济发展中的作用，一般是既能扩大劳动，又能扩大资本，因而是国民收入和就业增长的根源。

（一）以科技进步促进第三产业的发展，带动农村劳动力转移

第三产业是吸纳农村转移劳动力的主渠道，如果考虑到科技进步对第三产业的促进作用，同样的科技因素投入将带来更多的收入和就业的增加。随着技术进步的提高，投资和收入相应地增加，对第三产业的发展提出了新的要求，使这些劳动密集型的产业和行业吸纳更多的劳动力来发展自己，这种需求和发展将随着科技进步的增强而不断增加。这也是科技进步促进第三产业迅速发展的理论基础。甘肃省贫困地区第三产业的发展，主要制约因素就是科技发展对经济增长的贡献水平。随着科技水平的日益提高和在经济增长中贡献的不断增大，第三产业必将会有一个大的发展，这就形成在生产领域的高技术含量和在消费领域劳动密集的高劳动含量同时存在且共同发展的局面，从而推动农村劳动力转移。因此，把着眼点放在提高科技发展水平上，以科技进步带动经济增长和就业增长，是加快甘肃省贫困地区农村劳动力转移的关键。

（二）合理选择农业技术，促进农村劳动力转移

农业技术包括以农用机械为主的传统技术和以信息及生物技术为主的现代高新技术。在当前世界范围内正在兴起的以"基因工程"为基础的新的农业科技革命的大背景下，甘肃省贫困地区应该

紧跟时代步伐，实行以现代信息技术和生物技术为主导，广泛应用高新技术及其研究成果，一手抓单项关键技术的重大突破，一手抓多项高新技术及实用技术的集成、组装、配套，大幅度提高农业科技贡献率和实行生产力发展水平的超常规和跨越式发展战略。具体应以生物技术为主，机械化技术为辅，劳动、技术、资金密集结合，以提高农业经济效益和农民收入为目的的道路，进而提高农业内部吸纳农村劳动力的能力。

（三）推进农业科技创新，开辟农村劳动力就业渠道

推动农业和农村经济结构战略性调整，必须大力依靠科技进步。当前，正是我国农业和农村经济结构战略性调整的关键时期。农业结构调整要适应农业发展新阶段的要求，提高经济效益，实现农业增效和农民增收，农业科技创新是关键。只有大力依靠科技进步，发展特色农业和农产品精深加工，提高农业产业化经营水平，才能全面提高农业和农村经济的整体素质和效益，推动农村社会经济结构转型和产业优化升级，以提高农村劳动力的吸纳能力。

# 第七章

# 农村金融综合改革与反贫困

## 第一节　农村金融发展与反贫困

### 一　农村金融反贫困的含义

农村金融反贫困是指借助金融手段增加农村信贷扶贫资金的供给，进而减少农村微观主体在消费、生产、投资等方面面临的瓶颈约束，其核心是机会均等地向农村地区的弱势群体提供金融服务，尤其是那些被官方金融机构忽视的农村贫困人口和小微企业。

西方发达国家反贫困的历史实践表明，加强农村基础设施建设、提高农民人力资本素质、培育农村特色产业、加大对"三农"的财政投入力度等手段均有助于减少农村贫困人口。不过，减贫工作的开展绝对离不开社会资金的支持，而扶贫资金既可来源于国家公共财政和社会公益基金，也可来自金融部门，但财政扶贫要受限于国家财政实力，其作用往往比较有限；以金融手段反贫困则有助于调动商业性金融机构的积极性，减少国家财政负担，还能满足不同层次的农户及农村中小企业的金融服务需求，有益于改善农村地区信贷分配的不平等，甚至在某种程度上补充或替代了其他扶贫手段。

### 二　农村金融反贫困的运行机制

首先，增长效应主要依赖于农村金融信贷资金的注入和转化。资金、技术、劳动力和土地是制约农村经济发展的重要投入要素。在特定区域内，资本成为制约农村经济发展的主导因素，农村金融则成为反贫困的主要资金来源，具体通过三条路径影响反贫困。一是农村金融促进农村储蓄率的增加，带动农村金融投资率增长，使农村水利、通信、公路等基础设施得以改善。这一阶段主要依赖政府主导的金融机构利用政府贴息贷款和税收优惠等政策工具，为农村反贫困营造良好的发展环境。二是通过农村金融市场的发展作用于农村消费市场，激发农村市场的活跃度，带动贫困农户生活水平的改善，这一阶段作用的前提是政府对农村金融市场政策环境有所优化。三是通过贷款可获得性、金融内生增长提高储蓄率的信贷转化水平，增加贫困农户贷款可获得性，从而增加农户对农业设备的投入和投资高收益农业比重，最终实现减贫目标。（见图7—1）

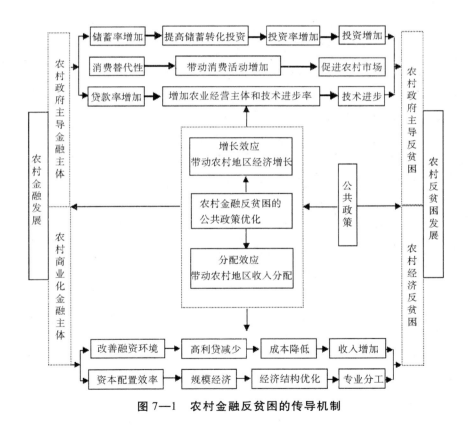

**图7—1 农村金融反贫困的传导机制**

其次，从分配效应来看，农村金融反贫困的运行机制主要依赖于金融发展带动农村专业分工和收入分配。一是促进资本配置效率的改善，使金融成本降低并带来规模经济，从而优化农村经济和产业结构，带动非农产业的发展和农村专业化分工，促进劳动力市场的活跃和增加非农劳动力需求，为农户带来更多就业机会，以增加贫困农户收入来源和减少收入差距。二是融资环境的改善，带动有才能、有激情且有创业意愿的贫困农户获得初始资金，承包土地进行集约化生产，或创办农业企业，从而减少农户对高利贷的依赖，进而降低资金成本。

### 三　农村金融反贫困的方式

#### （一）扶贫贴息贷款

在扶贫资金中有一块资金叫"扶贫贴息贷款"，国家每年从扶贫资金当中拿出一定的比例进行贴息，目前国家 394 亿元专项扶贫资金当中贴息资金有 5.6 亿元，对扶贫龙头企业、农业专业合作组织和贫困农户实行贴息贷款。贴息贷款进行了几次改革，目前所有的银行包括商业界银行只要有积极性，都可以使用贴息，所有的贫困户和贫困地区的龙头企业都可以自主选择金融机构。贴息是有差额的，对于贫困农户贴 5%，对于龙头企业贴 3%，扶贫贴息贷款政策每年引导大约 500 多亿元的贷款用到扶贫开发的项目上。

#### （二）贫困村互助资金

贫困村互助资金属于农村合作金融组织的扶贫措施。由于贫困村、贫困户得到贷款很难，因此在实践中一些地区探索、总结、创造出贫困村互助资金的办法，利用国家的一定的财政投入，贫困村组织一个互助社，由贫困村贫困人口自主报名入社，缴纳一定的会费，用 15 万—20 万元的互助资金进行贫困农户之间的借款和扶贫项目的经营活动。贫困村互助资金是群众在金融贷款难的情况下自己创造出来的一种有效的办法。目前，全国已经有 2 万多个村开展了这项试点，这种试点资金属于自有、自用、自管、自享、周转使用的办法，这不仅解决了贫困农村发展生产的一些小的资金需求，创新了财政扶贫方式，提高了资金使用效率，还培育了贫困农民自身的反贫困能力。

（三）小额信贷

"小额信贷"这个概念最初是从孟加拉国引进的，我国在 20 世纪 80 年代初期，就由国际社会团体或非政府组织自发试点了小额信贷项目，经过多年的试验，中央银行终于在 2000 年准许农信社试点农户小额信用贷款和农户联保贷款，并于 2005 年 5 月开始在欠发达省市推广小额信贷项目。目前，许多组织和社会团体都在开展小额信贷，比如妇联组织开展得就比较好，在甘肃做得很成功。另外，目前规模较大、做得比较规范、发展前景比较好的是中国扶贫基金会搞的小额信贷项目，具有专业性、商业性、政策性相融合的特点，目前已经在全国普遍开展。

（四）农业保险

农业保险就是农业生产者在种植和饲养的过程中，在遭受自然灾害和意外事故造成经济损失时，对这部分经济损失提供保障的保险。农业保险是世界贸易组织允许各国支持农业的"绿箱"政策之一，对提高农民收入和有效分散农业灾害带来的风险来说，是一项重要的经济赔偿措施，它可以将扶贫金融机构无法管理的自然风险以农业保险的形式加以"隔离"，既免除了扶贫金融机构对农业自然风险的后顾之忧，也使扶贫金融机构专注于其所擅长的金融服务工作，从而更大范围地撬动金融资源进入扶贫领域。

## 四　农村金融发展对反贫困的意义

（一）缓解了贫困户发展资金短缺的困难

贫困农民增收渠道不多，收入较低，发展生产的启动资金缺乏，互助社借助国家财政扶贫资金的支持，把农户个体零散的资金特别是闲置的资金集中起来，形成了一定规模的资金量，再按照章程，在本村内将资金发放到有需求的社员手中，使社员能够及时获得资金支持，并互通有无、互相帮扶，有效地缓解了农户生产发展资金紧缺的问题，为贫困户脱贫致富奠定了基础。

（二）创新了扶贫开发模式

扶贫互助基金和互助组织属于新型农村金融机构，它们的建立使扶贫资金的管理使用提高到了一个新的水平，创造出了组织穷人、瞄准穷人、一次投入、滚动发展、互相帮助、效益多样的新模式，为贫困户项目的后续扶持和管理、扶贫资金作用的有效发挥搭建了平台，创新了扶贫开发模式。

（三）提高了贫困户应对市场风险能力

贫困村农户生产大都是传统的分散经营，部分农户由于自身素质和生存环境的影响，不了解市场，不通信息，不懂技术，经营效益低下，严重影响了产业发展、农民增收和扶贫效益的提高。而农村一些新型金融机构有效地改变了贫困农户生产经营个体化的现状。在体制不变的情况下，通过互助社组织的活动，加强了思想交流，促成了信息、资源共享，遇到困难能够得到集体帮助，共同组织起来发展生产，共同应对市场风险，增强了群众自我组织、自我管理、自我发展的能力。

（四）拓宽了农村产业资金投入

农村金融机构为农户提供的资金可以支持农户发展农牧村特色产业，增强了农牧民"借鸡生蛋"的意识，缓解了农牧村发展资金缺少的问题，农牧业产业链条得到延伸，农牧民增收相对有了保障。如 2014 年，试点村农户利用互助资金扶持 60 户牧民发展舍饲养羊，户均增收 1800 元；扶持 100 户农民发展马铃薯制种，户均增收 1200 元；扶持 50 户牧民发展牛羊育肥贩销，户均增收 2000 元。

（五）增强扶贫资金使用的可持续性

由于产业扶贫所需资金量大、贷款风险大，我国一些地区据此结合地方实际情况创新金融扶贫模式——合作金融支持产业扶贫模式。这种模式用财政资金的政策优势和商业贷款的可持续性特点，形成以财政资金做担保，金融机构贷款给农户，贷款合同为还贷款约束的机制，一方面解决了发展产业项目的资金问题，另一方面降低了农户贷款风险，从成本效益角度出发，农户贷款利息可以保证商业银行涉农贷款的效益，农户发展产业不再只依靠政府的单方面扶贫，因为有了致富的信心、政策的支持还有偿还贷款的压力，农户自主性也就提高了，因此即便是财政资金撤出也可以保证扶贫资金的可持续运转。农户的产业发展活动在产业链中既充当了上线又充当了下线，下线部分是由农业产业化企业提供原料和技术支持，上线部分就是将产出成果卖给产业公司，产业公司将产品进行深加工推向市场，这个环节也具有可持续性。

## 第二节　甘肃省农村金融反贫困现状

### 一　甘肃省农村贫困人口及脱贫人口规模

20 多年的扶贫开发极大地降低了甘肃省的贫困发生率，但是，根据各市的贫困人口统计情况，贫困面依然很大，2013 年高于甘肃省平均贫困发生率的地区占所有地区的一半以上。而且剩余的贫困人口分布在自然条件更严酷，社会经济发展水平更低，工作难度更大的地区。未来甘肃省的贫困发生率每降低 1 个百分点，就需要更多的资金投入，扶贫资金的供需矛盾十分突出。（见表 7—1）

表 7—1　　　　　　　　2013 年甘肃省贫困人口及
脱贫人口规模分解表　　　单位：万人、%

| 指标<br>市县 | 农村人口 | 2012 年<br>贫困人口 | 2013 年<br>脱贫人口 | 2013 年<br>贫困人口 | 2013 年<br>贫困发生率 |
|---|---|---|---|---|---|
| 甘肃省 | 2077.97 | 692.19 | 140.19 | 552 | 26.56 |
| 75 个贫困县 | 1996.17 | 686.76 | 139.2 | 547.56 | 27.43 |
| 58 个片区县 | 1647.61 | 621.69 | 122.11 | 499.58 | 30.32 |
| 17 个插花县 | 348.56 | 65.07 | 17.09 | 47.98 | 13.77 |
| 兰州市 | 127.44 | 27.02 | 7.32 | 19.7 | 15.46 |
| 天水市 | 307.76 | 112.17 | 20.09 | 92.08 | 29.92 |
| 武威市 | 154.21 | 45.45 | 9.98 | 35.47 | 23 |
| 庆阳市 | 228.8 | 74.85 | 14.23 | 60.62 | 26.49 |
| 平凉市 | 193.85 | 65.44 | 13.82 | 51.62 | 26.63 |
| 白银市 | 134.07 | 45.29 | 8.23 | 37.06 | 27.64 |
| 定西市 | 265.18 | 97.49 | 13.57 | 83.92 | 31.65 |
| 陇南市 | 246.43 | 110.17 | 26.23 | 83.94 | 34.06 |

续表

| 指　标<br>市　县 | 农村人口 | 2012 年<br>贫困人口 | 2013 年<br>脱贫人口 | 2013 年<br>贫困人口 | 2013 年<br>贫困发生率 |
|---|---|---|---|---|---|
| 临夏州 | 173.29 | 73.36 | 17.26 | 56.1 | 32.37 |
| 甘南州 | 56.26 | 20.61 | 3.49 | 17.12 | 30.43 |
| 酒泉市 | 64.75 | 10.02 | 2.21 | 7.81 | 12.06 |
| 张掖市 | 100.06 | 8.34 | 3.04 | 5.3 | 5.3 |
| 金昌市 | 23.75 | 1.98 | 0.72 | 1.26 | 5.31 |

数据来源：《中国统计年鉴》、《甘肃农村年鉴》。

## 二　甘肃省农村金融发展现状

### （一）农村金融机构发展情况

甘肃省农村信用社是甘肃省银行业骨干力量和农村金融主力军，贷款等主要经营指标连续五年居全省第一位，为甘肃省农村经济社会发展做出了积极贡献。截至 2013 年末，各项存款余额 2358.91 亿元，较年初净增 405.67 亿元，增长 20.77%。各项贷款余额 1674.57 亿元，较年初净增 352.37 亿元，增长 26.65%。中国农业发展银行甘肃省分行 2013 年在甘肃"信贷支农"累放贷款 184.18 亿元，年末贷款余额 460.54 亿元，增长 6.17%。其中，政策性贷款余额 404.52 亿元，占全部贷款余额的 88%，较上年提高了 3 个百分点，为甘肃省"三农"发展做出了积极贡献。中国邮政储蓄银行甘肃省分行是甘肃地区服务覆盖面最广的银行之一，也已成为促进甘肃经济发展、金融稳定与金融创新的一支重要力量。至 2013 年 6 月底，邮储银行甘肃省分行有 586 个网点，网点覆盖全省所有的市县和 60% 的乡镇，拥有 ATM 机 659 台，邮储银行甘肃省分行提供的电话银行、网上银行、手机银行等电子服务渠道，为融通城乡经济、服务广大百姓提供了便利条件。

### （二）新型农村金融机构发展情况

1. 小额贷款公司

小额贷款公司贷款利率高于金融机构的贷款利率，但低于民间贷款利率的平均水平，贷款方式灵活，客户覆盖面大，贷款期限合理，在为农户和小企业提供信贷服务、客户数量和服务覆盖面上有着自身的优势。根据甘肃省政府金融办的统计，截至 2013 年末，甘肃省先后进行了 14 批试点，共批准设立小额贷款公司 513 家，遍布 14 个市（州）的 82 个县（区），注册资本金总计 216.99 亿元。小额贷款公司成了甘肃省金融业不容忽视的重要力量。甘肃省经济基础薄弱，"贷款难"和"放款难"并存，尤其是中小企业和涉农企业融资渠道狭窄，强烈的融资需求给小额贷款公司的壮大提供了广阔的发展空间。统计数据显示，甘肃省中小企业通过自筹和民间借贷获取的资金超过其需求资金的 60%，特别在中小企业设立初期，所需资金主要依靠民间融资，小额贷款公司的出现缓解了这些企业的融资渴求。

2. 村镇银行

村镇银行有助于解决农村地区金融供给不足、竞争不充分等问题，对于形成覆盖全面、服务高效的新型农村金融体系具有重要意义。自 2007 年 3 月 1 日甘肃省首家村镇银行庆阳市西峰瑞信村镇银行股份有限公司获批准成立以来，全省村镇银行蓬勃发展，目前，甘肃省已开业 16 家村镇银行。截至 2013 年 6 月末，甘肃省内村镇银行发放涉农贷款 22.1 亿元，占全部贷款余额的 87.4%。甘肃省村镇银行显现出"公司治理好、风险管控好、金融服务好、经营效益好"的良好态势，成为服务甘肃"三农"的重要生力军，为甘肃经济特别是农村经济的发展注入了新的活力。

3. 村级互助资金社

互助资金，是新阶段财政扶贫资金投入方式的机制创新，是贫困村微型金融的一种模式。政府投入一定额度的财政扶贫资金，用于对贫困户的赠股或配股，同时吸收村民入股扩大互助资金规模，在试点贫困村内由入股村民自我管理、有借有还、滚动使用、发展生产。从 2006 年开始，甘肃省扶贫办安排在 68 个县、351 个贫困村开展了贫困村互助资金的试点工作，这项试点，使贫困村由过去的空壳村变成了拥有村级管理资金的村庄，贫困群众拥有了自己的发展互助金，同时提高了贫困群众自我管理、自我发展的能力，并且是财政扶贫资金扶持方式上的新改革、新举措，在贫困村产业发展中起到了十分重要的作用。

### 三　甘肃省农村金融反贫困现状

#### （一）农业贷款规模不断扩大

表 7—2 给出了 2000—2010 年甘肃省农业存贷款的情况，可以看出，农业存贷款总量有了迅猛增长，2010 年农业存款是 2000 年的 12.7 倍，农业贷款占金融机构贷款余额的比重也在逐年增加，从 2000 年的 7.21% 增加到了 2009 年的 10.09%，这表明金融对"三农"发展的支持力度在不断加强（见表 7—2）。甘肃省银监局公布的数据显示，2012 年，全省银行业金融机构新增涉农贷款 567.32 亿元，较去年同期多增 139.25 亿元，增长 27.45%，高于同期各项贷款增速 2.33 个百分点。2012 年末，涉农贷款余额为 2633.68 亿元，占全省各项贷款余额的 36.69%，较全国平均水平高 10 多个百分点。

表 7—2　　　　　　2000—2010 年甘肃省农业存贷款规模　　单位：万元、%

| 年份 | 农业存款 | 金融机构存款余额 | 农业贷款 | 金融机构贷款余额 | 农业贷款占金融机构贷款余额的比重 |
|---|---|---|---|---|---|
| 2000 | 263501 | 14029346 | 844304 | 11711353 | 7.21 |
| 2001 | 312201 | 16157509 | 991009 | 12683876 | 7.81 |
| 2002 | 380869 | 18063190 | 1201476 | 14698324 | 8.17 |
| 2003 | 436009 | 21296052 | 1444822 | 17277122 | 8.36 |
| 2004 | 494544 | 24823855 | 1595511 | 19073531 | 8.37 |
| 2005 | 518299 | 28958610 | 1759923 | 19234608 | 9.15 |
| 2006 | 623983 | 33169583 | 1995647 | 21120802 | 9.45 |
| 2007 | 995923 | 37471108 | 2037720 | 24036323 | 8.48 |
| 2008 | 1355724 | 47288246 | 2725341 | 27318936 | 9.98 |
| 2009 | 2333667 | 58818151 | 3681724 | 36496153 | 10.09 |
| 2010 | 3349145 | 71153683 | — | 44330455 | — |

资料来源：根据《新中国六十年统计资料汇编 1949—2008》和《甘肃统计年鉴》整理。

（二）金融机构网点增多，服务覆盖面增大

近年来，甘肃省积极引导各金融机构拓展农村金融服务市场，做好对农户"最后一公里"金融服务。截至 2014 年，农业银行、工商银行机构网点已实现县域全覆盖，甘肃银行、兰州银行正在加快推进县域机构网点建设。农村信用社服务网点已实现乡镇全覆盖，并进一步向行政村延伸，目前已建成村级金融便民服务点 2505 个，使得以前城里人才能用到的 ATM 机、POS 机，走进了大山深处。政策性担保公司现已覆盖 58 个贫困县，融资性担保公司实现县域全覆盖。

（三）农村金融创新能力不断提高

2013 年，甘肃省政府与国家开发银行签署金融扶贫开发战略合作协议，5 年内国开行向甘肃省投放扶贫开发贷款 800 亿元，为贫困地区通村道路、人畜安全饮水、农村危旧房改造、异地扶贫搬迁、特色优势产业及棚户区改造等项目提供融资支持。同时，甘肃省充分发挥财政资金"四两拨千斤"的带动作用，以贴息、政策性担保、保险补贴等方式，撬动金融机构积极开展农村金融创新，推出了一批有特色的金融惠农产品。例如，一些小微型农村金融机构创新业务，从事小额贷款到户扶贫工作，贷款对象以妇女为主，并为贷款农户提供生产技术、产品信息等服务，支持农村妇女创业致富。截至 2014 年，甘肃省农村金融机构贷出双联惠农贷款 78 亿元、妇女贷款 79 亿元、牛羊蔬菜贷款 131 亿元、农户小额信用贷款 259 亿元、农耕文明贷款 29 亿元，惠及农民 420 万人次。除此之外，甘肃省林权抵押贷款试点已开展，部分市县针对农村土地承包经营权抵押贷款进行了有益尝试，拓宽了农民融资渠道。

（四）金融扶贫模式呈现多样化

为了加快农村贫困地区经济的发展，甘肃省扶贫部门为贫困村设立了"村级扶贫发展基金"。随着试点村项目的顺利推进，目前，甘肃省已形成三种运行模式的村级发展互助基金：一是以陇西县为代表的村级互助基会协会管理运行模式；二是以徽县为代表的村管委会、中心组、互助小组管理运行模式；三是以东乡县为代表的"村管理、民借用"运行模式。贫困村发展互助资金是创新扶贫模式的现实选择，是为缓解农村金融发展滞后、农民生产资金缺乏、解决贫困农户脱贫致富的突出矛盾而采取的一种特殊扶贫方式。另一方面，甘肃省对新型信贷方式也进行了尝试，构建了以合作性金融为主体的金融扶贫模式，这种新型信贷方式在帮助贫困人口摆脱贫困、走向富裕方面起到了良好的作用，有利于当地经济的发展。

（五）农业保险取得一定发展

2007 年，甘肃省开始实施政策性农业保险，在中央政策和财政补贴的支持下，首先开展能繁母猪保险试点工作，随后逐年增加试点地区和保险品种，甘肃省农业保险发展呈现良好的态势，形成了一定规模。目前，甘肃省农业保险也取得一定的发展，全省农业保险保费收入规模不断扩大。2011 年，玉米、青稞、能繁母猪、奶牛、牦牛、藏系羊 6 个品种，被中央财政纳入农业保险保费补贴范围，甘肃省财政每年还安排专项补贴资金，在多地开展地方特色优势产业品种保险。2012 年，甘肃省政策性马铃薯农业保险启动暨培训会在甘肃省定西市召开，标志着甘肃省政策性农业保险的又一个新品种——马铃薯保险工作在全省范围内正式启动。

# 第三节  甘肃省农村金融反贫困存在的问题

## 一  农村信用社自身存在缺陷，金融服务不到位

随着大型国有商业银行撤出农村地区，农村信用社作为甘肃大部分贫困农村地区金融服务主要甚至唯一的供给者，它在很大程度上决定着农村借贷的利率水平，发挥着主渠道的作用。然而，农村信用社多年来改革未有大的突破，在管理体制上存在严重缺陷，经营活动存在许多问题：①缺乏有效的监督和控制，经营机制和内控制度不健全、抵御风险能力较差；②从业人员素质较差，服务手段落后；③金融服务仍然以传统的存贷业务为主，缺少有效服务于农村贫困人口的机制，产品服务创新能力弱。这使得作为农村金融主力军的农村信用社在农村金融市场上有着明显的局限性，金融服务能力和服务水平长期低下，金融服务不到位，特别是贫困地区中低

收入群体的信贷资金需求无法得到满足。

### 二　村级互助资金会制度在实施过程中存在的问题

首先从数量上来说，目前甘肃省农村互助资金会的数量相对甘肃省农村地区资金严重匮乏的现实情况来说显然是杯水车薪，村级扶贫互助资金的制度安排情况可体现出农户融资需求是否得到了满足，而在村级互助资金制度设计方面做得比较好的村更是屈指可数，比如康县刘家庙村、徽县文池村、渭源县大安乡大涝子村、渭源县五竹镇马铃薯良种繁殖专业合作社、平凉市灵台县蔡家塬村。

从结构上来说，作为制度供给者的政府职能部门村级互助资金会在制度设计方面所持的基本是一个中立的态度，在设计理念、门槛设置、经营管理、风险管理和监管措施等方面都存在制度安排的不合理。一方面，贫困农户多年形成的"等、靠、要"依赖思想以及使用有偿资金和市场经营能力的不足是"村基金"在运作过程中潜在的风险，农户的依赖思想与以"村扶贫互助资金"为载体的有偿使用扶贫资金的方式相悖，对现行扶贫政策中增收项目无偿补贴的方式提出了巨大挑战，对扶贫方式全面向开发式扶贫的转变也是一项巨大的考验。另一方面，"村扶贫互助资金"基本来源于财政拨款，还有很小部分为社会捐赠，来源比较单一，且资金总量与贫困状况不成正比，不能满足贫困村产业发展的需要，从而影响"村级扶贫互助资金"的规模效益。贫困村产业的基础设施建设、农民产业协会，以及专业经济合作组织发育程度较低，影响群众增收项目的效果。因此，在村级互助资金会的制度实施过程中仍然需要不断完善。

### 三　农业保险发展滞后

#### （一）农业保险覆盖面窄，保险深度较低

甘肃省是一个自然灾害频发的地区，农业生产经营面临的自然风险较大，但是甘肃省的农业保险覆盖面和保险深度都比较低，巨大灾害单起事件的保险最高覆盖面不到3%，远低于30%的全国平均水平。甘肃省农业保险所提供的保险产品具有低保额、低收费、

低保障的特点，这是与甘肃省农村地区的实际情况分不开的。考虑到农民的收入较低，经济承受能力弱，有的险种保险金额按初始成本计算，而低收费带来的往往是低保障。同时，为了防范道德风险，提高被保险人责任意识，农业保险的险种都把保险金额规定在保险标的价值的60%—80%，甚至更低。但保险金额和赔付金额太低，会导致农业保险的保障作用无法实现，影响农民投保。农业保险产品承保责任单一，免赔责任范围广，如有很多意外事故并不在赔偿范围内，导致了农民的投保积极性下降。

（二）农业保险的资金来源渠道单一

目前，农业保险基金主要来自于保户缴纳的保险费，而农业保险费率相对于保户的农业收入而言是很高的，投保农业险会导致农户收入持续走低，这种单一的、不稳定的来源渠道也是农业保险实践不成功的主要原因之一。所以，应该在保费来源上进一步拓宽渠道，除了政府补贴外，还可以让有关部门从财政灾情减免款、民政扶贫救灾款、乡村公益金等多方面筹集，尽最大可能减少农民参保费用支出。

## 四　新型金融机构发展相对不足

在已有的大型金融机构在农村金融方面存在局限的背景下，新型金融机构的发展已刻不容缓。村镇银行、小额贷款公司、农村资金互助合作社等新型农村金融机构的建立和发展，在完善农村金融体系、提高网点覆盖率、缓解金融供给不足等方面发挥着重要作用，但都还处于试点阶段，新三类金融机构的审批分属不同部门，致使机构组建难度大，发展明显不足。截至2010年，甘肃省村镇银行只有西峰瑞信村镇银行、平凉泾川汇通村镇银行、武都金桥村镇银行、秦安众信村镇银行、会宁会师村镇银行、静宁成纪村镇银行、民勤融信村镇银行、敦煌金盛村镇银行、正宁县瑞丰村镇银行9家，占全国148家村镇银行的6.08%。小额贷款公司89家，农村资金互助合作社3家，绝大多数县区新型金融机构还是空白。同时，这些新型金融机构多分布在市所在地的城区或离区很近的县城，比如天水的众信村镇银行在秦安县城，平凉汇通村镇银行在泾川县，庆阳的瑞信村镇银行在西峰城区，不能体现村镇银行的"村镇"特色，很好地发挥支农作用。从运行看，目前新型金融机构发展面临着"一低、两缺乏、三受限"的问题。"一低"就是社会认知度低。群众信任国有商业银行、农村信用社等传统金融机构，新型金融机构由于成立时间短、经营规模小、抗风险能力弱，社会认知度低，业务开展比较困难，持续发展受到挑战。"两缺乏"：一是缺乏优惠政策扶持。村镇银行作为新型普惠金融机构，在承担社会责任方面与农村信用社一样担负了服务"三农"和小企业的责任，但不能享受与农信社同样的税收优惠政策，加之处于筹建初期，投资较大，致使经营成本较高，股东预期目标很难实现，扩张经营缺乏吸引力。二是缺乏专业人才。新型农村金融机构绝大部分员工以前很少从事金融工作，专业知识欠缺，操作能力不强，导致风险防范和处置停留在文字性的规章制度上，存在风险隐患。"三受限"：一是发放银行卡受到一定限制。按照规定加入中国银联需入股资金300万元，村镇银行成立伊始资金实力难以承受。二是资金汇划渠道存在阻滞，不能直接加入人民银行大、小额支付系统，汇兑业务主要靠他行代理，无法享受现代支付系统带来的资金汇划便利。三是无法查询信贷征信系统，难以加入反洗钱系统、支票影像交换系统以及反假币信息收缴系统。

## 五　农村资金外流现象严重

随着甘肃省金融改革的逐步深化，金融机构作为有独立利益的市场主体，市场化运作的特征日趋明显。但是，"三农"经济具有高风险、低收益的弱质性特点，主要表现在农业生产季节性强、抵御自然灾害和市场风险的能力差，农户和农村中小企业生产规模小、经营风险大、盈利水平低，加之缺乏必要的担保和抵押品，农村金融面临着较高的违约风险和较大的经营管理成本。在对农村金融的利益补偿和风险分担机制不完善的情况下，金融资本逐利的本质和风险控制要求与农业弱质性的矛盾无法协调，不能形成农村的资金"洼地"，造成了农村资金的大量外流，加剧了农村地区的资金"贫血"。

# 第四节　促进甘肃省农村金融
# 反贫困的建议

农村金融服务要坚持服务"三农"的基本原则，重点突破制约农村资金融通的瓶颈，推动农村金融的有效供给和有效需求同步增长，推动农村经济社会又好又快发展。目前甘肃省农村金融对反贫困的作用还远远不够，存在的问题已经严重影响到甘肃农村经济的发展。要让农村金融更好地服务扶贫开发，首先要解决甘肃省农村金融反贫困中存在的问题。

## 一　完善农村金融扶贫瞄准机制

机构的贷款对象是其认为能够对贷款资金提供担保、到期保证能够还款的贷款户。金融机构在发放贷款后还会对贷款户的贷款用途、收入情况进行及时监测，以防止还款风险的发生。近年来政府出台各项金融支农政策，努力使金融资金流向农村、流向农户。由于农业产业发展周期等原因，金融机构涉农贷款面临的还款风险较大，因此，甘肃省金融扶贫要扩大瞄准内容，提高扶贫资金使用效率，扩大资金的覆盖面。一方面金融机构要积极开发相应农业信贷产品，政府可引导金融机构因地制宜地开发各种农业政策性信贷产品，这样既能使贫困户贷到贷款，又能保证金融机构贷款本息的收回，还能够提高农户发展生产的积极性；另一方面金融机构可以瞄准农户在生产中可能发生的风险，开发与金融信贷产品配套的保险产品。考虑到商业性保险费用较高，农户不一定能够承担生产成本以外的费用，政府可以引导金融机构开发将金融贷款与政策性保险相结合的金融扶贫贷款模式，这样同时实现了真正需要贷款发展生产的农户取得贷款的可能和银行的成本收益原则。

## 二　建立农村资金回笼激励机制

农村资金外流是制约"三农"发展的瓶颈，构建资金回流的有效机制，是对"三农"实施必要的扶持和保护的关键环节：一是建立资金回流农村的财政投入机制，不仅要增加财政支农资金总量，而且要提高财政支农资金在总支出中的比重，形成国家支农资金稳定增长的机制，加大对农村地区的"输血力度"；二是建立资金回流农村的杠杆激励机制，即综合利用税收、利率、存款准备率等优惠政策引导商业金融机构进入农村金融市场。如对涉农贷款比例较高的农村金融机构制定更为优惠的存款准备金政策、更为灵活的利率政策、增加贷款等；三是鼓励各政策性、商业性、合作性金融机构优化资金配置机制，做大、做多、做强农村金融服务。

### 三　继续深化农村金融机构改革，完善多层次的农村金融服务体系

（一）强化政策性金融机构支农力度

在甘肃农村金融体系中，作为政策性银行的甘肃农发行，要充分发挥政策性银行的功能，在配合财政政策支持的同时，积极选择与商业性金融机构互补的领域，拓宽支农范围。省农发行要坚持"政策扶持、保本微利"的原则，拓宽业务范围，将支持重点从流通领域扩展到生产领域，扩大生产环节方面的贷款支持力度。农村产业结构优化升级是当今农村经济发展的必然趋势，也是提高农民收入，促进农村发展的重要手段。因此，农发行的业务范围应该随着农业产业结构的升级不断进行调整，以适应农村经济发展的需求。积极投放农村基础设施建设，加大农业科研投放力度，培养高科技农业人才，积极引进先进的农业技术，发挥其促进农业发展的职能，鼓励开办农村基础设施建设贷款、农业综合开发贷款、粮食生产专项贷款以及扶贫贷款等公益性业务，形成与商业性金融的有效互补，确保持续、健康、有效的农村金融投资。

（二）农业银行应发挥自身优势大胆创新，拓宽业务领域

商业银行在农村经济发展中发挥着重要的补充作用，甘肃省农业银行要发挥金融支农的传统优势，结合股份制改革和市场定位的调整，不断改进经营机制，加大对"三农"的支持力度。虽然农业银行已经转变为商业银行，但与另外三家国有商业银行相比，在城市商业银行领域竞争力不强，相反，在农村金融领域积累了雄厚的

基础，沉积了庞大的业务经验、成熟的信贷技术，因此，可以利用其自身发展的特点和要求，充分发挥其传统的特色优势，巩固和壮大自己在农村的金融地位。随着国家对"三农"发展的重视和大力支持，经济较发达的县域和乡镇极有可能成为经济发展的新的增长点，农业银行应独立调整经营思路和经营战略，重新定位，创新机制，积极选择和开拓新的业务领域。根据不同地区的差异，联系当地实际情况，逐步调整措施，因地制宜地选择不同的支持策略。选择一些有市场开发潜力和需要发展而缺乏资金支持的领域进行投资，带动农业产业化经营的发展，积极发挥其规模效应，以辐射其周边的广大农村地区，进而提高自身的份额，壮大自身的发展。此外，农业银行在加快自身发展的同时，要有相应的机制创新以适应新农村建设，服务于城镇化和拥有新产品的小型和中小型乡镇企业，以达到双赢。

（三）继续发挥农村信用社支农主力军作用

甘肃省农村信用社在支持农业产业发展、促进农村经济增长、提高农民收入方面发挥着重要作用。农村信用社要不断完善法人治理结构，加快经营机制和业务创新的步伐，充分发挥其在农村金融中的主力作用。首先，农村信用社要因地制宜，根据当地的经济水平以及农村金融发展状况对农信社进行改革，建立与农村金融需求相一致的农村信用社管理机制，利用自身强大的客户资源优势不断开拓农村地区的多元化金融服务。其次，农村信用社要积极探索、创新机制，协调地方政府加大行政、法律清收力度，切实整肃信用环境，根据具体问题，采用灵活、合规的途径，多渠道地积极化解；同时建立新增不良贷款的清收机制，提高资金使用效率。再次，农村信用社要坚持把加大改革创新力度作为提高发展质量的动力。应深入研究甘肃农村金融市场，广泛深入开展支农服务方式创新，积极满足扩大农村消费和发展现代农业的金融需求，探索开展农村宅基地使用权、土地承包经营权和林权抵押贷款业务，扩大担保抵押范围。加大金融产品研发力度，探索出适合信用社业务发展的新产品。以科技创新增强核心竞争力，逐步建立业务管理平台、自助服务平台、网上银行和移动银行系统，不断提高科技应用水平。最后，国家对农村信用社在政策上应予以扶持，主要包括财政补贴、资金支持、税收优惠和利率政策。政府应该对农信社有适当的财政拨补和税收减免；人民银行可以安排专项票据或专项再贷款予以资金支持；国家可以允许农村信用社贷款利率灵活浮动。总之，农村信用社只有不断地深化改革，积极创新，才能在支持农村经济发展、提高农民收入中发挥其应有的作用。

（四）邮政储蓄依托网络优势，积极发展涉农贷款业务

邮政储蓄拥有得天独厚的网络优势，所提供的基础性金融服务已深入人心，储蓄网点有55%以上分布在县及县以下农村地区，特别是在偏远地区，邮政储蓄是当地居民唯一可获得的金融服务。因此，甘肃省邮政储蓄银行要从服务"三农"的大局出发，调整市场定位和发展战略，加强与政策性银行和农村合作金融机构的全面合作，大力发展小额贷款、消费贷款、小额信用贷款、个人经营贷款、农业小企业贷款等新品种，面向广大农村居民、乡镇企业，在更大范围内满足多样化的"三农"金融服务需求。在产品设计、风险控制等方面探索尝试，针对农村地区传统抵押物比较缺失的突出矛盾，科学创新，广泛采用农户联保、农户保证方式，积极探索林权质押、农房抵押、设备抵押等非传统抵质押担保方式，并与专业农业担保机构开展业务合作，大力发展小额贷款业务，有效服务县域经济发展的涉农零售贷款业务，满足小规模农业生产经营者的融资需求，提升业务服务的广度与深度，大力发展农业，有力支持社会主义新农村建设。

## 四 充分利用民间资本推进新型农村金融机构发展

要充分利用民间资本进一步发展村镇银行、小额信贷公司、农户互助信用社等新型农村金融组织，缓解农村金融服务不足的矛盾，提高农村金融服务覆盖率，鼓励新型农村金融组织在农村设立机构，延伸服务。要积极创造条件、制定政策、鼓励新型农村金融机构和其他金融机构在完善县域机构网点的同时，积极向乡镇乃至村设立有形或无形的金融服务网点，延伸金融服务的广度和深度。规范和引导民间资本，适当发展农村互助性金融组织和互助性担保

组织，逐步完善农村金融组织体系，形成更加完善的农村金融服务网络和体系，以强大的金融力量撬动农业和农村经济发展，做到"多层次，广覆盖，可持续"。应放宽农村金融市场机构准入，让民间机构、企业进入，形成竞争的市场格局。下大力气培育农村中小金融机构，支持民间资本在农村发起成立村镇银行，对符合条件的只存不贷的小额贷款公司抓紧改制为规范的村镇银行。大力发展壮大农村互助担保组织，积极拓展符合农村特点的担保业务，缓解农村贷款担保难的问题。

### 五　加快农业保险发展

#### （一）增强财政扶持力度

政府积极的政策性运作是农业保险得以发展的重要保证。农业政策性保险就是由政府来主导农业保险的供给，政府把农业保险作为一项特殊的准公共物品给予经营性补贴和其他扶植，并负责提供或指定机构经营。各级政府要按照 WTO 规则所允许的"绿箱"政策，实行倾斜政策，加大投入力度，建立农业保障机制，强化农业防灾补损的职能，提高农业抗御自然灾害的能力。鉴于农业保险对农业生产经营的重要作用，财政应对农业保险经营主体实行财政、税收方面的支持。具体可考虑：①免除经营种植业、养殖业的经营主体和农业保险经营主体的营业税和所得税；②用财政资金补贴农业保险业务费率或直接补贴经营主体，增加经营主体准备金积累，降低保险费率，提高农民的保费支付能力；③增加农业贷款，放宽农民贷款的条件，以增加经营主体的资金实力。

#### （二）扩大农业保险品种

甘肃省开展农业保险的品种与甘肃省多种多样的农作物品种相比还是很少的，可见已开展农业保险试点的品种较少，很多地区还没有开展农业保险。在岷县特大冰雹山洪泥石流灾害中，死亡大牲畜 6.3 万头（只），直接经济损失 68.4 亿元，但是其中只有死亡超1000 头的能繁母猪有政策性农保险，而以中药材为主的该县却没有把中药材纳入农业保险范围。因此，政府应加大力度鼓励和支持更多的商业性保险公司投入到农业保险中来，增加农业保险品种，增加农业保险的覆盖面积。加强农险投入力度，拓展试点范围，扩大参保险种，积极稳妥地推进政策性农业保险。

（三）完善农业保险制度

要建立起农业保险风险转移机制，有效分散农业保险风险，提高农业保险对农村经济的社会保障能力和农业经济灾后恢复生产的能力。通过政策引导和财政补贴，选择部分产品和部分地区率先试点，充分发挥商业性保险公司的作用，促进农民参与农业保险的积极性，推动农业保险的发展，提高农民抗御风险的能力，切实保护农民利益，使农村经济与农业保险形成良性循环。

（四）加大农保宣传力度，培养农保人才

农业保险作为社会福利政策和经济政策的一部分，对于增加农民收入、维护社会稳定、促进社会和谐将会发挥越来越重要的作用。各级各有关部门要充分利用一切舆论工具，针对农民保险意识淡薄的实际，采取农民可以理解和接受的方式，加强农业保险作用的宣传，提高农民的风险意识，引导农民认识到农业保险是保农、促农、转移分散风险的重要途径，建立起保险公司和客户之间的亲和感、信任感，使农民真正积极主动地参加农业保险，提高农业保险的覆盖面和参保率，推动农村保险更快更好地发展。

保险人数每年都在大量增加，由于农业保险缺乏专业人才，遇到多起理赔事件时，人员上往往捉襟见肘；同时由于专业知识有限，理赔过程耗时太长，这样既无法提高业务质量，又影响经营范围的扩大和业务水平的提高。因此，要发展农业保险，首先要认识到培养专业化农业保险人才的重要性，加强保险从业资格管理，开展多种形式的保险职业培训，加快培养专业化的农业保险人才，积极吸纳优秀人才进入农业保险人才队伍中，同时对在岗农业保险员工进行专业化知识的培训，以高素质的业务人才为广大农户提供优质高效的保险服务。

# 第八章

# 能力建设与反贫困

## 第一节　能力建设的内涵与反贫困的意义

### 一　能力建设的内涵

著名经济学家阿玛蒂亚·森指出，狭隘的发展观包括发展就是国内生产总值（GDP）增长、或个人收入的提高、或工业化、或技术进步、或社会现代化等等的观点。他批驳了这种仅仅以 GDP 或人均 GDP 的增长来衡量发展的狭隘观点，并将发展范式由促进经济增长转变为扩展人们的能力。森认为经济增长与经济发展是两个不同的事物：第一，经济增长只意味着 GDP 数量方面的提高，是一个经济存量，并没有涉及分配等个人福利方面的问题。第二，经济增长与经济发展是两个不同的概念，增长意味着生产更多的物品，经济发展则包含着拓展人们的能力，以及提高人们的预期寿命、文化水平、健康及教育水平，增长只能作为发展的一个工具或发展的一个方面。第三，人类潜能的开发是经济增长的终极目标，发展中国家经济的成功应根据其日益增长的识字率、预期寿命来评判，而不是根据收入水平的增长来评判。第四，发展应该是拓展自由的一个过程。虽然国民生产总值或个人收入发展需要通过适当的制度安排来实现，但是经济的、社会的、政治的制度设计不仅要促进经济的繁荣，还要促进民主化，增强社会透明度和社会保障力度，因此只有全面的制度设计才有多维度的个人自由，自由视角下的发展才成为可能。

　　综上所述，森的能力建设观具有以下重要特征：第一，发展是"以人为本"为宗旨的，他认为在经济发展中有两个重要因素：①基本能力、生活质量以及不被剥夺的重要性；②伴随着教育水平的提高、健康状况的改善、基本自由促进的经济增长，才可以提高人们的生活质量。因此，森研究发展的方法是一种以人为本的方法，发展要以人为中心，人是发展的最终目的，社会上的一切都是为人服务的。人类发展的历程将会证明，伴随着人们权利和自由的拓展，人们享有他们所期望的生活，进而使得他们的生活质量和能力得以不断提高。第二，以能力和自由为衡量标准。森坚持不懈地认为：发展的目标是人类可行能力的扩展，即给人们以自由去做他们认为有价值的事情。对人类来说，具有本质重要性的是人们所过的生活而不是他们所消费的物品。根据森的观点，过一个相当好的生活有三点是最基本的：健康、教育、资源占有。

　　能力建设，一是"源开发能力的培育"；二是"要采取有效的措施，把人力资源转换和提升为一种能力"。前者是指"开发能力"，可以分微观和宏观两个层面，微观的开发能力是个体人力素质的形成及其潜能的发挥，宏观的开发能力则是整个社会的人力资源结构要和社会、经济和科技发展相适应，最终实现人的全面发展。后者指的是"转换能力"，主要是围绕为人力资源能力发挥创造一个创新的体系，便于人力资源转换为现实的生产力，推动社会的进步。"能力建设，是一个含义丰富的概念，不仅指人的一般能力的提升，还包括一个民族、一个国家能力容量的扩展。"

　　当今世界经济的发展逐步由依靠传统的资本、劳动力等基础性生产要素投入为主向以知识、信息、技术、专门化的人力资本等生产要素投入。一般来说，人力资本在一个国家的总财富中所占的比重在70%左右，发达国家甚至更高。因此，人力资源开发和能力建设直接关系到一个国家经济发展和国际竞争力的提高，是新一轮社会财富积累的核心。人的能力建设标志着"人本管理"向"能本管理"的转变。以人为本的关键是人的能力，即人可以在管理过程中作用于物的力量，或者说是能力资源。因此，以能力为本的"能本管理"，是更高阶段、更高层次和更高意义上的人本管理，是人本管理的新发展。所谓能本管理，就是以人的能力作为管理的对象和管理的核心，提倡能力本位，建立起以能力为核心的价值观。而能力建设正是基于提高人的能力的目的，通过各种行之有效的方法，最大限度地发挥每个人的能力，从而实现能力价值的最大化，并把能力这种最重要的人力资源通过优化配置，从而推动社会全面进步。加强能力建设，有利于更好地贯彻"人才资源是第一资源"，推动经济快速发展。人力资源在创造社会财富的过程中已经逐步超越物质资本，成为第一资源。人力资源是一种特殊的资源，具有灵魂力、意识力、推动力、创造力，并能支配、利用其他资源的关键性资源。从这个角度讲，创造和应用知识、信息的能力与效率已经成为一个国家竞争力的主要因素，加强人力资源能力建设有助于经济的快速增长，提高企业和国家的竞争力。

加强贫困地区群众能力建设对目前我国反贫困具有更为特殊的意义。首先，我国农村人口比重大，贫困人口多，要迎接信息化和全球化经济的挑战，必须全面提高贫困者素质，把沉重的人口负担转变为人力资源优势；其次，目前我国仍属于发展中国家，经济欠发达，产业多处于初级产品供应水平，我们必须从人的能力建设方面下功夫，把人口大国变为人才强国，加强能力建设对于目前连片地区的反贫困具有特殊的战略意义。

## 二　能力建设对甘肃反贫困的重要意义

能力建设就是让一个人运用所学知识、技能，获取社会资源、利用社会资源，实现自身价值的能力。贫困人口与非贫困人口最大的差别就是健康状况与教育状况的差别，甘肃贫困人口最典型的特征表现为体弱多病、文盲半文盲，或者身强体壮但缺乏生存技能。自我发展能力建设就是通过一些具有针对性的项目和政策措施，恢复贫困人口失去或被剥夺的基本能力，使贫困人口与社会其他成员一样，能够获得受教育的机会、生计资源、社会参与机会和良好的健康状况。

（一）能力建设是反贫困的核心和关键

我国农村贫困人口从 1978 年的 2.5 亿减少到 2012 年的 2688 万

（按 2010 年标准），扶贫成效举世瞩目。但在 2003 年出现反弹，新增 80 万贫困人口。2004 年虽然新增脱贫人口 300 万人，但主要归功于国家实施粮食直补、税费改革等政策性措施，这些措施使一部分徘徊在贫困线以下的人口得以脱贫。当前扶贫开发工作及其成效之所以不如"八七扶贫计划"，最主要原因是剩余贫困人口素质进一步降低，严重缺乏自我发展的生存能力。到 2010 年，甘肃省 6 岁及以上人口受教育年限 7.17 年，低于全国平均水平 11 年，从未上过学的人口比重为 15.86%，高出全国平均水平 8.36 个百分点，15 岁及以上人口一般文盲率为 17.77%，高出全国平均水平 10 个百分点。甘肃省贫困地区农村劳动力中具有小学以下文化程度的比例高达 52%，受到一定专业技术教育的劳动者人口比例仅为 1%，文盲半文盲占 20.2%，第一产业文盲率为 20.46%，几乎囊括了所有的文盲和半文盲，第二产业有 67.39% 的劳动力是初中及以上文化程度，第三产业有 68.20% 的是初中及以上文化程度。与全国相比，文盲、半文盲劳动力相对较多，高出全国近 10 个百分点，严重影响了科学技术在贫困地区的推广进程和农产品科技含量的进一步提高。对这部分人群进行扶贫，难度是超乎寻常的。也正因为如此，贫困人口自我发展能力建设显得尤为重要。

（二）能力建设是提高贫困地区人口素质的途径

农业生产条件的改善、新技术的推广，最终需要人来应用和操作。那些具有一定文化素质、善于吸取新信息、新技术的群体，很容易从中获取收益，改善收入状况和居住条件，从而脱贫致富。对于甘肃省文化素质相对较差的贫困群体而言，从中受益的难度大、机会少，只有提高这部分群体的自我发展能力，才能够根本改变其弱势地位，提高其生存技能。

（三）能力建设是建设和谐社会的基础

甘肃受长期城乡分离政策的影响，人口不能在城市和乡村之间自由流动，而乡村人口被禁锢在土地上，以土地为生存基础和保障。固守土地，从事农业耕作劳动，对劳动力文化水平、身体素质等要求相对较低，这种旷日持久的人口社会分工，是造成人口素质低下的制度基础。在计划经济时代，由于城市就业制度和社会福利拒绝农村人口分享城市福利，甘肃农村还能够保留相当部分人才资源，还有许多土专家、技师等农村能人支撑农村发展。在市场经济规律发挥作用的时代，由于生产要素对利润的追逐和发达地区的巨大聚集能力，大量生产要素从贫困地区、边缘地区、落后地区涌出，致使甘肃贫困地区不仅面临资金、技术的短缺，而且人才资源的流出，使贫困地区人口素质越来越低，特别是农村人口，素质越来越差，贫困地区农村与城镇之间、贫困地区与发达地区之间，人口素质的二元化更加明显。另一方面，甘肃大量农村贫困农户子女受教育的机会在减少，辍学现象增多，能够完成义务教育并继续深造的贫困农户子女数量减少。来自统计局农调队的资料显示，贫困农户中7—12岁儿童在校率为90%，13—15岁儿童在校率是80%；其中连续两年贫困户7—12岁孩子在校率为86%，13—15岁儿童在校率为73.7%。这就意味着，在贫困家庭中，今后1/10以上的孩子可能成为下一代的新文盲，将来要帮助这部分人摆脱贫困可能要花几倍甚至几十倍的人力和物力。

（四）能力建设与内源扶贫是防止返贫的根本保障

甘肃的扶贫经历了从"输血"到"造血"的转变，相应扶贫政策和策略的重点也发生了改变。导致政策改变的原因就是一些地方对扶贫工作中的"输血"与"造血"在认识上存在着误区，缺乏有效措施，致使不少脱贫农民重又返贫，让人为之遗憾，所以扶贫对象的能力建设和内源扶贫是防止返贫的根本保障。归根结底，还是贫困地区民众缺乏内源式增收机制。这个道理很好解释，就是在相关扶贫政策主导下，在一定时期内我们的扶贫效果可能会较为显著，但若是内源产业带动型收入相对缺乏，就会导致低收入农户（即"贫困户"）收入过于依赖转移收入和外源收入，很容易滋生"返贫"怪象。所以，越是到扶贫攻坚期，就越要立足于低收入农户自身条件，寻求实现内源增收。做好智力和农村资源对接更堪称内源式扶贫的关键一环，只有增强农民的自身内援增收能力，才能从根本上防止返贫"怪象"的发生。

## 第二节　甘肃省贫困地区能力建设现状

### 一　全国能力建设现状

为进一步提高贫困人口素质，增加贫困人口收入，加快扶贫开发和贫困地区社会主义新农村建设，构建和谐社会的步伐，国务院扶贫开发领导小组办公室决定在贫困地区实施"雨露计划"。作为新阶段扶贫开发工作的重要内容之一，"雨露计划"以政府主导、社会参与为特色，以提高素质、增强就业和创业能力为宗旨，以中职（中技）学历职业教育、劳动力转移培训、创业培训、农业实用技术培训、政策业务培训为手段，以促成转移就业、自主创业为途径，帮助贫困地区青壮年农民解决在就业、创业中遇到的实际困难，达到发展生产、增加收入，最终促进贫困地区经济发展的目的。"雨露计划"的全面实施，标志着我国的扶贫开发工作由以自然资源开发为主阶段，发展到自然资源开发与人力资源开发并举的新阶段。"十一五"期间，通过职业技能培训，帮助500万左右经过培训的青壮年贫困农民和20万左右贫困地区复员退伍士兵成功转移就业；通过创业培训，使15万名左右扶贫开发工作重点村的干部及致富骨干真正成为贫困地区社会主义新农村建设的带头人；通过农业实用技术培训，使每个贫困农户至少有一名劳动力掌握1—2门有一定科技含量的农业生产技术。

十年来，我国各级各类职业院校毕业生达7265万人，职业教育对我国主要劳动人口平均受教育年限增长的贡献率为21%，为经济建设做出了突出贡献。中职毕业生初次就业率连续六年达95%以上，近三年高等职业学校毕业生半年后就业率平均为87.6%，平均月收入为2171.3元，两者均处于持续上升状态。目前，9%的中职生和20%的高职生享受国家资助，中高职分别占据高中阶段教育和普通高等教育的"半壁江山"。

根据全国第六次人口普查，大陆31个省、自治区、直辖市和现役军人的人口中，具有大学（指大专以上）文化程度的人口为

119636790 人；具有高中（含中专）文化程度的人口为 187985979
人；具有初中文化程度的人口为 519656445 人；具有小学文化程度
的人口为 358764003 人（以上各种受教育程度的人包括各类学校的
毕业生、肄业生和在校生）。2010 年同 2000 年第五次全国人口普
查相比，每 10 万人中具有大学文化程度的由 3611 人上升为 8930
人；具有高中文化程度的由 11146 人上升为 14032 人；具有初中文
化程度的由 33961 人上升为 38788 人；具有小学文化程度的由
35701 人下降为 26779 人（见表 8—1）。大陆 31 个省、自治区、直
辖市和现役军人的人口中，文盲人口（15 岁及以上不识字的人）为
54656573 人，同 2000 年第五次全国人口普查相比，文盲人口减少
30413094 人，文盲率由 6.72% 下降为 4.08%，下降 2.64 个百分点。

表 8—1　　　　**全国每 10 万人中具有各文化程度的人**　　　单位：人、%

| 年份 | 2000 | 2010 |
|------|------|------|
| 大学文化 | 3611 | 8930 |
| 高中文化 | 11146 | 14032 |
| 初中文化 | 33961 | 38788 |
| 小学文化 | 35701 | 26779 |
| 文盲率 | 6.72 | 4.08 |

资料来源：《第六次普查公报》。

到 2010 年底，国家扶贫开发工作重点县 7—15 岁学龄儿童入学
率达到 97.7%，接近全国平均水平；青壮年文盲率为 7%，比 2002
年下降 5.4 个百分点，青壮年劳动力平均受教育年限从 2002 年的
7.1 年提高到 2010 年的 8 年；农民人均纯收入从 2001 年的 1276 元
增加到 2010 年的 3273 元。

**二　甘肃省贫困人口能力建设现状**

贫困人口自我能力建设内容包括：贫困人口文化素质和生计能
力建设，贫困人口获取社会资源和参与社会决策能力、市场参与能
力、信贷资源获取能力、家庭财产与资源管理分配能力、健康教育

与儿童抚养能力、社会就业参与能力等的建设。同时，贫困人口自
我发展能力建设更是社会公平的体现，需要消除、拆掉阻碍贫困人口
获取自我发展能力的体制和制度障碍，消除对贫困人口的社会偏见。
甘肃省制定的"1236"扶贫攻坚计划要求做到以提高基本素质为突
破口，通过加大农业适用技术培训和农技推广，有针对性地开展多种
劳务技能培训，巩固义务教育成果，使贫困地区孩子接受良好的义务
教育。对贫困家庭子女高中阶段、大专以上职业技术教育实行政府
资助，培养能够改变个人和家庭命运的具备较高素质的劳动力，下
功夫帮助贫困群众"拔穷根"。通过对贫困地区人口素质的提高来
提升他们的能力，这对于贫困地区的脱贫致富有着深远的意义。

　　为了进一步加强甘肃省贫困地区农村劳动力转移培训工作的管
理，规范项目的组织实施，根据国务院扶贫开发办公室《关于加强
推进贫困地区劳动力培训，促进就业工作的通知》、《关于在贫困地
区实施"雨露计划"的意见》、《贫困青壮年劳动力转移培训工作
实施指导意见》和甘肃省人民政府《关于进一步加强农村劳动力转
移培训工作的意见》精神，结合《甘肃省贫困地区农村劳动力转移
培训补助资金管理办法（试行）》，特制定了《甘肃省贫困地区
"雨露计划"实施细则》。扶贫资金资助的培训对象是居住在58个
贫困县区域范围内且符合以下条件的贫困农民：年龄在16—40周
岁，具有一定的文化基础（初中毕业），有转移愿望和符合用工单
位条件的劳动力。对初中毕业后未考入高中，高中毕业后未考入大
中专院校的"两后生"和退役士兵优先资助。总体目标是每年培训
转移贫困户劳动力10万人左右。具体目标是："培训一人，输出一
人，就业一人，脱贫一户。"保就业率达到90%以上，稳定率达到
85%以上。计划每年培训转移人数10万人左右。

　　根据全国第六次人口普查，全省常住人口中，具有大学（指大
专以上）文化程度的人口为1923250人；具有高中（含中专）文化
程度的人口为3244607人；具有初中文化程度的人口为7982787
人；具有小学文化程度的人口为8313040人（以上各种受教育程度
的人包括各类学校的毕业生、肄业生和在校生）。2010年同2000
年第五次全国人口普查相比，每10万人中具有大学文化程度的由

2665 人上升为 7520 人；具有高中文化程度的由 9863 人上升为 12687 人；具有初中文化程度的由 23925 人上升为 31213 人；具有小学文化程度的由 36907 人下降为 32504 人。全省常住人口中，文盲人口（15 岁及以上不识字的人）为 2222734 人，同 2000 年第五次全国人口普查相比，文盲率由 14.34% 下降为 8.69%，下降 5.65 个百分点。（见表 8—2）

表 8—2　　　　　　甘肃省每 10 万人中具有各文化程度的人数　　单位：人、%

| 年份 | 2000 | 2010 |
|---|---|---|
| 大学文化 | 2665 | 7520 |
| 高中文化 | 9863 | 12687 |
| 初中文化 | 23925 | 31213 |
| 小学文化 | 36907 | 32504 |
| 文盲率 | 14.34 | 8.69 |

资料来源：《第六次普查公报》。

甘肃省贫困地区人口增长率由 1986 年的 20% 下降到 2010 年的 10% 左右；办学条件明显改善，适龄儿童辍学率下降到 6.9%；到 2010 年，国家扶贫开发工作重点县 7—15 岁年龄段儿童在校率由 91.0% 提高到 97.7%，接近全国平均水平；文盲、半文盲率由 15.3% 下降至 10.3%，大专及以上文化程度的劳动力的比例由 0.2% 增至 1.3%。到 2010 年甘肃开展科技培训 168.9 万人，劳务培训 419 万人，完成"两后生"培训 10.5 万人。2007 年底甘肃省贫困地区 7—12 岁儿童入学率为 97.19%，比 1986 年的 87.63% 提高了 9.56 个百分点；13—15 岁儿童入学率为 94.25%，比 1986 年的 80.77% 提高了 13.48 个百分点。7—15 岁儿童失学率为 4.08%，比 1986 年的 7.13% 下降了 3.05 个百分点。（见表 8—3）

表 8—3　　　　　　甘肃省贫困地区人口能力建设基本情况　　　　单位：%

| 年份 | 1986 | 2010 |
|---|---|---|
| 7—12 岁儿童入学率 | 87.63 | 97.19 |

续表

| 年份 | 1986 | 2010 |
|---|---|---|
| 13—15 岁儿童入学率 | 80.77 | 94.25 |
| 7—15 岁儿童失学率 | 7.13 | 4.08 |
| 7—15 岁儿童在校率 | 91.0 | 97.7 |
| 文盲、半文盲率 | 15.3 | 10.3 |
| 大专及以上文化程度的劳动力比重 | 0.2 | 1.3 |

2009 年全省 6 岁及以上人口受教育年限为 7.17 年，低于全国平均水平 1.1 年，从未上过学人口比重为 15.86%，高出全国平均水平 8.36 个百分点，15 岁及以上人口一般文盲率为 17.77%，高出全国平均水平 10 个百分点。

表 8—4　　　　　　2009 年甘肃与全国教育对比　　　　单位：年、%

| | 甘肃 | 全国 |
|---|---|---|
| 6 岁及以上人口受教育年限 | 7.17 | 8.27 |
| 15 岁及以上人口一般文盲率 | 17.77 | 7.77 |
| 从未上过学人口比重 | 15.86 | 7.50 |

由上可知，甘肃整体的能力建设现状相比全国来说差距还是很大的，贫困地区与全国的差距更大，特别在教育这一方面，甘肃的文盲率甚至还高于十年前的中国平均水平，甘肃的文盲大多集中于贫困地区，所以甘肃贫困地区在能力建设上还有很长的一段路要走。

## 第三节　提高甘肃能力建设的政策建议

目前贫困地区扶贫攻坚工作已由"输血"工程转变为内源扶贫的"造血"工程，关键是加强贫困地区能力建设。2012 年底，甘肃省仍有贫困人口 692.2 万，占农村人口的 33.2%，贫困发生率位居全国第二。贫困地区能力建设存在人力资本投资不足、积累相对落后、劳动力技能不强、就业渠道不畅、自主创业能力薄弱、文化创新能力不够等问题。相应对策是进一步提高贫困地区政府治理贫困能力、农民自我发展能力、自组织能力、自主创业能力，加强非营利组织内源扶贫等。

### 一　提高贫困地区政府治理贫困能力

（一）提高政府治理贫困的制度设计能力

将贫困地区脱贫致富纳入政府绩效考核指标，评价政府治理贫困的制度设计能力，包括中央转移支付、地方经济发展与产业规划、地方政府资源分配、农民家庭及个人能力提升、社会性非营利组织参与等，形成贫困治理综合制度效应。

（二）提高政府治理贫困的制度实施与改进能力

建立贫困治理效应评价指标体系，适时评价制度实施结果，及时改进制度缺陷，解决实施中出现的新问题，形成治理贫困长效机制。

（三）进一步优化贫困地区干部选拔及评价机制

干部队伍建设是治理贫困的关键。第一，要破除贫困地区干部队伍的"贫困地区特征"：理念保守、创新不够，整体结构有待完善，整体综合素质有待提高，治理机制不健全等。第二，要构建以能力发展为主的贫困地区干部绩效评价机制，以理论创新和机制创新为先导，拓宽选拔渠道，科学选拔干部队伍，加大激励保障和管理技能培训，完善治理结构。第三，建设大学生村官长效工作机制。将贫困地区大学生村官纳入基层公务员体系，形成大学生长效工作机制，提高贫困地区农村基层政府工作队伍的整体素质。第四，加大大学生贫困地区就业扶持力度。制定大学生贫困地区就业奖励与扶持具体办法，对符合条件的大学生，给予生活津贴、项目经费，优先分配廉租房等；提供大学生贫困地区就业"持续服务"，为绩效优秀的贫困地区就业大学生提供专门的晋升空间和渠道。

（四）进一步完善劳动力市场

大力实施就业优先战略，加强人力资源市场规划和监管，统筹城乡就业，完善就业服务体系，完善人力资源市场功能，强化现有市场对进城务工人员的服务功能，建设集求职、食宿、职业培训为一体的人力资源市场，为进城务工人员提供就餐、住宿、热水、自行车、理发、汇款、洗浴、电视、电影、求职、维权、培训等"一条龙"服务，加快进城务工人员市民化行为培养。加强市场管理，公安、城管执法、劳动、卫生等部门齐抓共管，确保市场"管理规范、择业有序"，保障社会治安状况，优化市容市貌。

（五）拓宽就业渠道

进一步加大"两后生"和"雨露计划"毕业生稳定就业扶持力度；以产业发展带动就业：扶持贫困地区有一定发展基础，较易形成规模经营，能有效带动当地就业，让老百姓受益的"短平快"产业项目，培养项目发展所需的创业者与中、基层管理者，以产业发展带动就业；进一步建立稳定的劳务输转基地，紧密联系京津地区、长江三角洲地区、珠江三角洲地区和新疆维吾尔自治区相关部门，监测其劳动力需求，进一步建立劳务协作就业基地及劳务输出工作站。

## 二　提高农民自我发展能力

（一）进一步大幅提高贫困地区人力资本投资

1. 大幅提升农民受教育程度

首先，进一步提高义务教育普及率及巩固率；其次，寻求中央政府支持，将贫困地区义务教育程度由初中提高至高中，大幅增加贫困地区人力资本投资；再次，加大甘肃省贫困地区劳动力培训转移就业"一二四"增收工程实施方案力度，提高"两后生"、"雨露计划"普及面。

2. 构建全面职业教育体系

大力发展定位明确、服务农民的专业职业技术学校；开展农村社区职业教育，实现职业教育网络化；建设农民职业教育专项基金或项目，采取订单培训和上门培训相结合的方式，增强农民自我职业发展教育，提升农民职业能力。

（二）通过文化扶贫提高农民价值观与理念学习能力

进一步加强、完善"农家书屋"工程建设，多方组织资源为

"农家书屋"持续不断地提供农村发展需要的种植、养殖、自主创业、农民专业合作社、理财、职业发展、文明生活行为与习惯、现代生活价值观、消费观等各类书籍、报刊、视频、影视剧等资料，潜移默化地引导农民主动思考自我脱贫致富的重要性及路径选择，跳出传统保守的价值观念与思维方式，创造性地开拓致富门路，创新自我发展之路。

（三）提高农民自我职业发展能力

1. 提高农民农业生产职业能力

按照扶贫产业规划，为贫困地区制定特色种植、养殖脱困计划，加强种植、养殖技术培训，引导农民形成科学种植、养殖氛围，提高农民特色种植、养殖、科学种田等农业生产职业能力，改善农民生活。

2. 非农生产经营能力主要包括信息技术运用能力（包括网络技术）、营销与管理能力、理财与投资能力等

利用"农家书屋"、农民职业培训、农村社区教育等多种形式，对农民进行信息技术、文化知识、文明行为习惯与生活方式、家庭理财、消费理念与方式、个体经营、创办企业、小微企业管理、环境保护等多种非农生产经营能力培训，帮助农民培养农产品精品营销及深加工的意识与能力，改变消费方式，积累生产性资金，拓展致富能力。

3. 提高农民外出务工能力

首先，提高农民城市职业工作能力。目前外出务工农民存在职业技能欠缺，选择单一，职业发展目标定位不明确等问题。构建农民全面职业教育体系，除了对农民进行专业职业教育外，还应该对农民职业发展规划、职业发展目标、职业技能提升进行培训，使其以"职业人"思维明确职业发展路径，形成良好的职业工作行为与习惯，尽快适应职业工作。其次，提高外出务工农民工资议价与权利保护能力。建立工资集体协商制度，没有经过协商的工人工资不得计入企业劳动成本，不能享受任何政策上的税收优惠减免，为一线工人工资增长与企业效益增长挂钩提供制度保障。加强基层工会建设，加大工会宣传力度，积极发挥各级工会在外出务工农民工资

议价与权利保护方面的作用，改变劳资关系失衡局面。

4. 提高农民自我心理调节能力

进一步加强医保覆盖力度，对贫困地区农民开展健康心理教育，帮助农民正确认清自身发展状态，引导农民关注心理健康问题，正确处理家庭矛盾以及在外出务工过程中遇到的不公平待遇，保持积极向上的健康心理，提高自我心理适应与调节能力。

### 三 提高农民自组织能力

（一）加大农民专业合作社等农民组织的建设力度

通过农民专业合作社组织农民进行特色种植、养殖，形成生产、销售联系紧密的产业链条，提高农民抗风险能力。

（二）建立农民互助组织，实现农民自助和互助

建立农民内部互助支持网络，形成农民生产、生活、融资等互助机制，实现一人有难，大家相帮的资助及互助机制，提高农民资助能力。

（三）加强农村社区建设，提高农民社会网络能力

社区是社会支持资源的主要集聚地。努力建设开放型、多功能的农村社区，通过社区的参与功能、教育功能、互助功能等，增进农民彼此之间的认同感和对农村社区的认同感，提升其社会交往及沟通能力。

### 四 提高农民自主创业能力

在农民职业教育体系中，利用订单培训、上门培训等方式，开展农民创业技能、法律知识、创业政策、产品设计、质量管理、渠道建设、财务规范、税收减免等创业技能培训，鼓励农民以特色种植、养殖农产品营销及深加工，传统、特色手工艺品加工与营销等为基础，创办不同形式的小微企业，变打工者为经营者，以创业带动就业。

### 五 加大企业及非营利组织内源扶贫力度

积极吸引企业参与扶贫工作，大力吸引非营利组织和专业援助

机构充分发挥内源扶贫的作用。通过项目方式与途径的创新、项目合作模式创新等方式，构建扶贫项目专项管理机制，吸引企业及非营利组织全面提供贫困地区产业发展、基础设施建设、就业机会、病虫害防治、卫生知识普及等项目，形成相关利益方利用自身特长与优势，既通力合作，又互相监督的管理架构，提高项目实施的透明度、公开性，促进企业及非营利组织扶贫资金的利用率。

# 第九章

# 参与式整村推进与
# 扶贫模式创新

新的形势、新的特点、新的目标、新的任务要求我们必须对行政主导型的反贫困方式进行反思，对以区域经济发展战略为主流的反贫困方案进行变革，新的反贫困战略和新的扶贫方式的诞生就成为历史的必然。在这一背景下，我国社会各界对传统的扶贫模式进行了反思，不同程度地引进了国际通行的参与式扶贫开发模式，倡导通过调动贫困人口本身的积极主动性提高扶贫的效率。

## 第一节　参与式扶贫的内涵及其
## 实施步骤和方法

### 一　参与式扶贫的内涵

随着社会各界对贫困问题的认识不断加深，反贫困的内涵与理念也在不断演变。最早，人们对贫困的认识仅局限于物质生活领域，强调物质资料的缺乏，生活水平的低下，但随着世界反贫困进程的推进，理论界和决策界普遍认识到除了物质资料缺乏以外，贫困还包括一种困苦，表现为精神上的困难、痛苦甚至窘迫。1998 年诺贝尔经济学奖得主、印度的经济学教授阿玛蒂亚·森将贫困定义为能力不足而不是收入低下。联合国开发计划署认为贫困远不只是人们通常所认为的收入不足问题，相反，贫困实质上是人类发展所必需的最基本的机会和选择权的被排斥，恰恰是这些机会和选择权利才能把人们引向一种长期、健康和创造性的生活，使人们享受体面生活、自由、自尊和他人的尊重。我国经济学家胡鞍钢将贫困划分为收入贫困、人类贫困和知识贫困。所谓收入贫困是指缺乏最低水平的足够的收入或支出；所谓人类贫困是指缺乏基本的人的能力，如不识字、营养不良、缺乏卫生条件、平均寿命短等；所谓知识贫困，是指缺乏获取、交流、应用和创造知识与信息的能力，或者缺乏权利、机会与途径获得这一能力。迟福林针对政府和贫困人口在反贫困中的角色定位问题，提出了"反贫困治理结构理论"，强调贫困人口的主动参与，并以最终提高贫困人口获取资源能力为目标。张新伟通过对扶贫政策低效性与扶贫制度绩效的分析研究，提出了"市场化与反贫困路径选择理论"，强调贫困人口主动参与市场经济建设对反贫困的重要性。

从以上各种观点可以看出，社会各界对贫困的理解不断深入，贫困的概念逐步从一种简单的"相对较少的收入"和"生活必需品的缺乏"的经济贫困，向多维度和多元化的"权利和机会的被剥夺"的人类贫困转变。理论认识上的不断深入，要求以"赋权"为核心的扶贫理念的产生，也要求以广大的贫困人口广泛参与的扶贫实践的产生，在这种背景下，国际上的"参与式发展"思想被引入扶贫实践。

"参与式"概念产生于20世纪40年代末期的"参与式"思想，是由美国康奈尔大学的诺曼·厄普霍夫（Norman Uphoff）教授最早提出的，20世纪60年代以后逐步形成参与式发展理论。它是作为对以现代化理论为代表的传统发展理论的反思与批判，与传统发展理论相比，参与式发展理论是一种微观发展理论，它强调尊重差异，平等协商，通过赋予发展群体参与权、决策权、管理权等各种权利，实现社会经济的全面发展。参与式发展的基本原则是：尊重乡土知识和群众的技术、技能；建立平等的伙伴关系；不仅重视项目结果，而且重视项目过程。"参与式发展"作为一种全新的发展观，逐渐在国际社会达成共识并在各国的社会经济发展实践中得以具体运用，特别是用于各种发展项目的实施与管理中，"参与式社区发展"、"参与式扶贫"便是这一发展思想在社区发展和农村扶贫中的具体应用和发展。

"参与式社区发展"是指以具体的社区为基础，以社区成员为主体，赋予社区成员参与社区规划、社区资源管理、社区发展决策等权利，调动社区成员的积极性和主动性，激发社区成员的创造性，通过社区成员的积极、主动的广泛参与，提高社区的自我发展能力，实现社区的可持续发展，并使社区成员能够共享发展的成果。"参与式社区发展"作为一种工作方法，被广泛地运用于社区公共资源的开发与管理当中，特别是与农村发展有关的扶贫、资源管理、环境保护、小流域治理等国际援助项目，以及一些农村发展项目的设计、实施、评估、验收等。

"参与式扶贫"是自1980年代末以来逐渐发展起来的扶贫方法（Chambers，1993），是"参与式发展"思想在实践中的具体应用，也是国际社会对扶贫方式的一种新的尝试。其核心内容是以各种扶贫项目为依托，以参与式社区工作方法为指导，以农民受益为基本原则，实施从下而上的决策方式，从受益群体的角度设计项目，让受益群体参与项目的全过程，包括重新认识他们的居住环境，识别制约因素和发展机遇，参与项目决策、项目规划、项目设计、项目实施结果的评估等，给予受益群体更多的参与农村社会、经济、政治、文化发展的机会与权利，提高受益群体的能力，通过受益群体自我发展能力的提高彻底摆脱贫困。该方法改变了以往一对一的问卷式调查方法，而是在调查者与被调查者平等地实现双向交流的基础上，通过与当地农民的集体对话与讨论，发现不同地区不同类型农户特殊的生态与社会经济条件，了解农村贫困问题的性质、原因和村民克服这些困难所面临的限制因素以及采取的措施，从而找到由下到上（bottom-up）的发现和解决问题的方法。

20世纪80年代末期，参与式发展的理论和实践被引入中国，在一些项目实施中逐渐得以应用。目前的应用以"反贫困或公益如自然保护、生态恢复等项目为多，项目也逐步扩大，从农业、林业发展到农村能源、卫生保健、妇女维权、供水、教育等领域，从纯粹的自然保护拓展到生产与保护相结合，从单目标扩展到综合发展，从农村项目向小城镇发展项目扩展"。

## 二　参与式扶贫的理念

参与式扶贫是一种全新的扶贫方式，它的理念主要是基于对当地群众知识、技能和能力的重新认识和公正认识，并给予充分的尊重；其核心是赋权和机会均等，即通过赋予百姓发言权、决策权来培养他们的自信、自尊和自我发展能力。参与式扶贫不仅注重结果，同时注重过程，其目的是建立社区百姓的主人翁意识和公平、公正的管理机制和伙伴关系。在相互尊重、平等磋商、分享经验的基础上，在政府的信息与政策支持下，社区百姓做出社区自己的最终发展决策。其特点主要有以下几方面。

第一，"参与式"是一种将扶贫活动中的受援方——贫困人口，定位在主体地位的思想观念，体现了以人为本的科学发展观。这种方法的最大特点是改变了传统扶贫思想和扶贫方式的一个很大缺陷：政府、社会机构、专家制定扶贫计划、设计扶贫过程、实施扶贫过程，整个扶贫过程完全是自上而下的运行，受益者完全处于被动的、客体的地位，其主观能动性难以发挥，内在发展潜力难以挖掘，施援方和受援方难以实现有效互动。参与式扶贫改变了这种运行机制，以贫困者的基本需求为重点，使他们成为发展的主体，使施援方与受援方共同努力、知识共享、共同受益。政府作为扶贫工作的组织者、发动者，在整个扶贫项目实施过程中发挥着主导作用，并动员和推动社会各界力量广泛参与其中；贫困农户既是项目的受益者，也是项目实施的主体，参与项目的设计、实施、管理、监督与评估。政府主导作用和贫困群体主体地位的有机结合，即"政府主导、社会参与、自力更生、开发扶贫"，是国际参与式理念与中国扶贫实践相结合的产物。参与式扶贫过程是赋权给贫困群体的过程，对中国农村的政治民主化进程有着重要的意义。

第二，参与式扶贫既是扶贫的过程，也是能力建设的过程。参与式扶贫不仅注重贫困人口物质生活水平的提高，而且注重贫困群体综合发展能力的提高。贫困群体在参与项目、提高收入水平的同时，也培养了其资金管理能力、对市场的适应能力、与其他贫困人口的协调能力、与外界各种组织的交往能力、自我组织和自我管理能力。

第三，"参与式"强调受益人群中农村妇女的广泛参与，着眼于妇女性别意识的觉醒与妇女能力素质的提高；参与式扶贫强调受益人群中少数民族的广泛参与，旨在提高落后地区少数民族的发展能力。

### 三 参与式扶贫的实施方法和步骤

（一）参与式扶贫项目实施的基本原则

①坚持贫困人口受益的原则；②坚持贫困人口广泛参与的原则，特别是妇女和少数民族群体的参与；③坚持发展结果和发展过程并重的原则；④坚持注重农村基层组织和贫困农户的能力建设原则。

（二）参与式村级扶贫规划的实施步骤

参与式扶贫方法在我国农村扶贫的实践中，常常以村为基本单位进行，创新出了参与式村级扶贫规划模式。参与式村级扶贫规划实施步骤包括以下几个环节：①准备阶段。包括组织规划小组、制定工作日程、准备材料、参与式方法培训等内容。②贫困分析阶段。包括村庄调查、个体访谈、村庄群众大会等方式，利用资源图、矩阵等参与式工具识别村庄发展中面临的问题和制约因素，为确定发展方案奠定决策基础。③发展需求确定阶段。通过召开村民大会、矩阵排序的方法确定村民的发展愿望。④发展规划阶段。确定项目规划目标，形成规划报告，通过论证，最终使社区群众的发展规划与政府或者资助机构的意愿基本一致。⑤项目实施阶段。发挥政府的主导作用，协调科技、教育、医疗等各种社会力量参与扶贫，并对整个扶贫项目的实施进行分类指导；发挥农村基层组织在项目实施中的组织、管理与协调功能，负责项目的实施、管理与监督；发挥村民代表和全体村民的积极主动性，参与项目的实施、管理与监督。⑥项目后续管理。以村民为主体，以村民的各种合作组织为核心，在整个项目结束后，对项目进行后续管理，包括使用、维修和建设，以提高村民的自我管理、自我发展能力。

（三）参与式扶贫使用的基本方法

"参与式"扶贫是一种理念，一种在此理念指导下形成的快速收集农村信息资料、资源状况与优势、贫困农民愿望和发展途径的新模式。因此，参与式村级扶贫规划能够综合应用社会人类学、农业生态系统分析、农户经营系统研究、参与式行动等科学方法，并以参与式方法和手段为核心，参与式方法和手段的利用贯穿于整个项目实施过程之中。这些手段具体包括：通过请当地人绘制资源图、填制调查表、建立大事记、与农户访谈、座谈会、小组研讨、现场勘探、直接观察、追踪调查等灵活多样的方法，与农民直接接触，了解贫困农民的现金收入、缺粮情况、自然条件、教育和技能情况、住房状况、土地质量和缺水情况，自然条件如高寒山区、环境恶化、自然灾害和民族构成等，以保证获得真实的第一手材料。通过使用画图、图解、建模、分类、排队、矩阵、打分等灵活、形象的手段，让贫困农户理解什么是贫困，贫困的原因是什么，如何走出贫困。获取第一手资料结束后，整理和汇总所得的信息和资料，将村、乡、县各个层次的调查结果进行汇报和反馈，必要时再次与农户进行访谈、讨论和探讨，以确保信息的准确完整。最后将农业生态系统分析、农户经营系统研究、参与式行动等方法获得的资料加以汇总和论证，通过论证，最终形成符合贫困农民意愿的、合理科学的规划。

# 第二节　参与式方法在甘肃农村扶贫
## 实践中的运用与创新

### 一　甘肃省参与式整村推进的实施背景

经过多年的努力，甘肃省的扶贫工作取得了极大进展，但与此同时，甘肃的贫困特点也发生了较大的变化，主要体现在以下几方面。

第一，剩余的贫困人口生存条件极端恶劣，自然灾害频繁，脱贫的难度相当大，部分人群需要通过搬迁，彻底摆脱艰苦的生存环境才能脱贫；部分家庭或者个人由于存在一些严重问题，比如疾病、伤残、弱智等，依靠外界帮助和个人努力难以脱贫，只有依靠建立和完善农村社会保障体系来解决。

第二，对于大部分刚刚脱离贫困的低收入人群来说，抵抗风险的能力很差，他们在脱贫奔小康的道路上不但面临着严酷的自然条件的挑战，而且受到市场风险的严重冲击和挑战，在双重风险压力下，他们很容易返贫。要巩固已经取得的扶贫成果，靠传统的"输血"式扶贫方法和扶贫思路已难以奏效，必须更新扶贫思路，提高他们抵御自然风险和市场风险的能力。

第三，长期以来受政府主导型扶贫模式的影响，大多数贫困人口养成了"等、靠、要"的思想，脱贫致富的积极主动性不足，自我管理、自我发展的意识严重不足，参与各种社会事务的能力和自我发展的能力严重缺乏，陷入了贫困的恶性循环，给全面的脱贫致富带来了很大困难。

第四，从扶贫方式来看，长期实施的自上而下的政府主导型扶贫方式，在新的扶贫形势和背景下，受到了投入和效率的双重约束。相对于政府每年大量的投资，贫困率下降的速度极其缓慢，扶贫效果并不明显，这给政府扶贫机构带来了很大的压力和挑战，需要政府对传统的扶贫方式进行反思和创新。

第五，中国的社会、政治、经济背景发生了很大变化，政治民主化、经济市场化取得了很大进展，"以人为本"的发展观念深入人心。农村扶贫开发必须体现"以人为本"的发展观，给贫困群体更多的人文关怀，全面提高贫困人口的自我发展能力，这就要求赋予扶贫开发新的理念和新的内涵。

针对这些问题，如何提高贫困人口的自我发展能力，提高他们抵御自然风险和市场风险的能力，成为甘肃扶贫工作必须解决的重大问题。在这一背景下，从 2001 年开始，在国务院扶贫办的帮助下，借鉴世界银行、亚洲银行和其他国际组织的经验，甘肃省开始积极探索和实践参与式扶贫方法，并将参与式方法和整村推进相结合，探索出"参与式整村推进"扶贫模式，并在全国得到推广，实现了新世纪扶贫方式的重大转变和创新。

### 二 甘肃省扶贫模式的重大创新——参与式整村推进

"参与式整村推进"扶贫模式是甘肃扶贫模式的重大创新，是参与式扶贫方法在村级扶贫中的具体应用。"参与式整村推进"是以国家扶贫工作重点村（贫困村）为基本单元，以村级社会、经济、文化等方面的全面发展和稳定解决群众温饱为目标，选择和实施的扶贫模式。在建设内容上，以发展经济和增加贫困人口的收入为中心，力求水、田、林、路综合治理，教育、文化、卫生和社区文明共同发展。在运行机制上，以参与式方法为基本运行机制，动员项目村广大农户、各级政府、社会各界力量广泛参与扶贫。其中，农户是主体，以农户的广泛参与为核心，由贫困农户参与项目的选择、实施、管理和监督，充分调动农户的积极主动性；政府是主导，各级政府发挥着主导作用，通过政府政策引导、技术支持、社会协调和全方位服务，为项目实施提供了组织保障；社会各界力量发挥了重要的作用，水利、电力、医疗卫生、教育、科技等部门的广泛参与，给予参与式扶贫极大的支持。通过"参与式整村推进"扶贫工程，可以使各方面的扶贫资金相互配套，形成合力，把扶贫、财政、水电等部门的资金捆绑使用，集中力量综合治理，达到脱贫致富的目标；通过规划的实施，促进村域自然、经济、社会的协调持续发展，为全面建设小康社会奠定坚实基础。（见表9—1）

表9—1　　　　　　　甘肃整村推进情况表　　　　　单位：个

| 年份 | 2006 | 2007 | 2008 | 2009 | 2010 |
|---|---|---|---|---|---|
| 全省 | 541 | 619 | 550 | 556 | 590 |
| 陇南市 | 110- | 120 | 103 | 100 | 100 |
| 甘南州 | 49 | 85 | 58 | 50 | 57 |
| 临夏州 | 66 | 71 | 79 | 66 | 64 |
| 天水市 | 86 | 84 | 75 | 77 | 72 |
| 平凉市 | 47 | 49 | 44 | 46 | 44 |
| 庆阳市 | 45 | 53 | 56 | 100 | 114 |
| 定西市 | 49 | 54 | 44 | 51 | 50 |
| 兰州市 | 29 | 31 | 27 | 22 | 23 |
| 白银市 | 41 | 46 | 41 | 14 | 25 |
| 武威市 | 16 | 24 | 21 | 17 | 17 |
| 张掖市 | 2 | 1 | 2 | 4 | 4 |
| 酒泉市 | 1 | 1 | 0 | 9 | 20 |
| 金昌市 | 0 | 0 | 0 | 0 | 0 |
| 嘉峪关市 | 0 | 0 | 0 | 0 | 0 |

从表 9—1 中可以看出，甘肃整村推进成效显著。2010 年整村推进 590 个。到 2012 年，甘肃全省计划实施整村推进 500 个，实际完成 598 个。完成整乡推进 66 个，连片开发试点项目 21 个。共计投入资金 43.75 亿元。在 598 个"整村推进"村，投资总额达 36.21 亿元，其中中央专项扶贫投资 7.53 亿元，甘肃省财政扶贫资金 1.06 亿元。

## 第三节　参与式扶贫方法在甘肃贫困地区运用效果的评价方法和框架

### 一　样本选取

如前所述，甘肃省在推行参与式扶贫方法的同时，和本地区社会经济发展实践紧密结合，进行了大胆创新，将参与式和整村推进相结合，各个村不同程度地实施参与式整村推进扶贫模式，因此，本书在选取样本并对其进行评价时，采取了将样本村和样本农户相结合的评价方法。

为便于研究，笔者采用了抽样调查的方法，选取了相关村庄和相关农户作为研究样本。样本选取主要遵循了以下原则：①地理条件的差异性；②资源禀赋状况的多样性；③农业生产条件和主导产业的多样性；④样本村的代表性和典型性；⑤样本农户的随机性；⑥多民族性。最终选取以下村庄和样本：陇南徽县麻沿乡的麻安村、天水张家川县马鹿乡长宁村、天水秦安县刘坪乡任吴村、定西安定区鲁家沟镇太平村、定西岷县秦许乡中堡村、岷县茶阜镇西京村、秦安县郭嘉镇硬洼村、定西安定区景泉乡联星村。中堡村由于靠近县城，贫困面相对较小，初始条件相对好一些，既不是全县参与式扶贫的重点，也不是示范村，同时没有将"参与式"与"整村推进"相结合，项目实施力度较小，这里选取中堡村主要作为一个参照。

本书通过对样本村村民随机发放问卷的方式，以图 9—1 中的指标

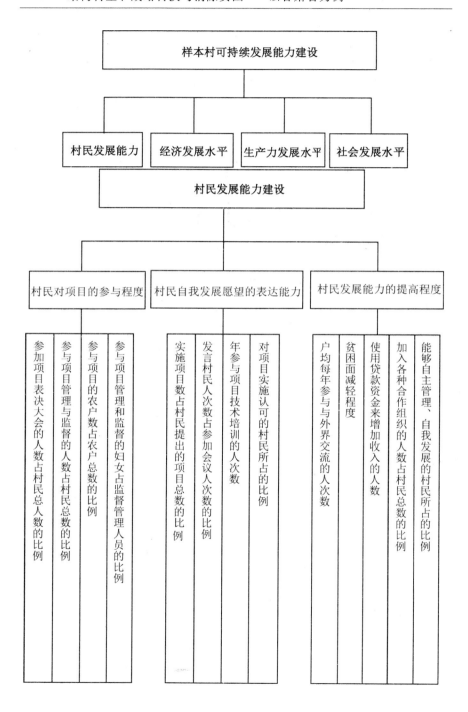

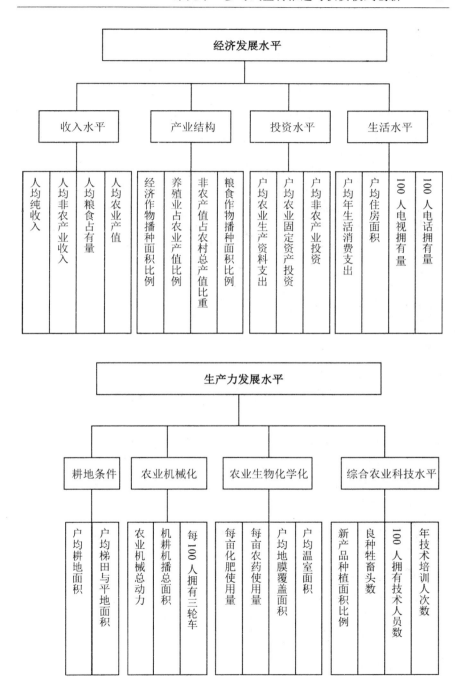

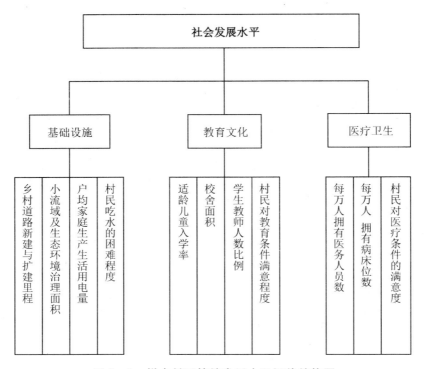

**图 9—1    样本村可持续发展水平评价结构图**

体系为核心，即样本村可持续发展水平评价结构图（评价的指标体系）中的各项指标为核心，就样本村项目实施前后的变化进行了调查，对每村发放问卷 40 份，共发放问卷 320 份，有效问卷共 282 份；以与村民委员会主要成员访谈和问卷调查相结合的方式，对样本村的整体情况进行了调查；以直接与村民访谈和交流的方式，对村民的精神状况和心理状态进行了了解。由于调查集中在夏秋之交的农忙季节，加上家庭主要劳动力外出打工较多，给调查带来了一定困难，也出现了部分调查对象对某些情况不太了解的问题，对数据的真实性产生了一定影响，但经过村委会和村里其他村民的补充，总体数据资料的可信度还是比较高的。5 个典型样本村的基础条件和项目实施的主要内容见表 9—2、表 9—3。

表 9—2　　　　　　　　　　　项目实施前样本村基本概况

| | 太平村 | 任吴村 | 麻安村 | 长宁村 | 中堡村 |
|---|---|---|---|---|---|
| 气候 | 黄土高原梁峁沟壑区，海拔1750米，平均气温6.8℃，年降雨量300毫米，无霜期148天 | 黄土高原梁峁沟壑区，海拔1700米，平均气温8.2℃，年降雨量500毫米，无霜期160天 | 高寒阴湿山区，海拔2100米，平均气温10℃，年降雨量600毫米，无霜期132天 | 温寒湿润区，海拔1900米，平均气温5.8℃，年降雨量700毫米，无霜期126天 | 高寒湿润区，海拔2700米，平均气温5℃，年降雨量618毫米，无霜期108天 |
| 自然条件 | 山高坡陡，水土流失严重，干旱少雨，无灌溉面积，土地贫瘠，交通和信息状况良好 | 山高坡陡，水土流失严重，干旱频繁，无灌溉面积，耕地稀少，交通一般，信息闭塞 | 高寒阴湿，农业基础条件差，交通不便，信息闭塞，土地贫瘠 | 温寒阴湿，耕地稀少，农业基础条件差，交通不便，信息闭塞，土地贫瘠 | 温寒阴湿，无霜期短，耕地稀少，土地贫瘠，农业基础条件差，交通和信息状况良好 |
| 自然灾害 | 干旱、暴雨、霜冻、病虫害 | 干旱、暴雨、病虫害 | 兽害、雨水太多 | 暴雨、冰雹、雨水太多 | 暴雨、霜冻 |
| 饮水 | 雨水（窖水） | 雨水（窖水） | 井水 | 井水 | 井水 |
| 人口数量 | 429户1721人 | 286户1278人 | 152户671人 | 275户1325人 | 497户2271人 |
| 贫困人口 | 92户396人，贫困发生率23% | 129户645人，贫困发生率51% | 124户563人，贫困发生率83% | 175户860人，贫困发生率65% | 175户840人，贫困发生率40% |
| 人均耕地 | 6.5亩 | 2.1亩 | 5亩 | 2.4亩 | 1.1亩 |
| 距客车站距离 | 35公里 | 15公里 | 70公里 | 37公里 | 12公里 |

续表

| | 太平村 | 任吴村 | 麻安村 | 长宁村 | 中堡村 |
|---|---|---|---|---|---|
| 人均纯收入 | 1088元 | 760元 | 650元 | 778元 | 874元 |
| 劳动力初中文化程度 | 26.7% | 20.6% | 12.1% | 8.7% | 9.8% |

表9—3 样本村项目实施时间、内容和投资强度

| | 太平村 | 长宁村 | 麻安村 | 任吴村 | 中堡村 |
|---|---|---|---|---|---|
| 开始时间 | 2001年 | 2001年 | 2002年 | 2001年 | 2000年 |
| 项目农户 | 320户 | 270户 | 133户 | 240户 | 155户 |
| 投入资金 | 460万元 | 333万元 | 147万元 | 193万元 | 37万元 |
| 产业发展 | 养殖业（鸡11.3万只，羊1575只）、马铃薯（5000亩） | 养殖业（牛1350头）、地膜种植若干亩 | 养殖业（牛670头、羊1300只）、林果业（1100亩） | 林果业（1350亩）、温棚蔬菜（100多亩） | 药材产业（400亩）、地膜马铃薯（若干亩） |
| 劳务输出 | 420人 | 280人 | 170人 | 280人 | 非农产业及打工800人 |
| 基础设施建设 | 公路7.5公里，水窖150眼 | 公路9.8公里，修建护坡、涵洞、水渠若干处 | 公路8公里治河道增地45亩，节柴改灶133户 | 公路9.5公里，水窖520眼 | 公路5公里，简易桥一座 |
| 土地环境整治 | 提高梯田质量670亩，退耕还林（草）3830亩 | 修建梯田500亩，栽培落叶松500亩 | 退耕还林860亩，栽培落叶松103亩 | 修整梯田366亩，退耕还林还草350亩 | 提高梯田质量，退耕还林840亩 |

|  | 太平村 | 长宁村 | 麻安村 | 任昊村 | 中堡村 |
|---|---|---|---|---|---|
| 改善教育条件 | 投资12万元改善硬件条件 | 修建校舍320平方米 | 修建校舍400平方米 | 修建校舍667平方米 | 修建校舍240平方米 |
| 改善医疗卫生条件 | 投资1万元 | 投资1.56万元 | 投资1万元 | 投资3万元 | 投资0.4万元 |
| 技术培训 | 年650人次 | 年500人次 | 年330人次 | 年680人次 | 年70人次 |
| 扶贫模式 | 参与式整村推进 | 参与式整村推进 | 参与式整村推进 | 参与式整村推进 | 参与式整村推进 |

## 二　参与式扶贫方法在甘肃运用效果的评价框架

评价框架包括两部分内容：一是社会效应评价；二是经济效应评价。对于参与式扶贫的制度效应仅做定性分析和案例分析，对于参与式扶贫的社会经济效应评价是典型的定量分析，因此结合后面进行的层次分析法，给出以"样本村可持续发展能力建设"为主标题的递阶层次结构指标体系。（见图9—1）

### （一）定性分析方法

参与式扶贫作为一种全新的扶贫理念，其特点是实施自下而上的决策方式，强调受益群体广泛参与项目决策、项目规划、项目设计、项目实施结果的评估等，给予受益群体更多的参与农村社会、经济、政治、文化发展的机会与权利，提高受益群体的能力，通过受益群体自我发展能力的提高彻底摆脱贫困。由此可见，参与式扶贫作为一种典型的制度创新，它所强调的赋权和民主意识与我国农村政治经济体制改革的基本方向完全一致，所不同的是，我国的一系列制度改革都是自上而下推动的，而参与式强调自下而上的决策机制，并且制定了规范的运行机制，从而能更有效地调动受益群体的积极性，推动对农村治理制度、农村市场制度、村民自治制度等多种制度的创新和建设，推动农村治理的民主化和规范化。作为一种制度创新，对其进行定性分析和评价是必然的。

（二）定量评价方法

对于一种制度创新，进行定量分析是困难的，但对于制度创新所带来的社会经济效益，只有进行定量分析，并对项目实施前后的效益进行比较，才能更好地说明一项制度创新的绩效，参与式扶贫方法也不例外。参与式作为一种全新的扶贫方法和理念，只是手段而不是目的，它最终目标在于改善贫困地区的基础设施和基础条件，提高贫困人口的自我发展能力，增加收入水平，脱贫致富。因此，对于参与式扶贫方法的评价，除了强调其制度效应外，还必须结合定性分析，从多个层次、多个角度进行定量分析，更好地体现其社会经济效应。为评价参与式扶贫方法在甘肃贫困地区的运用效果，本书主要采用对样本村和样本农户在参与式扶贫实施前后的变化进行综合比较的评价方法，对参与式的社会经济效应进行了定量分析。在定量分析中，除了对调查资料进行统计分析外，主要采用了层次分析法，对各个村在项目实施前后的社会经济发展状况进行了对比分析。

（三）案例分析方法

在中国现行的组织体系中，行政村是最基层的社会经济组织，也是实施国家各项方针政策的基本组织单位。参与式扶贫方法的实施不论是在甘肃省还是全国其他地区，也都是以村为基本单位的。这不仅因为行政村是农村最基本的社会经济组织单位，而且村与村之间在社会经济发展水平等方面存在着较大的差异，区域瞄准型开发式扶贫基本上是以村为最近的实施单位进行的。由于每个村的投资强度、项目内容、项目的起始时间、效果不同，每个村在实施参与式扶贫的过程中，不同程度地对这一方法进行了大胆创新，产生了很多十分典型的案例，因此，对参与式方法在甘肃农村扶贫效果的评价采用了大量的案例研究。当然，任何一种方法的使用都不是孤立的，而是多种手段的综合使用。

# 第四节　参与式扶贫方法在甘肃农村扶贫实践中应用的社会效果及其评价

参与式扶贫方法是一种典型的制度创新，这种创新不仅对于我国转换扶贫理念、提高扶贫效果有着重大的推动作用，而且对于我国农村社会的各项制度创新具有很强的带动作用，这种方法的使用将对我国农村社会经济制度的创新和完善产生重大的影响。就甘肃省的实践来看，参与式扶贫作为一种自下而上的运行机制，强调村民的广泛参与，有着相对完备而规范的运作程序，对推动农村治理制度、农村市场制度、村民自治制度等多种制度的创新和完善，推动农村治理的民主化和规范化，产生了很强的带动效应。

## 一　在政府各部门、社会各界以及农户之间形成了良性互动关系

政府的主导作用和农户主体地位的有机结合，以及社会各界的广泛参与，是将国际参与式理念和甘肃反贫困实践相结合过程中取得的一项重大制度创新，取得了良好的社会经济效益。国际上倡导的参与式方法是重点突出村民的主导作用和地位，但在很多发展中国家的实践中都出现了政府放任自流、受益群体自身管理组织能力一时难以提高，最终使整个项目效果不佳的问题。中国的实践正好相反，长期以来一直是政府主导包办了项目的整个过程，从而形成了政府不敢放手、村民消极"等、靠、要"的问题。如何在参与式扶贫过程中既克服政府包办一切、培养农户的自我发展自我管理能力，又避免出现过于放任造成项目实施的效果不佳等问题，是甘肃转变扶贫观念和方法必须解决的问题，因为中国的经济体制转轨还没有完成，甘肃经济社会运行中的计划色彩更加浓厚一些。为有效解决这一问题，甘肃将项目管理部门的主导作用和农户的主体地位有机结合，对参与式方法进行了大胆创新。

在整个项目实施过程中，项目管理部门由上到下的组织管理始终发挥着主导作用，特别是在农户自发组织和自我服务能力比较欠缺的背景下，科学的组织、规划、管理和服务起到了激发、引导村

民广泛参与的作用，并将外部知识与信息传递给农户，成为项目村由封闭走向开放的重要一步。虽然在这一过程中，项目管理部门的管理功能逐步弱化，但随着项目的实施和村民自主意识的提高，随着村民参与能力的提高和强化，对项目管理部门的服务功能提出了更高的要求。因此，在突出农户对项目的组织实施与管理功能的同时，强化项目管理部门的服务功能是促进农户自我管理的重要保障。此外，参与式方法的有效实施与基层组织建设和基层组织管理能力密切相关，在基层组织凝聚力强、带动作用明显的项目村，项目实施过程中组织、培训、讨论、决策、协调等工作的时间成本、官民的交易成本更低，使得项目实施的过程更为快捷、更加合理，最终效果也更加明显。

参与式项目实施最大的特点在于尊重当地群众的知识和技能，通过给予群众自主权来培养群众的自信、自尊和社区自我发展能力。这一理念在各个村的项目实施过程中都得到了不同程度的体现，特别是在贫困原因的识别、贫困户的确定、项目内容的确定等环节，农户的主体地位得到了充分体现。农户主体地位的确立使农户的意愿得到充分体现，从而使得农户参与的普遍性、积极性、主动性和创造性有了较大提高。这一点在甘肃各个项目村表现得特别突出，项目村在村庄面貌、村庄治理、村民行为、干群关系等方面发生了重大变化。

甘肃实施参与式扶贫的一个重要特点，也是重要经验，就是社会各界力量发挥了重要的作用。水利、电力、医疗卫生、教育、科技等部门的广泛参与和支持，给予参与式扶贫极大的支持，保证了农村水、田、林、路综合治理，教育、文化、卫生和社区文明共同发展，为贫困地区农村建设探索出了可行的运行机制和新的发展道路。

## 二 激发了村民的民主意识，完善了村民自治制度

村民自治是我国农村社区的基本管理制度，但是在甘肃大部分农村地区特别是贫困山区，一方面由于村民委员会缺乏经济实力，无力为村民提供有效的服务，只是被动地执行政府的有关政策，村

级事务仅局限于计划生育等，村民参与村级事务管理既缺乏平台，也缺乏利益激励机制；另一方面由于民主机制不健全，村民的民主意识难以体现，村民自治成为空话。甘肃省在实施参与式扶贫的过程中，不仅将农村最缺乏的资金、技术和信息带进了农村，而且将以农民为主体的发展理念和方法带进了农村，采取"一事一议"的做法，村民代表和项目实施小组由村民民主选举产生，实行民主决策、民主管理和民主监督。项目决策、实施和监督牵扯到每一农户的切身利益，从而调动了村民广泛参与的积极性，唤醒了村民的民主意识。这一点可以从参与式方法的实施过程和各个村的典型案例中得到充分说明。

从各个样本村的参与式扶贫项目实施过程来看，完全体现了"以村民为主体，从下到上、多方参与"的特点，充分体现了村民的参与权、知情权、管理权和监督权，这一点在项目实施的各个环节都得到了充分体现。第一，在项目准备阶段和贫困分析阶段，扶贫部门进行了广泛的村庄调查、个体访谈，举行村民大会，村民和扶贫部门一道分析贫困的原因，宣传了政府农村扶贫政策，传递了科技与市场信息，使村民对参与式扶贫有了基本的认识，调动了群众参与扶贫开发的积极性和主动性，根据调查结果，98%的家庭参加了村民大会，90%的村民对项目有了初步认识，所有的村民都希望自己成为项目农户。第二，在发展需求确定阶段，村民完全按照自己的意愿投票表决自己需要发展的项目，在8个样本村中有98%的家庭有代表参加了表决大会，最终确定的发展项目与村民提出的项目重合率达到了76.5%，尊重群众意愿是项目成功的关键。第三，在确定项目农户和组建能力建设小组阶段，依然以广大村民为主体，通过村民选举组建由村干部、村民代表、妇女代表组成的村项目实施小组和能力建设小组，各样本村平均组建能力建设小组4.3个，其中妇女代表占38%，农户参与程度高达30%。第四，在项目实施与管理阶段，按照世行要求组织村民全方位进行项目实施、监督与管理。但是可以明显地发现在项目动员后，大多数村民的集体和社区观念增强，村庄凝聚力加强，村民开始活跃起来。总之，从项目实施的各个环节来看，完全体现了参与式理念和方法，样本村的调查资料显示：项目覆盖面达到农户总数的68.2%，参加项目表决的人数占全村农户数的80%以上，参与项目管理的人数占村民总数的4.8%，参与各项技术培训的人次数年均达到350人次以上，个别村达到了680人次，实施项目数占村民提出项目总数的50%以上，78%以上的村民对项目实施过程和结果评价良好。

再从各个村的案例来看，民主和自治程度大幅度提高，比如在项目实施前，麻安村每年召开村民大会的次数不到一次，由于缺乏利益机制，村民参加会议缺乏积极性，许多村民借故不参加会议，妇女参加村民大会的人数不到10%，村集体涣散，村里的公共事务基本没有人过问，多半的村民存在"等、靠、要"的思想。参与式扶贫项目的实施极大地调动了村民参与公共事务的积极性，因为这些事务涉及每一农户的切身利益，因此村民大都踊跃参加各种会议，在会议上积极发表自己的意见和建议，村里的道路建设、河道治理等公共事务都是通过村民民主表决的形式决定的。特别是在2003年，省上下拨了50万元的产业化资金，如何有效使用这批资金就成为村民关注的焦点，由于项目所需资金额度比较大，仅靠扶贫资金是远远不够的，还需要农户进行配套，并且项目实施过程还存在风险，如果将资金直接给贫困户，存在着这些农户由于自身发展能力不足不能很好利用这批资金的问题，甚至有到时候无力偿还贷款的问题；如果将资金给有能力使用这批资金的农户，难以达到扶贫的目标。针对这一问题，村里召开了三次会议，村民讨论得很激烈，最后决定重点扶持一批有思想、有基础、有经营能力的大户，目的在于通过这些村民的成功，发挥带动和示范效应，但这些经营户必须按照不同模式灵活多样地带动辐射贫困农户。经过这种具有一定市场激励机制的做法，麻安村发展大户13户，帮带贫困户110户，取得了良好的社会经济效应，这一做法既降低了各种风险，使每一个项目户都取得了一定程度的经济效益，同时也形成了产业优势。再比如在项目实施过程中，经过村民选举产生的能力建设小组以打工者的身份直接参与到小学、公路等基础设施建设中，监督项目的实施。在小学建设中，村民发现工程使用的水泥标号不合格，马上要求停工更换，这次事件使村民认识到自己推举产生的能力建设小组代表大家的利益，从而对他们的工作更加支持，同时也认识到将分散的农民组织起来的力量。麻安村经过多次民主协商解决村里的各种事务，村民的民主意识得到很大提高，集体观念增强，在项目实施后，麻安村每年召开村民大会的次数增加到 5 次以上，其中每年妇女代表有 200 多人次。

参与式扶贫方法的实施，通过外部力量的介入，为村民自治创造了良好的条件，为提高村民的自治能力和自治水平搭建了广阔的平台，有效地解决了村民自治过程中存在的运行机制不完善、制度不健全、村民积极性不高等问题，实现了真正意义上的村民自治。由于参与式方法的实施有着比较完备的程序，从而不仅使整个扶贫项目的运行按照一定的制度和程序进行，更重要的是对村民自治的手段和方法产生了很大的影响，各个村的事务处理开始走向规范化、制度化和程序化，改变了过去一盘散沙的局面。

### 三 村民由封闭走向开放，村庄面貌和村民的精神风貌有了较大改观

家庭承包责任制实施后，西部地区一家一户的小生产方式占主导地位，村庄日益离散，村落凋敝，大多数村庄在很大程度上失去了社区共同体的功能，只作为地理概念和户籍概念而存在，村民只关注自家的责任田和自家的事务，对于公共事务都不愿意参与，对于与自己无关的事情都不感兴趣，社区文明和村庄形象无从谈起，这一点在贫困山区显得十分典型。即使在以往传统的扶贫项目实施过程中，村民见利就进，无利就退。参与式整村推进项目的实施，使这种状况得到很大改观。外界各社会力量在不同层面上参与了项目建设，他们将现代管理理念和管理手段带进农村，组织成立村民能力建设小组并支持能力建设小组参与各种招标、采购、培训，组织妇女参加多种培训，从而使村庄的对外开放程度大大提高，很多村民特别是妇女从见外人不敢说话到积极参加村里各种会议，并大胆地在村民大会上发言表达自己的意愿；许多贫困户由以往的"等、靠、要"到主动寻求各种支持和帮助，走出村庄，走出农业，

寻找发展机会。就 8 个项目村的整体情况来看，外出打工的人数、从事非农产业的人数明显增加，村民与外界的交流大幅度提高，比如西京村 2002 年全村外出打工的人数为 50 人，2005 年增加到 130 人，从事非农产业的人数由 15 人增加到 48 人，全村各种车辆从项目实施前的 14 辆增加到 58 辆，其中摩托车数量达到了 30 辆，农用三轮车 24 辆，拖拉机 4 辆。麻安村全村各种车辆从项目实施前的 4 辆增加到 44 辆，其中摩托车数量达到了 30 辆，农用三轮车 10 辆，拖拉机 4 辆；电视机拥有量从先前的 32 台增加到 124 台，电视接收到的频道数从以前的 7 个增加到 20 多个，固定电话从零发展到 16 部。

　　进行参与式扶贫后，各项目村的面貌发生了很大变化，以硬洼村为例，参与式扶贫项目的实施，使硬洼村的基础设施得到很大改善，产业结构调整取得较大进展，村民得到了很大的实惠，收入水平从项目实施前的人均 760 元提高到人均 1440 元。更重要的是这些项目的实施是在全体村民的广泛参与下完成的，这在很大程度上调动了村民参与发展的积极性，不仅使村庄由封闭走向开放，与外界的交流程度大幅度提高，村庄凝聚力大幅度增强，并且干群关系、村民之间的关系、邻里关系得到较大改善。看到有外人进村，村民热情而主动地上前交谈，谈论村庄的变化，询问有关外界的各种信息，询问有没有新的政策、新的项目，自己能不能成为项目农户；交流他们所种植的蔬菜、水果的市场行情；甚至询问一些蔬菜、水果的栽培技术问题。村民们脱贫的喜悦和发展的愿望溢于言表，在项目的带动和影响下，他们不仅注意自己的穿戴和言行举止，而且将自家周围的卫生打扫得干干净净，主动对圈舍进行了改造，农户之间暗暗搞起了家庭面貌竞争和发展竞争，使村庄的面貌和村民的精神面貌得到了很大改善，一个沉寂的村庄变成了一个充满生机和活力的村庄。更让人感动的是，在 2011 年 8 月 7 日本调研组进入村庄时，由于这里山大沟深，加上连续几天下雨，部分路段泥泞车子无法通过，村民们听说有人去调研，前一天就修好了路。结果车子是从别的村绕道进村的，在村子的另一头车子陷入泥潭无法通过，有几个村民发现了，没有动员没有号召，他们自动扛上铁锹来修路，并且人越来越多，十几个村民很快将车子推到了较好的路段上。这一事件给调研组留下了很深的印象。

### 四　村民合作意识提高，发展愿望强烈

参与式扶贫以村民的共同利益为纽带，将村民联结在一起，重新唤醒了村民的村庄意识、公共事务意识和合作意识，村民的集体和社区观念提高，村庄凝聚力增强，村民自觉地通过协商解决本村事务的能力有了明显提高，村民开始活跃起来，村庄精神面貌发生了很大变化。比如麻安村所处的地区雨水较多，特别是在秋季雨水季节，该村通向外部316国道的路段经常出现塌方，村子与外界的交通经常中断，村民出不来，外面进不去。在项目实施前，村民被动等待政府的支持，或者自己不外出就干脆置之不理，村主任的吆喝也无济于事，东家来了西家不来，东家干了西家不干，实在要通过的有车的家庭自己简单修修凑合着车能通过就行。这样路况越来越差，村民的意见很大，有时交通被阻断时间长达一个月。在项目实施后，从2003年开始，在村民的共同要求下，村公共设施能力建设小组将这一问题纳入自己的管理范围，在项目支持下他们首先组织村民在农闲时对容易出现塌方的地方进行了修建，使塌方出现的频率大大降低，一旦出现塌方，由能力建设小组带头，积极动员村民进行抢修，很快就实现了道路的畅通，项目实施后村子与外界的交通隔断时间每次都没有超过10天。

在产业结构调整与产业发展过程中，各个村不同程度地面临着一些问题，比如养殖业的防疫问题、市场销售中面临的信息不灵以及欺行霸市问题、新品种的引进问题、技术问题等。面对这些问题，一家一户分散的农户束手无策，成为困扰各个村产业发展的一大难题。为有效解决这一问题，各个村相继不同程度地成立了行业协会，解决大家共同面临的难题，提高市场竞争能力。以太平村为例，太平村是典型的十年九旱的村子，由于干旱少雨、自然条件严酷，导致80%的村民贫困，大量村民主要以外出打工的形式养家糊口。村民王进成、陈云花夫妇在新疆打工4年，学到了养鸡技术，

积攒了一些资金，2001年回家后从事规模养鸡，当年收入达到2万元以上，产生了很强的带动效应。2002年太平村被确定为安定区第一个实践"参与式"扶贫开发的项目村，并将养殖业作为支柱产业，到2004年全村发展规模养鸡53户，年养殖规模达到11万只。但随着规模的扩大，大家面临的问题越来越严重：一是防疫问题，一家的鸡出现问题，全村都会出现问题，风险特别大，而保险公司不承保；二是销售问题，村民为了出售自己的产品，相互竞争压价；三是品种混乱和新增加的养殖户的技术不过关问题。针对这些问题，在参与式扶贫项目的带动下，养鸡户主动联合起来组建了养鸡协会，由王进成任会长，统一种苗、统一防疫、统一进行技术指导、统一进行饲料加工。到2005年，协会和新疆签订协议，由新疆统一收购村民的鸡和鸡蛋，养鸡协会的成立使太平村的养鸡产业得到了很快发展，在养鸡协会的带动下，太平村相继成立了养羊协会、马铃薯协会，为村民提供各种服务。其他样本村的各种产业协会也不同程度地有所发展，比如麻安村借鉴天水市的经验，将养殖业能力建设小组改组为养殖业协会，并由协会和村民委员会向扶贫部门提出申请，由扶贫部门组织对协会会员进行技术培训，由协会统一提供相关技术，统一提供免疫和疾病预防，了解市场信息，统一联系市场。目前，有125户农户相继加入了各种专业协会，通过自组织来提高自身的市场竞争能力，并进行自我服务。

参与式扶贫的主要目的之一就在于通过能力建设，提高贫困人口的自我发展意识和能力，从物质和精神两个方面帮助他们摆脱自然资源和智力资源严重缺乏的多重约束，迅速脱贫致富、走上良性发展的道路。但由于贫困人口普遍文化素质低，经济基础薄弱，抵抗风险能力差，吸纳外界知识和技能的能力严重不足，扶贫资金往往只能救急，不能救贫，对扶贫贷款也不能正确使用，使得旨在提高村民发展能力的努力受到了村民能力不足的限制，往往事倍功半，陷入一种典型的恶性循环，限制了参与式扶贫项目的实施。针对这一问题，各个村针对自身的发展状况，对参与式模式进行了大胆创新，不同程度地采取了以大带小、以强带弱、以富带贫的做法，充分发挥了大户的带头和引导作用，克服了贫困户能力不足的制约。例如，岷县西经村的做法是先确定项目户，然后按照自愿的原则组合，由有一定经营能力和基础的药材加工大户集中使用这些项目农户的资金，但必须吸收项目农户在药材加工企业做工，并优先收购项目农户的药材。这种做法也收到了良好的效益，既通过资金集中发展了药材产业，提高产业加工能力和竞争力，同时项目农户在做工中一方面得到了工资收入，另一方面提高了自身的技术，增加了知识，从而克服了资金分散使用的不足，更主要的是增加了村庄的凝聚力，提高了个体村民的发展能力。

由此可见，参与式扶贫方法的运用不能教条，不能为了参与式而参与式，而应该将参与式方法的使用和各个地方的具体实践相结合，在实践中不断创新，不断发展。

### 五　为国家"以工哺农"政策的实施和社会主义新农村建设找到了恰当的切入点和有效的运行机制

以工业反哺农业和实现城乡社会的协调发展是近年来从中央政府到地方政府的主要政策导向，但这一政策的贯彻执行需要良好的制度平台和高效的运行机制，特别是中央在"十一五"规划中提出了建设社会主义新农村的目标，对各地区农村社会经济发展和农村建设提出了新的要求。但如何贯彻实施这一政策，需要各地因地制宜地寻找有效的途径。参与式扶贫虽然是一种扶贫方法，但甘肃在实施中间将参与式和整村推进相结合，创新出"参与式整村推进"模式，这一创新不仅在农村扶贫开发中有着较大的可行性，而且作为一种制度创新，有着很强的制度效应、社会经济效应，有着较强的可操作性和可推广性，在甘肃的实践中已经取得了良好的效果，在运行机制和实施方法手段等方面符合中央提出的社会主义新农村建设的要求，因此应该作为欠发达地区社会主义新农村建设的主要运行机制加以推广。

从甘肃的扶贫实践来看，通过参与式整村推进，动员和整合了水、电、路、教育、医疗、科技等各个部门的力量，力求水、田、林、路综合治理，通过这种手段，将扶贫、财政、水电等部门的资金捆绑使用，并且部分资金实行滚动使用，提高了资金的使用效果，各种力量的合力开始形成，项目村的贫困面大幅度下降。这种合力的最大效应在于外部知识、外部资金和外部技术一进入村庄，马上能激活村庄内部要素，实现外部知识和内部要素的有效结合，产生较为强烈的社会效应，提高村民的可持续发展能力。比如麻安村在项目实施过程中，省上下拨了 50 万元的产业化资金，为了使这批资金更好地发挥作用，经各方协商和协调，将省上下拨的产业化资金、地方信用社资金、世行工作站回补资金以 1∶1∶0.5 的比例捆绑使用，形成共 125 万元的产业发展资金，由乡信用社代放、代收，并力争在 3—5 年时间滚动使用一次。这种做法既加大了资金的流动速度，又整合了各种分散资金，有效解决了资金分散和资金不足的问题。再以太平村为例，外部的 70 万元扶贫资金，就带动了 260 万元村民的配套资金，有 64 户投资建设了具有较高技术水平的鸡舍，户均投资在 5 万元左右，有 315 户养殖了小尾寒羊。由于贫困农户抵抗风险的能力比较差，一开始有部分农户处于观望状态，但通过养殖大户的示范和带动，村民都看到了增收的希望，于是反应特别强烈，一致向村委会要求增加项目投资，有 20% 的农户在没有项目支持的条件下，自筹资金发展养殖业。

以参与式项目为依托，将各种科技知识和科技力量带进农村，扶贫效果十分显著。为了增强贫困地区的反贫困能力，各个项目村在进行土地资源开发和产业结构调整的过程中，不同程度地加强了科技扶贫的力度，安排一定资金用于优良品种和先进实用技术的引进、示范、推广和技术培训，加大了贫困地区和目标群众对农业新技术、新方法的使用，提高了农业生产效率。比如任吴村在林果业发展中，引进了新的品种和技术，多次请专家对生产环节的各项技术进行指导，并且在技术引进中，由于大多数成年男子外出打工，并且由于在农药配制等方面妇女比男子更仔细，妇女的作用得到了很大体现。妇女参与科技扶贫和农业技术推广，不仅取得了较好的经济效益，而且更好地体现了妇女参与和赋予妇女发展权利的理念，提高了妇女的地位。太平村的养鸡业发展也充分体现了这一点，从饲料配制到防疫，大部分工作是由妇女来完成的。在麻安村和长宁村的养殖业发展中，针对传统落后的养殖方式，首先组织群众参观学习了附近比较先进的养殖方式，然后进行示范性的圈舍改造和良种引进，第一年良种引进和圈舍改造达到30%，在项目实施的第二年，95%的养殖户完成了这两项工作。科技扶贫极大地提高了目标群众的生产水平，提高了他们参与市场竞争的能力。科技扶贫的效果最终通过收入水平的增加得到了体现。

总之，在项目带动下，外部资金、技术、信息等现代生产要素进入农村，激活了农村内部的各种要素和发展潜力，使村民的发展能力有了很大提高。村民发展愿望强烈，目前他们普遍认为参与式方法是最好的扶贫方法，发展中最大的问题是发展资金和技术缺乏，迫切希望社会各界加强支持力度。由此可见，参与式整村推进模式在甘肃农村建设的实践中取得了很大的成就，应该进一步加以推广，使这种运行机制和方法成为甘肃新农村建设的主要方法和手段。

## 六 通过以点带面，对甘肃省农村制度创新和社会经济发展产生了较强的带动作用

参与式项目的实施，不仅对本村的社会经济发展带来了很大的促进作用，而且通过全方位渗透和传播，起到了以点带面的作用，对甘肃农村制度创新和社会经济发展产生了较强的带动作用，这主要体现在以下几个方面。

首先，参与式方法所包含的民主管理和自我发展等思想对地方政府行为产生了很大影响。甘肃地处西北内陆地区，经济社会发展水平相对落后，甘肃实施扶贫开发的各个地区更是交通落后、信息不灵，不论是社会经济发展水平还是市场经济体制建设都比较落后。虽然加快改革开放的步伐、加快农村经济体制和管理体制改革、实现村民自治和民主管理一直是我国农村改革的基本方向，但甘肃农村的政治经济体制改革相对落后。一方面由于传统计划体制的惯性还很大，另一方面由于缺乏相应的制度环境和经济支撑，同时也由于缺乏具体的可操作的方法和手段，各级地方政府的行为带有十分浓厚的计划色彩，农村大多数事务由政府来包办，市场经济

体制缺乏活力。参与式方法在甘肃农村的实施为农村各项制度的完善特别是村民民主自治提供了机遇和平台，提供了可操作的方法和手段。在农村治理过程中，特别是在有参与式整村推进项目村的乡镇政府，大多数从扶贫项目的实施中学到了新的管理方法和手段，并将这些管理方法和手段运用到农村管理的方方面面，不同程度地在农村治理过程中提高了民主化程度，鼓励了农民自我管理、自我发展。通过这种方法的使用，干群关系改善，办事效率普遍得到提高，正如定西市安定区景泉乡女乡长杨钧霞所说："参与式扶贫不仅促进了项目村的发展，而且给我们基层干部带来了新的工作方法和工作理念，这种方法能够发挥广大群众的力量，对我们的工作起到事半功倍的效果，我们不仅要将这种工作方法渗透到其他工作中去，在全乡推广，而且要在全县进行交流。"

其次，参与式方法对非项目农户和非项目村的发展产生了很强的带动作用。参与式方法的使用对甘肃农村发展的影响是全方位的，这种影响不仅体现在对地方政府管理行为的影响等方面，而且体现在对非项目村、非项目农户的影响。例如在鲁家沟镇太平村，经过多年的努力，大部分农户已经脱贫，但由于自然条件严酷，村民时时面临着返贫的威胁。在项目实施的初期，大多数农户认为扶贫是政府的事，家庭收入状况较好的农户认为扶贫与自己没有太大关系，家庭收入水平较低的农户只希望政府提供无偿的资助，但对于扶贫贷款的积极性不是很高，因为要承担风险。针对这种情况，扶贫部门和镇政府进行了大力宣传，大多数农户成为项目农户，但有一部分还在观望。到第二年，项目实施的效果已经十分明显，这对非项目农户产生了很大影响，他们强烈要求也成为项目农户，并不断催促村民委员会再去申请项目，并且自己经过多方筹集准备好了配套资金。在再次申请项目不大可能的背景下，非项目农户敦促召开村民大会，要求解决这一问题。这样连续召开了三次村民大会，最后经过全体村民的协商，以资金滚动使用、村里致富带头人带动、乡政府协调申请贷款的方式使这一问题得到解决。这件事情教育了农户，也使全村村民看到了新型扶贫方式的优越性，村民对村里的各项事务开始主动关心起来，积极性提高，只怕村里的某件事将自己落下。非项目农户通过贷款主动加入到养鸡协会、马铃薯协会，要求成为协会会员，享受协会统一提供的技术指导和服务。太平村社会经济发展水平的快速提高和村级事务的管理措施和手段对邻近村镇产生了很大的冲击，非项目村一方面强烈要求自己的村也成为参与式扶贫的项目村，另一方面也要求以太平村为榜样来管理村级事务，这样邻近村镇的干部和村民不断地到太平村取经，学习管理方法、致富手段和技术，从而产生了很强的带动效应。

事实上，类似太平村的这种事情在麻安村、任吴村等样本村都十分普遍，由此可见，参与式方法作为一种农村事务管理的新理念和农村建设的新方法，通过宣传和全方位的渗透，对甘肃农村政治经济制度创新起到了很大的带动作用。

## 第五节　参与式扶贫方法在甘肃农村扶贫实践中应用的经济效果及其评价

参与式扶贫方法作为一种理念创新、制度创新和管理措施创新，对甘肃农村管理制度创新和治理手段创新产生了很大的影响，带动了农村全方位的体制创新。制度创新的效果最终要通过农村社会经济发展的实践来检验，参与式方法的推广及其带动的农村制度创新，对样本村的社会经济发展产生了什么样的影响，制度创新的绩效究竟如何，需要进行进一步的评估。因为参与式作为一种全新的扶贫方法和理念，它只是手段而不是目的，它的最终目标在于改善贫困地区的基础设施和基础条件，提高贫困人口的自我发展能力，增加收入水平，脱贫致富。因此，对于参与式扶贫方法的评价，除了强调其制度效应外，还必须结合定性分析，从多个层次、多个角度进行定量分析，更好地体现其社会经济效应。下面以两种方法对这一问题进行探讨。首先以 8 个样本村中的 5 个典型村为例，利用层次分析法对其项目实施前后的社会经济发展状况进行对比，旨在通过相对变化分析参与式扶贫方法实施后项目村的发展状况。其次，以 8 个项目村的 282 户样本农户为例，分析样本农户在项目实施前后生活水平、收入水平的相对变化，旨在通过定量分析揭示参与式方法及其引发的一系列制度创新的社会经济效果。

## 一　样本村社会经济发展水平评价

　　该研究以 8 个样本村中的 5 个典型村为例，从样本村的经济发展水平、生产力发展水平、社会发展水平、村民发展能力建设等四个方面，利用层次分析法对项目实施前后的发展状况进行对比分析，然后在此基础上进行评价，以体现参与式方法在甘肃农村扶贫的社会经济效果。层次分析法（Analytic Hierarchy Processing, AHP）是 20 世纪 70 年代中期由美国运筹学家萨迪教授提出的一种定性与定量相结合的多目标规划方法，也是一种最优化技术。它首先建立表示系统概念或特征的内部独立的递阶层次结构，把复杂的系统分解为若干子系统，并按它们之间的从属关系分组；其次，通过将某种特征两两比较的方式确定层次中各个子系统的相对重要性；最后综合判断以决定各个子系统相对重要性的总的排序。层次分析法的本质是一种决策思维方式，把决策规划中的定性分析与定量分析有机结合起来，用一种统一方式进行优化处理。这种方法体现了人们运用过去已有的知识与经验，对客观事物进行分解、判断、综合，并据此求得最佳规划方案的思路。由于层次分析法改变了运筹学只能处理定量分析问题的传统观点，因而应用范围很广，对于系统的综合评价来说，由于其系统结构特征比较符合层次分析法的分析思路，因此在确定其系统权数时应用层次分析法可以获得较为满意的效果。

　　（一）样本村实施参与式扶贫方法的整体社会经济效果

　　利用层次分析法和前面所拟定的评价框架，结合样本村的调查资料，对样本村实施参与式扶贫方法后的社会经济发展水平进行综合评价，可以发现样本村的变化非常明显，各个村的可持续发展能力的相对变化程度都在 100% 以上，各个村可持续发展综合能力的得分分别为：太平村 0.40，任吴村 0.34，麻安村 0.27，长宁村 0.24，中堡村 0.23，各样本村从项目实施前到 2005 年综合发展能力的综合评分相对变化率分别为：太平村 218%，任吴村 320%，麻安村 220%，长宁村 251%，中堡村 212%。（见表 9—4、表 9—5、

表 9—6）

表 9—4　　　　　　　　**项目实施前样本村各项指标得分**

| | 太平村 | 长宁村 | 麻安村 | 任吴村 | 中堡村 |
|---|---|---|---|---|---|
| 经济发展水平 | 0.15 | 0.06 | 0.09 | 0.07 | 0.09 |
| 生产力发展水平 | 0.12 | 0.07 | 0.10 | 0.10 | 0.08 |
| 社会发展水平 | 0.14 | 0.08 | 0.07 | 0.08 | 0.07 |
| 村民发展能力建设 | 0.11 | 0.07 | 0.06 | 0.07 | 0.06 |
| 发展能力综合得分 | 0.13 | 0.07 | 0.08 | 0.08 | 0.08 |

表 9—5　　　　　　　　**2005 年样本村各项指标得分**

| | 太平村 | 长宁村 | 麻安村 | 任吴村 | 中堡村 |
|---|---|---|---|---|---|
| 经济发展水平 | 0.34 | 0.16 | 0.23 | 0.25 | 0.18 |
| 生产力发展水平 | 0.31 | 0.16 | 0.20 | 0.33 | 0.19 |
| 社会发展水平 | 0.30 | 0.22 | 0.24 | 0.26 | 0.19 |
| 村民发展能力建设 | 0.65 | 0.40 | 0.40 | 0.52 | 0.38 |
| 发展能力综合得分 | 0.40 | 0.24 | 0.27 | 0.34 | 0.23 |

表 9—6　　　**项目实施前后样本村各项指标相对变化率**　　　　单位：%

| | 太平村 | 长宁村 | 麻安村 | 任吴村 | 中堡村 |
|---|---|---|---|---|---|
| 经济发展水平 | 1.34 | 1.67 | 1.40 | 2.51 | 1.00 |
| 生产力发展水平 | 1.69 | 1.36 | 0.94 | 2.21 | 1.31 |
| 社会发展水平 | 1.22 | 1.98 | 2.19 | 2.31 | 1.71 |
| 村民发展能力建设 | 5.04 | 5.12 | 5.48 | 6.32 | 5.33 |
| 可持续发展能力 | 2.18 | 2.51 | 2.20 | 3.20 | 2.12 |

　　第一，从项目村的经济发展水平、生产力发展水平、社会发展水平和村民发展能力建设来看，四项指标中变化最大的是村民发展能力。（见图 9—2）

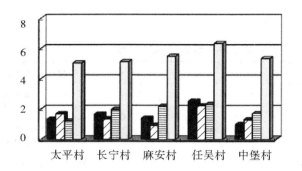

8
6
4
2
0

太平村    长宁村    麻安村    任吴村    中堡村

■ 经济发展水平
▨ 生产力发展水平
▦ 社会发展水平
▢ 村民发展能力建设

**图 9—2    样本村社会经济发展水平相对变化率**

村民个人发展能力的变化主要体现在村民的精神面貌得到极大改善，农民自我发展的积极性和自我管理能力得到普遍提高，这类村民占到项目农户的 80% 以上；村庄凝聚力大幅度增强，干群关系、村民关系、邻里关系得到较大改善；村庄整体的开放程度和外界交流程度大幅度提高，村民的开放意识和走向市场、脱贫致富的意识大幅度提高。在村民个人能力建设中各个村的相对变化率都达到了 500% 以上，是得分最高、变化最大的一项。

需要说明的是，这一指标相对比较高还和项目实施前农户基本处于自给自足的分散、独立、封闭状态有关，项目实施前农户的各种能力处于潜在状态，没有机会发挥出来，而项目的实施将农民的这种潜能彻底释放了出来，等于项目实施给了村民一个释放潜能的机会，因此得分一下子变化很大。

第二，经济发展水平得到一定程度提高。经济发展水平各个村的相对变化率都在 150% 以上，有两个村的变化率达 300%。这主要是由于各个村的项目实施主要以产业发展和增加收入为主，农业产业结构调整力度加大；受农业发展自然条件的限制，外出打工已成为这些地区农民增收的主要途径，打工人数占农村劳动力的比重多数村子都在 40% 以上，打工收入占农民货币收入的比例都在 25% 以上。此外，产业结构调整还主要体现在发挥村庄自身的比较优势，大力发展主导产业方面。比如太平村的马铃薯产业和养殖业已经初具规模；任吴村的林果业、长宁村和麻安村的养殖业、中堡村的药材产业都取得了一定程度的发展，伴随着产业化经营规模的扩大，农民的市场开拓能力也在不断提高。产业结构的调整打破了一家一户自给自足的传统农业生产方式，农业技术水平和生产手段、生产方式都取得了很大突破，农业市场化、组织化、产业化程度提高，农业综合科技水平的相对变化率都达到了100%以上，太平村和任吴村达到了200%以上。

第三，就农村社会发展水平来看，改善最为明显的是农村水、电、路等基础设施和条件，五个样本村的电和路问题都已经解决。水的问题则受自然条件的制约比较大，如果天不下雨，干旱和水的短缺是必然的，但吃水基本上不存在太大的问题，硬件条件改善得比较好，比如太平村和任吴村都属于干旱地区，吃水主要依靠水窖，太平村的集雨节流和集雨节灌工程实施得比较早，本次项目又增加了一定规模的集雨节灌水窖150眼，户均水窖达到了4.31眼，任吴村新增加水窖520眼，两个村不仅较好地解决了吃水问题，而且还补灌了一部分农田。其他三个村水资源并不短缺，当前的主要问题是进一步解决自来水问题和饮用水的安全洁净问题。农村教育和医疗卫生条件都是项目建设的主要内容，就教育来看，五个样本村都进行了硬件设施的建设，校舍、操场等硬件问题都基本解决，农民将关注的焦点集中到了教育质量的改善上；就医疗条件来看，各个村投入的资金相对有限，目前存在的主要问题：一是缺乏较高水平的医生和相应医疗设备，二是医疗费用太高，但这两个问题已经超过了项目实施的能力范围。

第四，就生产力发展水平来说，变化相对较小，首先是由于几个村的耕地条件都比较差，并且随着退耕还林政策的实施，人均土地面积出现了负增长，但耕地质量并没有得到明显改善；其次，受条件制约，农业机械化水平相对较低，因此整体得分比较低，只有长宁村和中堡村由于农用三轮车的增加使得这项得分相对高一些。在农业生产力发展水平中，农业综合科技水平和农业生物化学化水平有了较大提高。

（二）样本村实施参与式扶贫的单项指标变化

单项指标是对项目村各个环节具体发展状况的详细说明。从各单项指标的得分来看，各样本村的相对变化虽然有差距，但总体变化趋势十分明显，比如各样本村的村民发展能力建设、收入水平、消费水平、农业综合科技水平等在项目实施后得分都比较高，而这些方面又是各个村项目实施的重点，这充分表现出项目实施的效果是十分明显的。（见表9—7、表9—8、表9—9）

表9—7　　样本村参与式扶贫项目实施前各单项指标得分

|  | 太平村 | 长宁村 | 麻安村 | 任吴村 | 中堡村 |
|---|---|---|---|---|---|
| 收入水平 | 0.282 | 0.190 | 0.168 | 0.200 | 0.226 |
| 产业结构 | 0.166 | 0.211 | 0.116 | 0.160 | 0.180 |
| 消费水平 | 0.471 | 0.115 | 0.092 | 0.091 | 0.079 |
| 耕地条件 | 0.264 | 0.104 | 0.175 | 0.108 | 0.088 |
| 农业机械化 | 0.241 | 0.086 | 0.069 | 0.086 | 0.103 |
| 农业生物化学化 | 0.120 | 0.080 | 0.120 | 0.150 | 0.090 |
| 综合科技水平 | 0.075 | 0.033 | 0.040 | 0.065 | 0.038 |
| 基础设施 | 0.098 | 0.085 | 0.080 | 0.087 | 0.090 |
| 教育文化 | 0.268 | 0.098 | 0.082 | 0.110 | 0.056 |
| 医疗卫生 | 0.076 | 0.033 | 0.040 | 0.042 | 0.030 |
| 村民发展能力建设 | 0.108 | 0.065 | 0.062 | 0.071 | 0.065 |

表9—8　　样本村参与式扶贫项目实施后各单项指标得分

|  | 太平村 | 长宁村 | 麻安村 | 任吴村 | 中堡村 |
|---|---|---|---|---|---|
| 收入水平 | 0.496 | 0.316 | 0.312 | 0.418 | 0.382 |
| 产业结构 | 0.695 | 0.682 | 0.539 | 0.772 | 0.558 |
| 消费水平 | 1.038 | 0.393 | 0.502 | 0.521 | 0.442 |
| 耕地面积 | 0.230 | 0.104 | 0.184 | 0.110 | 0.084 |
| 农业机械化 | 0.300 | 0.135 | 0.076 | 0.100 | 0.157 |
| 农业生物化学化 | 0.340 | 0.230 | 0.300 | 0.460 | 0.380 |

续表

|  | 太平村 | 长宁村 | 麻安村 | 任吴村 | 中堡村 |
|---|---|---|---|---|---|
| 综合科技水平 | 0.432 | 0.110 | 0.123 | 0.430 | 0.132 |
| 基础设施 | 0.410 | 0.320 | 0.341 | 0.338 | 0.304 |
| 教育文化 | 0.355 | 0.213 | 0.177 | 0.268 | 0.108 |
| 医疗卫生 | 0.088 | 0.040 | 0.046 | 0.047 | 0.085 |
| 村民发展能力建设 | 0.652 | 0.398 | 0.402 | 0.52 | 0.302 |

表 9—9　　　　样本村项目实施前后各单项指标的相对变化率　　　　单位:%

|  | 太平村 | 长宁村 | 麻安村 | 任吴村 | 中堡村 |
|---|---|---|---|---|---|
| 收入水平 | 1.025 | 1.420 | 1.154 | 2.093 | 2.895 |
| 产业结构 | 3.800 | 2.800 | 2.800 | 4.600 | 3.750 |
| 生活水平 | 1.412 | 1.250 | 1.501 | 2.000 | 1.418 |
| 耕地面积 | 0.062 | 0.002 | 0.055 | 0.142 | 0.000 |
| 农业机械化 | 0.769 | 2.500 | 1.333 | 1.300 | 2.222 |
| 农业生物化学化 | 1.833 | 1.875 | 1.500 | 2.067 | 2.167 |
| 综合科技水平 | 4.760 | 2.331 | 2.086 | 5.615 | 2.478 |
| 基础设施 | 3.184 | 2.755 | 3.263 | 2.885 | 2.378 |
| 教育文化 | 0.222 | 1.304 | 1.167 | 2.046 | 1.003 |
| 医疗卫生 | 0.557 | 1.061 | 1.513 | 0.902 | 0.013 |
| 村民发展能力建设 | 5.037 | 5.123 | 5.484 | 6.324 | 3.646 |

从表9—7、表9—8、表9—9中可以看出,太平村相对变化比较大的指标依次是:村民发展能力建设(5.037%)、综合科技水平(4.760%)、产业结构(3.800%)、基础设施(3.184%)、农业生物化学化(1.833%)、生活水平(1.412%)。

长宁村相对变化比较大的是村民发展能力建设(5.123%)、产业结构(2.800%)、基础设施(2.755%)、农业机械化(2.500%)、综合科技水平(2.331%)、生活水平(1.250%)。

麻安村相对变化比较大的指标依次是:村民能力建设

（5.484%）、基础设施（3.263%）、产业结构（2.800%）、综合科技水平（2.086%）、医疗卫生（1.513%）。

任吴村相对变化比较大的指标依次是：村民能力建设（6.324%）、综合科技水平（5.615%）、产业结构（4.600%）、基础设施（2.885%）、收入水平（2.093%）。

中堡村相对变化比较大的指标依次是：产业结构（3.750%）、村民发展能力建设（3.646%）、收入水平（2.895%）、综合科技水平（2.478%）、基础设施（2.378%）。中堡村由于靠近县城，贫困面相对较小，初始条件相对好一些，不是全县参与式扶贫的重点，项目实施力度较小，在参与式方法的利用上不是十分充分，因此村民能力建设的得分相对低一些。

由此可见，各个样本村在村民发展能力建设、产业结构调整、农业综合科技水平、基础设施建设等方面取得了较大的进展，特别是村民发展能力建设进展最大，并且这些方面的变化与项目实施力度有着很大的正相关性。

## 二 样本农户的综合能力发展水平评价

为更好地评价实施效果，我们选取 7 个村的 282 户农户作为样本，对其项目实施前后各项指标值的具体变化进行了比较，总体评价结果反映出扶贫效果十分明显，主要成效表现在以下几个方面。

（一）产业发展水平有了很大程度提高，面向市场需求的产业开发力度较大

产业结构调整和产业发展是各个样本村发挥比较优势、摆脱自然条件和经济资源约束、脱贫致富的主要内容和措施，也是扶贫投资力度最强的项目。各村针对自身的发展条件，都大力进行了产业开发，使得样本农户的农业总产值有了很大幅度的上升，同时产业结构得到了较大的优化，粮食作物的产值比重大幅度下降，养殖业的比重大幅度上升，在粮食作物中，太平村、中堡村等的马铃薯种植比重大幅度上升。2000 年样本农户的人均农业产值为 1161 元，其中养殖业为 520 元，粮食作物为 402 元，经济作物为 239 元，2004 年样本农户的人均农业产值上升到 2625 元，其中养殖业为

1580元，粮食作物为410元，经济作物为635元。通过项目实施前后产业比重的比较可见，养殖业产值比重大幅度上升，提高了16个百分点；粮食作物产值比重下降了19个百分点；经济作物产值比重小幅上升，提高了3个百分点。农业各项产值比重见图9—3。

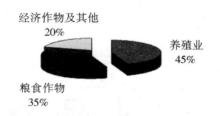

经济作物及其他
20%

养殖业
45%

粮食作物
35%

**图9—3　样本农户项目实施前后产值结构比较**

除农业产业结构调整外，各样本农户在外出打工和非农产业发展方面也取得了较大进展，各样本农户都将打工作为一项增加收入的重要手段。

（二）收入水平明显提高，收入结构有了较大改善

随着产业结构调整和产业发展水平的提高，样本农户收入水平和收入结构都得到了很大改善，人均纯收入从2000年的784元上升到2004年的1655元，四年增长了111%，年均增长率达到了27.8%。其中，养殖业收入增加最快，由项目实施前的179元增加到411元，增长了130%，年均增长66%，其次是打工收入，由263元上升到371元，外出打工的人数也由户均0.5人上升到0.7人。第三，变化最大的是从事农村非农产业的收入，由原来的84元上升到339元，增加了3倍，当然这个值的大幅度增加和中堡村村民大量从事药材收购和加工、长宁村村民广泛参与各种买卖、西经村村民大量进行生猪的收购和买卖有关。这充分说明了农民参与市场交易的意识和能力有了较大提高。项目实施前后样本农户收入水平及结构变化情况见表9—10和图9—4。

表9—10                              样本农户收入水平及收入结构

|  | 收入 | 粮食作物 | 经济作物<br>蔬菜林果 | 药材 | 养殖业 | 打工 | 非农产业 |
|---|---|---|---|---|---|---|---|
| 项目前（元） | 784 | 108 | 78 | 73 | 179 | 263 | 84 |
| 项目后（元） | 1655 | 121 | 314 | 109 | 411 | 371 | 339 |
| 项目前（%） | — | 14 | 10 | 9 | 23 | 34 | 11 |
| 项目后（%） | — | 7 | 18 | 8 | 28 | 22 | 17 |

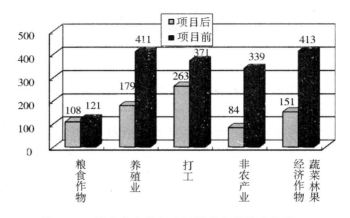

图9—4  样本农户收入水平及收入结构变化图

在收入结构中，非农产业所占的比重由11%上升到20%，养殖业
所占的比重由23%上升到25%，经济作物及蔬菜林果业所占的比重由
10%上升到18%。相对下降的是来自粮食作物的收入。虽然农户的收
入水平有了很大的提高，但依然不能满足他们的需要，95%以上的农
户反映，目前最缺乏的依然是钱，钱成了他们的第一需要。

（三）生活消费水平有了较大改善，村民对生活水平的满意程
度开始提高

收入水平的提高，使样本农户支出总量和支出结构发生了很大
的变化，样本农户的人均现金支出由2000年的734元上升到2004
年的1521元，上升了107%。其中农户用于生产经营的费用大幅度
提高，由2000年的人均243元上升到2004年的480元，上升了

97.5%。可见农民生产经营投资的积极性显著提高。

随着收入水平的提高，农民的生活消费水平和消费结构有了很大程度的改善。除太平村外，其他几个村相对收入水平都比较低，农民收入的增加部分主要用来提高生活水平，因此农民生活消费支出的提高幅度也很大，人均生活消费支出由 2000 年的 534 元上升到 2004 年的 988 元。在消费支出中，医疗费用总量变化不大，但占农民生活消费结构的比重由 2000 年的 20%下降到 2004 年的 13%，教育费用上升的幅度比较大，由人均 115 元上升到 235 元，占支出结构的变化比重由 2000 年的 21%上升到 2004 年的 23%，成为农民主要的消费支出之一。

农民在食品消费方面的变化除总量上升外，主要体现在食品消费结构的变化，在消费结构中农民蔬菜、水果的消费量大幅度提高，蔬菜消费的增长率达到了 84%，水果消费的增长率达到了 50%。（见表 9—11）

表 9—11　　　　**项目前后农民食品消费结构的变化**　　单位：公斤、%

|  | 项目实施前 | 项目实施后 | 变化率 |
|---|---|---|---|
| 粮食 | 221 | 234 | 6 |
| 蔬菜 | 25 | 46 | 84 |
| 水果 | 12 | 18 | 50 |
| 肉类 | 15 | 19 | 27 |
| 食用油 | 4 | 4.7 | 18 |

农民生活条件得到改善的另一个变化主要表现在农民住房条件的改善方面，由项目前的人均 16.4 平方米上升到 2004 年的 22.8 平方米。

（四）基础设施和社会发展水平得到一定程度的改善，但还不能满足村民的要求

样本农户对项目实施后村庄基础设施、教育和医疗硬件条件现状的满意度有了一定程度的提高，特别是对道路建设的满意程度较高，但这些方面的改善是初步的、离村民的愿望还有很大差距，即

使项目实施后的现状也还不能满足村庄及村民发展的要求。当然，诸如教育负担较重、医疗费用偏高、距离学校太远、教育医疗质量不高等问题，不可能由参与式扶贫项目完全解决，实际上事关农村发展的许多重大问题是超越扶贫项目能力范围的。（见表9—12）

表9—12　样本农户对村庄基础设施和社会发展水平的满意程度

| | 水 | 电 | 路 | 教育 | 医疗 |
|---|---|---|---|---|---|
| 满意度 | 65.8% | 85.2% | 92.7% | 58.0% | 62.3% |
| 存在的问题 | 不方便，没有保障 | 电费太贵，动力电没有解决 | 路面没有硬化，下雨泥泞 | 教育费用太高，学校太远，教育质量不高 | 医疗费用太高，医院远条件差，没有好的医生 |

## 第六节　进一步完善参与式扶贫方法的对策与措施

从样本村的实践来看，参与式方法符合群众的意愿，取得了较好的社会经济效益，特别是在产业结构调整、村民能力建设和市场意识的提高、经济发展水平和农业技术水平提高等方面效果显著。特别是近年来，甘肃针对省内的贫困问题和现状，不断加强工作力度，大胆创新扶贫模式和扶贫手段，取得了十分显著的成效，贫困发生率大幅度下降，目标群众生产生活条件明显改善，温饱问题基本解决，收入水平稳步提高，与非贫困人口的发展差距开始缩小。

但随着扶贫进程的不断推进，甘肃的扶贫工作也面临着一些新的问题和挑战，主要是：①参与式方法在实施过程中，还存在着一些具体问题，需要不断创新，不断完善。比如在现有的参与式扶贫工作中，在项目实施的最后两个阶段，村民的参与程度、参与积极性和对结果的认可程度有所下降，如何进一步加强村庄的凝聚力，鼓励村民进一步参与到项目的实施与管理中来？如何完善项目实施方法和步骤，并结合不同村庄的特点进行进一步创新？这都是项目实施要进一步解决的问题。②8个样本村，有1个村的自我发展能力已经形成，有3个村的自我发展能力基本形成，但都需要巩固，其他村的自我发展能力还没有形成，对项目的后续支持和管理还有很强的依赖性。如果项目后续管理支持问题无法解决，村民的发展将会受到很大影响，如何搞好项目的后续支持与管理？③已经脱贫的人口，有很大一部分生活在自然条件比较严酷的地区，面临着很大的自然风险的威胁，一场自然风险就能使大量脱贫人口返贫；同时，在开发式扶贫中，大多数项目村以村为单位、以比较优势为基础不同程度地进行了产业结构调整，所开发的产业基本是外向型的，但是如果市场价格有所波动，比如蔬菜、水果、牛奶等又很难储存和转化，农民就会面临较大的市场风险。针对不断提高的自然风险和市场风险，如何构建有效的合作机制来分散风险？④由样本村的状况来看，贫困的性质开始转变，经过区域性综合扶贫开发，整体性、区域性的贫困减弱，个体性贫困凸显，这些个体性贫困基本上都是由于疾病、弱智、伤残等原因造成，如何减缓这些贫困人口的贫困成为一个十分突出的问题，能否继续推行参与式扶贫来解决这些人口的贫困问题？

面对扶贫工作中存在的这些问题和挑战，甘肃省必须调整扶贫战略，完善扶贫方法和手段，形成有效的扶贫机制，并通过形成系统化、规范化的扶贫制度与体系，提高扶贫效果。针对以上问题，本书提出以下对策与建议。

### 一　在扶贫理念上，进一步突出村民的主体地位

自20世纪90年代以来，许多发展经济学家逐渐认识到，贫困的实质是能力贫困与权利贫困，因而反贫困的制度设计必须赋予穷人一定的资源、机会和权利，让他们获得一定的能力，以实现自己的生活目标。世界银行一直把保护弱势群体各种权利作为世界银行反贫困的政策目标之一。

参与式扶贫作为一种新的扶贫方式和理念，强调赋权和目标群众的广泛参与，在甘肃扶贫工作中取得了一定的成就。但自上而下的扶贫方式和做法根深蒂固，各职能部门、各基层组织的体制转换

进程缓慢，给这种扶贫方式的有效使用带来了一定的负面影响。从职能部门来说，政府干预程度太高，从宏观政策的制定到微观运行的管理，处处体现了强政府的痕迹；从农村贫困户来说，长期形成的"等、靠、要"思想严重，保守和自我封闭意识很强。针对存在的这种情况，参与式扶贫还应该在以下方面有所突破。

（一）加快政府部门的职能转换，突出政府的政策制定、宏观引导和服务功能

在参与式整村推进项目的实施中，扶贫部门的主要职能是：①制定宏观政策，确定扶贫任务和扶贫目标，制定详细的扶贫计划。②调动、组织与协调全社会力量参与扶贫。解决贫困人口在社会经济发展中所需的资金、技术等社会资源是扶贫工作的核心，扶贫部门在这方面进行了不懈的努力，动员了财政、金融、水电等多个部门的力量，取得了较为理想的效果。扶贫部门应该进一步强化这方面的职能，并进一步动员民间力量，比如组织青年志愿者对农村进行人力资源开发。③对扶贫项目实行全面的宏观管理和组织，对项目实施进行有效监督。④加强对基层组织和项目能力建设小组的扶持和培训。

（二）加强农村基层组织建设，使其成为参与式扶贫的微观组织管理者和实施主体

农村基层组织建设包括两个方面的内容：一是加强作为村民自治组织的村民委员会建设，使它能够有效运转，代表全体村民的意愿和利益，负责与外界各机构对接并对村级项目实施管理，对村民进行组织与协调；二是加强项目管理小组或者能力建设小组的建设，使能力建设小组负责项目的具体实施、具体运行和微观管理，并在政府部门的引导和扶持下逐渐向各种协会或者合作社演化。农民合作社或者各种协会的职能是多层次的，现阶段主要是负责参与式扶贫项目的具体实施和运行。在项目完成后，这种农民组织将是各种项目的后续管理主体，并逐渐成为农村社会经济发展中农民的自我管理和自我发展组织，比如农民用水协会、养羊协会、养鸡协会等，成为农户进入市场的桥梁，对农户进行全方位的服务，提高农民的自我管理能力和自我管理水平，逐渐减轻农户对扶贫项目的

依赖。

（三）进一步突出农民的主体地位，给农民赋权

农民是农村发展的主体，是农村发展的原动力，只有使农民广泛参与到社区发展的决策管理和监督过程中去，尊重农民的意愿，充分调动农民的积极性，才能使项目实施收到良好的效果，这也是参与式扶贫的意义所在。从项目村的项目实施过程来看，村民在贫困认定和项目选择阶段的参与程度最高，积极性也最大，但在项目的具体实施过程中，对与自己有关的事关注程度和参与程度比较高，与自己无关或者集体性的事，参与的积极性不高，存在着典型的"搭便车"行为，"老好人"思想严重，参与和监督力度还很不够。针对这种问题，应进一步培养农民的主人翁精神，鼓励他们能够积极参与。

在使用参与式方法的过程中，需要循序渐进，防止出现目的和手段的混淆和颠倒，即为了参与式而参与。其实只要符合参与式理念的一切方法都可以为我所用，不一定拘泥于那一套固定的程序，这样做可以防止僵化地理解参与式。参与式的理念与农村实际相结合，在实践中逐渐摸索出的具体的乡村发展模式才是最富有生命力的。

## 二　在扶贫方法上，进一步创新与完善参与式扶贫的运行机制

参与式扶贫取得的成效是显著的，但作为一种制度安排，需要不断地创新和完善，才会富有生命和活力。根据项目村的实施情况，目前参与式方法在具体操作过程中还存在一些问题，需要从以下方面进一步完善：①进一步完善《整村推进参与式扶贫开发规划》。就样本村来看，各个村都制定有《整村推进参与式扶贫开发规划》，规划内容主要包括：规划的指导思想和原则、规划的内容和目标、投资概算和资金筹措、项目预期的社会经济效益等，但对于项目的具体实施方案、具体管理措施缺乏较为详细、细致的说明，如果有也是很笼统，缺乏可操作性。对项目组织管理过程中各个行为主体的责、权、利缺乏明确界定，使项目实施过程的交易成本加大，项目实施的效率受到影响，比如项目的组织管理机构繁

多，牵扯到扶贫部门，地方政府，教育医疗、道路水电等多个部门，村民委员会，村项目实施小组，村能力建设小组等，虽然多方面的参与具有多方面支持的优势，但也存在着职责不清的问题，容易出现相互之间的依赖或者推卸责任，使部门之间的协调成本加大。特别是对于从来没有参与过公共事务管理、综合素质比较低的村民来说，在某些环节没有明确界定的情况下，要较好地管理项目实施过程中的各种事务难度较大，往往出现对扶贫部门的依赖，影响自身能力的提高。因此，需要进一步完善《整村推进参与式扶贫开发规划》，或者以参与式项目实施方案和管理措施的形式，根据各个村的实际情况，对各个参与主体的责任、权利和义务进行明确界定。②参与式扶贫的整体思路是清晰的，但在各个具体的实施环节，还需要进一步规范。比如项目农户的确定是非常敏感的，很容易引起村民的争议而影响村民的积极性，各个村在这一阶段的具体做法存在较大差异，需要进一步以明确的规章制度的形式确定下来。再比如在项目的后续管理阶段，各个协会开始发挥作用，但处在尝试阶段，协会的运行还很不规范，大多数协会还没有自己的章程，协会对会员的服务还远远不能满足其要求。因此，协会的运行既需要制定明确的章程，对其行为加以规范，还需要组织相关人员参观学习其他地区的先进经验。③需要进一步提高民主参与和民主管理程度，激发和调动村民的积极性，提高村庄的凝聚力。比如在现有的参与式扶贫工作中，在项目的确定阶段和项目农户的确定阶段，由于牵扯到大多数农户的利益，因此农户能够积极参与，最终确定的项目与大多数农户的意愿基本一致。但在项目实施、管理和监督阶段，村民的参与程度、参与积极性和对结果的认可程度有所下降，大多数村民只对于自己有利的项目感兴趣，对参与公共事务的积极性不高，出现"前面热，后面冷，到了后来没声音"的情况。针对这种情况，应进一步加大民主管理的程度，使大多数村民能够以主人翁的身份参与其中，同时还应该加大村务公开的程度和透明度，及时向村民公布项目的实施情况，接受全体村民的监督。

只有不断完善参与式方法，使其进一步规范化、制度化，才能作为新农村建设的方法和手段，加以大范围推广。随着中央对社会主义新农村建设的倡导和实施，国家在农村基本建设等方面将会有一定的财政倾斜和转移支付，建议将国家开始倡导的社会主义新农村建设和参与式村级扶贫规划相结合，将参与式村级扶贫规划作为社会主义新农村建设的有效运行机制加以推广。

**三 在扶贫内容上，实现由以经济资源开发为主向以人力资源开发为主转换**

根据样本村的发展状况，虽然各个村在生产生活条件等方面都得到了不同程度的改善，但还需要进一步努力，一方面巩固扶贫成果，另一方面进一步改善贫困地区基础条件，使农户获得同等的发展机会和能力。但是在经过前一时期的扶贫之后，扶贫的侧重点和内容应该有所倾斜。

（一）以"以工代赈"为主要手段，继续加强道路、人畜饮水和灌溉等基础设施的建设，改善贫困地区农民的生产生活条件，提高他们抵御自然风险的能力

特别是在农村基础设施建设手段上，应充分利用国家提高农民收入水平的各种良好宏观背景和政策，以"以工代赈"为主要手段，减少贫困农户义务工的数量，对参加基础设施项目建设的贫困农户给予工资补贴，一方面保证更多的贫困农户从项目中受益，另一方面将农村剩余劳动力转化为农村生产资本。同时，在基础设施项目管理中，应充分发挥能力建设小组的职能，进一步建立合理的管理制度，加强各类基础设施的管理、维护与保护，改变部分乡村因只建不养而导致的基础设施投资效率不高甚至浪费现象，做到建设、管理和利用的有效结合。

（二）继续进行产业开发和自然资源开发，多渠道开辟增加农民收入的渠道

首先，从样本村的案例我们可以看出，土地资源开发和产业结构调整取得了较大的进展，农民的反应也比较积极，因此，应该进一步推进。由于现阶段甘肃的贫困村都不同程度地存在着严酷的自然资源约束问题，在产业开发过程中，应该进一步扬长避短，发挥各个村的比较优势，尽量摆脱自然资源的约束，比如张家川的畜牧

业和饲草业，回避了种植业面临的自然条件和自然灾害制约，发挥了少数民族擅长养殖的特殊文化传统，取得了较好的经济效益。再比如任吴村充分利用了土地资源、劳动力资源和光热资源，发展林果业，农民增收效果显著。应该引起注意的是，这些项目都是农户选择的，由此可见，在产业开发和项目选择方面，必须在尊重村民意见和乡土知识的基础上，将扶贫部门的资金投入和引导、科技部门的技术支持结合起来，这是项目成功的关键。

（三）加快人力资源开发，加强对农民的职业教育和培训，应该逐渐成为参与式扶贫的主要内容

减少贫困不仅在于满足贫困者维持其个人生存、家庭生存所需要的食品、住房和衣着条件，同时也包括医疗保健、教育、社会参与等基本公共服务设施和公共福利。由于贫困，大多数贫困人口的教育、医疗保健、营养状况得不到改善，从而造成他们社会参与能力、自我发展能力的缺乏和进一步的贫困，陷入贫困的恶性循环。可见，如果说物质资本投资是治标的话，人力资本投资则是治本，二者的结合则是标本兼治。

甘肃省农村的贫困是受自然资源贫瘠和人力资源短缺的双重制约形成的。经过多方面的努力，甘肃在农村基础设施建设和产业开发方面的努力已经取得一定的成就，在进一步解决农户的衣、食、住、行等温饱问题的同时，必须提高村民的发展能力，稳定和巩固扶贫成果。客观地看，甘肃有些贫困地区的自然条件是不可逆转的，自然灾害的多发特别容易使贫困农户返贫。因此长期动态地看，在解决温饱问题后，甘肃农村扶贫的重点应该逐渐向教育、医疗卫生条件改善等方面倾斜，扶贫的视角放在摆脱自然资源约束和人力资源开发两个方面及其互动关系上，彻底提高贫困农户自身的可持续发展能力。在能力建设中，关键是挖掘人力资源潜力，培养和开发农户的自我发展能力，摆脱对自然资源的依赖，形成比较稳定的收入基础和收入来源。

甘肃贫困地区存在的一个主要问题是自然条件严酷，产业开发仅仅是农村扶贫和增加农民收入的一个内容，劳务输出和外出打工应该成为提高农民收入的另一个主要途径，应该将加大对农民的技

术培训、职业教育和进一步组织农民外出打工作为甘肃扶贫工作的一项重要内容。各个项目村虽然在这方面取得了较大进展，比如太平村的村民通过在新疆打工，不但增加了收入，而且学到了较为先进的养鸡技术，回到村里后带动全村开发养殖业，取得了良好的经济效益。贫困地区由于自然资源的制约和大量剩余劳动力的存在，在农村劳动力资源开发中，仍然有着较大的潜力。目前，农民外出打工存在的主要问题是信息不灵、技术缺乏、组织化程度低、盲目性和流动性比较大，个体打工者容易受到各种歧视和不公平待遇。针对这种问题，扶贫部门应该开辟新的扶贫途径，加强对农民的职业技术培训，提供各种市场信息，与各地基层政府配合，组织农民外出打工。必要时在扶贫部门的扶持下，成立专门的由农民广泛参与的组织机构，对村民的外出打工提供相应的服务，使参与式方法渗透到这一领域。

### 四　在后续管理方面，强化能力建设小组的职能

从样本村的发展历程和发展现状来看，扶贫是一个过程，每个村庄的发展都必然经历几个不同的发展阶段，不同的发展阶段解决不同的问题，从而对扶贫工作和参与式扶贫项目的后续管理提出了新的要求。从样本村的发展经历来看，基本经历的过程如图9—5所示。

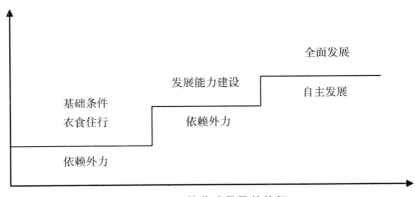

**图9—5　扶贫阶段及其特征**

　　由于甘肃省大部分地区的贫困是由自然条件严酷、交通信息闭塞造成的，因此在扶贫开发的初期阶段，主要任务在于解决水、电、路等人类生存所需要的基础条件，解决衣食住行等问题，在这一阶段，贫困人口几乎不具备发展能力，所以严重地依赖外界力量。在基本生活问题解决之后，贫困人口由于个人能力缺乏，很容易返贫，因此迫切需要提高他们抵御各种风险的能力，提高他们的发展能力，这一阶段依然严重依赖外部力量。在经过不断努力，村民自主发展能力形成后，他们对外界的依赖才能减轻。就研究的项目村来看，太平村的个人自主发展能力初步形成，其他各村处于由第一阶段向第二阶段的过渡时期，还需要进一步努力来培养他们的自主发展能力，这就对项目的后续管理提出了新的要求。在不可能大范围追加项目的背景下，后续发展和管理的主要途径和措施是成立具有合作社性质的各种农民合作组织。

　　"合作社是自愿联合起来的人们通过联合所有民主控制的企业来满足他们共同的经济、社会与文化的需求与抱负的自治联合体。"合作社的价值观念是：自助、自担责任、民主、平等、公平、参与、合作、诚信、开放、社会责任感和关心他人。合作社的基本原则主要包括以下七个方面的内容：自愿与开放的社员资格；社员对合作社的民主控制；社员广泛的经济参与；合作社的自治与独立；对社员进行教育培训与提供信息；合作社之间的合作；关注社区并促进所在社区的持续发展。可见，合作社是一种群众自愿、群众组织、群众管理、群众收益的自愿性组织，是弱者的组织，具有民主性、公益性、非营利性、服务性等特性，合作社的这种特性和国际合作运动的实践说明了它和参与式发展理念有着高度的一致性，是参与式扶贫项目实施后期阶段的最佳组织管理者。

　　合作社根据专业方向的差异分很多种类，比如购销合作、生产合作、专业合作社等。大多数合作社是复合性合作社，具有复合功能，比如作为一种村级民主管理组织，负责管理社员的共有财产，像社区的道路、桥梁、房屋等，并有效利用合作社基金对这些项目进行维修、建设；代表会员接受政府及外界社会的各种馈赠和帮助，并对这些馈赠进行有效使用和管理，当然必须经全体会员通过，接受全体会员的监督；通过组织力量进行社区建设并以组织力量抵抗和分散各种风险；提高成员的社会地位，代表成员与外部各种力量谈判，保护成员利益。也有合作社是专业性的，比如土豆合作社、养羊合作社等。

就样本村的实践来看，已经完成的项目需要后续投资与管理，农户也需要分散市场风险，提高市场谈判能力。因为大范围的产业结构调整改变了农户自给自足的生产方式，使农户更多地进入市场，从而农户的风险变为自然风险和市场风险的并存。为解决这些问题，部分项目村的能力建设小组已自发转化为类似于合作社的农民专业技术协会，并运用这些组织进行自我服务与管理，比如养殖业协会、马铃薯协会等。由于各种协会的运行机制和能力建设小组的运行机制存在较大差异，需要外部专业技术人员加强指导，规范各种农民经济组织，提高其服务能力。同时，对已经建设完成的村庄基础设施，应该广泛进行民主管理，比如解除项目实施小组，成立相关的合作社或者村庄资源共管组织，将公共资源移交合作社或者村庄资源共管组织实施管理。

### 五　在扶贫战略上，逐渐加大救济、救助与社会保障式扶贫的力度

由于甘肃大量的贫困人口对外部扶贫力量的依赖程度比较大，并且在市场风险和自然风险的冲击下，返贫的可能性还很大，因此现阶段还必须将参与式开发扶贫和控制返贫相结合，通过以村为单位的参与式开发扶贫，加快目标群众的可持续发展能力建设。同时，对农村的边缘化人口，如五保户、疾病、伤残、弱智等人口，进行个体瞄准，将建立完善农村社会安全保障制度体系纳入扶贫的政策框架，这些制度体系包括农村社会保障制度、救济制度、救灾制度等，并将其作为新时期农村扶贫工作的新任务。这些制度的具体内容是：①建立自然灾害预警机制，对自然灾害进行密切监控，并设立自然灾害基金，对自然灾害可能带来的返贫群体进行及时救助。②建立农村社会最低社会保障制度，对处在绝对贫困线以下的群体的基本生活进行保障。③建立有效的救济制度，对突发性的疾

病、伤残等带来的贫困进行救助。通过这些制度的建立，形成社会安全网。在资金来源上，进行政府、社会、个体等多方统筹，有条件的村庄可以开展合作事业，合作事业既是参与式方法的一个更高境界，也是世界范围内弱势群体自我保护的有效措施，应该积极倡导、支持和发展。

# 第十章

# 城镇化与反贫困

城镇化是社会生产力发展到一定阶段，作用于社会结构引起的人口结构、产业结构和土地利用结构的转移，实质上是地域上由农业文明向工业文明或后工业文明过渡的过程。随着世界城市化水平的提高，21世纪的世界已成为城市的世界。城镇较之以往，有了更丰富的内涵，真正成为开放的、复杂的巨系统。但在我国一些地区，经济、社会、资源的贫困制约着地区城镇化的发展。这类贫困地区如何在中国人口、经济、社会结构转型的背景下把地区反贫困任务与城镇化结合起来，已经成为扶贫模式的新选择。

## 第一节　中国的结构转型与人口转变

### 一　中国人口转变

（一）中国人口控制机制及其特点

中国历史、文化、经济等综合性原因导致中国较高的人口自然增长率，这一问题一直持续到中国工业化序幕的拉开与推进。进入21世纪以来，中国的人口增长开始呈现出低出生率、低死亡率、低自然增长率的特征。从总体趋势看，中国人口转变的基本趋势和国际社会一致的同时，还存在着很大的特殊性，这种特殊性和中国的工业化进程密切相关。

新中国成立初期，中国在赶超压力下确立了重工业优先发展的战略。这一战略是在国内资本极度短缺、劳动力资源相对富裕、人均收入水平很低的背景下确立的。这种背离世界发达国家工业化演变规律的特殊经历，以及依此确立的计划经济体制，影响了中国人口的演变。下面就新中国成立后我国人口演变趋势进行简要分析。

从图10—1可以看出，新中国成立后60年的时间里，我国的人口变化趋势总体呈现出由高出生率、高死亡率向低出生率、低死亡率的明显转变，波动幅度由大起大落逐渐向平稳过渡转变。从人口变化的主要推动力来看，经历了以下两个大的阶段。

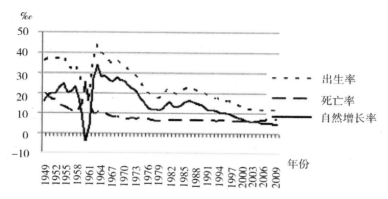

**图10—1　新中国成立以来中国人口的出生率、死亡率和自然增长率**

资料来源：国家统计局：《中国统计年鉴》（1949—2010）。

第一个阶段：死亡率变动主导型的人口转变阶段（1949—1973）。如图10—1所示。新中国成立后，我国工业发展迅速，医疗卫生水平大幅度改善，死亡率率先下降，但由于全面推行计划经济体制和城乡分割的二元体制，工业化进程对人口需求的变化和传导机制缺乏，社会和家庭对人口的需求没有做出相应的反应和调整，出生率在传统惯性的作用下居高不下。同时由于没有相应的人口控制机制和措施，加上1959—1961年我国经历了三年自然灾害，出现了两次大的人口出生高峰期。中国人口转变过程呈现出典型的断裂与非渐进性、非平稳性特征，为后来的人口稳定增长与社会经济协调发展埋下了隐患。

第二个阶段：出生率变动主导型的人口转变阶段（1973年至

今）。如图10—1所示。随着工业化进程的推进，人口数量和规模问题引起党和国家的高度重视，中国从1973年开始全面推行计划生育政策。随着这一政策的实施，中国的人口出生率经过20世纪70年代的快速下降、80年代的波动和90年代的缓慢下降，截至现在逐渐趋向平稳。而从1981年到1997年中国人口自然增长率依然保持在两位数之上，1987年甚至达到16.61‰，主要是前两次人口出生高峰期的惯性引发的。

经过60多年的工业化进程和40多年的人口控制政策，中国的人口演变在经历了高出生率、高死亡率和高自然增长率之后，开始大幅度回落，并且人口自然增长率逐渐开始向平稳过渡，近年来保持在5‰左右，2009年首次下降到4.79‰，2013年为4.92‰。这种历史性转变的动力来自于中国日益成熟的人口控制机制：一是"计划生育政策"的强制实施，二是中国社会经济结构的演变对人口需求的变化形成的人口自我控制机制逐渐开始发挥作用。可见，中国人口的演变是不同于西方国家的，具有非典型性和非平稳性的特征。

（二）中国人口年龄结构和劳动力结构的演变及特点

伴随着我国工业化进程的进一步推进和社会经济结构的转换，人口自我控制机制开始发挥作用，但也留下很多问题，其中最大的问题就在于这种特殊的人口转变引发的人口年龄结构断层。

第一，中国的老龄化问题。据统计，我国在2000年已经基本进入老龄化阶段，现阶段中国老龄人口占世界首位。2000年中国65岁及以上人口比重为7.0%，2010年的全国人口普查结果显示，目前中国有1.19亿65岁及以上老人，约占全国总人口的8.9%。根据联合国2010年估计和预测的数据，2020年中国65岁及以上人口占总人口的比重将为13.6%，2030年将提高到18.7%，2040年是26.8%，2050年则高达30.8%。

第二，中国的劳动力年龄结构问题。首先，如果说中国人口自然增长率先上升随后下降形成一个"倒U字形"曲线，中间有着一定的波动的话，以大约一代人的时差，劳动年龄人口也呈现类似的变化轨迹。只有在1998年人口自然增长率下降并趋于稳定，劳动力供给总量变化也趋于平稳。劳动年龄人口构成劳动力供给的主要来源，在 1973 年中国实行计划生育之前，经历过两次极高的人口出生高峰，在这个时间段内出生的大批人口，经过一段时间长大成人，成为劳动年龄人口（16—64 岁）。据此推算，在 20 世纪 70 年代到 90 年代末期，中国的劳动力供给增长率达到高峰。再经过一段成长的时间，劳动力供给的惯性与代际传递的高峰将彻底释放完毕。据此推算，2005—2015 年（2005 年正好是中国开始出现民工荒的时间），中国劳动力总量将达到高峰，然后出现下降。我国学术界也普遍认为，中国经济在改革开放后保持了 30 年的高速增长，中国的人口红利功不可没。其次，在中国的劳动力人口增长率开始下降的同时，劳动力年龄结构也随之发生重大变化。这里通过年龄移算法对我国未来劳动年龄人口内部结构进行估算，结果并不乐观。一般从年龄结构上来看，16—44 岁是劳动力从业的黄金时段，45—54 岁属于中老年劳动者时期，55—64 岁属于老龄劳动者，这三个层次构成一个典型的金字塔状。但通过估算我们发现，从 2013 年到 2020 年金字塔的底部逐年缩小，取而代之的是其顶部逐年扩大，即 16—44 岁组的比重逐年下降，55—64 岁组的比重处于上升趋势，即中国的人口整体上趋于老龄化，劳动年龄人口内部结构也呈现老龄化的趋势，中国劳动力的供给不容乐观。

第三，中国劳动力城乡结构的变化。改革开放前，中国城乡分割的二元体制严格限制了人口转移，中国的人口城市化也一直徘徊在 17%左右。改革开放以来，随着传统计划经济体制向社会主义市场经济体制转轨的逐步深化，劳动力资源计划配置体制逐渐被劳动力资源市场配置体制所取代，我国农村劳动力逐渐向城市转移，中国城市化水平在 2014 年达到了 54.77%。伴随着城市化进程的快速推进，中国农村人口、农村的劳动力数量和结构同时也在发生着重大变化。

中国农村人口自然增长率和全国人口增长率保持基本趋势一致的同时，绝对增长率略高于城市。但中国农村人口数量特别是农村劳动力数量和结构受到劳动力流动和城市化水平的极大影响。我国农村劳动力流动始于 20 世纪 80 年代，其特点也在发生着重大变化。到目前为止，我国大概有 2 亿农村劳动力处于流动状态，并且

随着中国社会经济发展背景的变化，出生在 80 年代以后的中国新
生代流动劳动者已构成一个庞大而全新的流动群体，总数已达 1 亿
之多，占农村流动者的比例达到 60% 以上。调查显示，农村青壮年
劳动力能够外出的基本已全部外出，农业劳动者的平均年龄为
46.45 岁，并且 75.24% 为女性。农村青壮年劳动力的外出流动，
极大地加速了农村人口的老龄化和劳动力结构的老龄化、妇女化，
使中国的老龄化问题在农村显得更加突出。

　　从图 10—2 可以看出，改革开放以来，我国劳动力总量趋于平
稳，其中农村劳动力在 1990 年迅速增长，到 1997 年开始逐渐下
降，而城镇劳动力增长速度逐渐加快，这表明我国城乡劳动力流动
速度不断加快。劳动力转移并不是中国特定时期出现的特殊现象，
对一个正在经历迅速的经济增长和产业结构变化的发展中国家来
说，劳动力从农村、农业转向城市和非农产业是社会生产力发展的
必然结果，但这种转移引起的农村劳动力在 10—15 年之后（以目
前农村劳动者平均年龄为 50 岁左右推算）的断层却是一个重大的
社会经济问题。

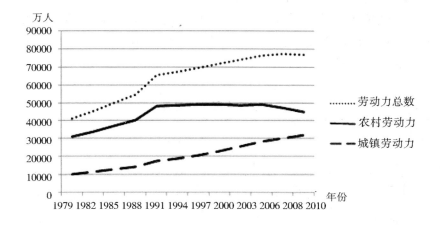

**图 10—2　1979—2010 年中国劳动力资源变化趋势**
资料来源：《中国人口和就业统计年鉴 2010》。

　　总体来说，中国在社会经济发展和人口政策双重控制下用 30 多

年的时间走完了发达国家在一个世纪才完成的人口转变，成功实现
了人口规模的控制。但中国人口的非平稳性、非渐进性演变过程，
又导致了人口年龄结构和劳动力年龄结构的断层，中国提前进入了
老龄化阶段。更值得关注的是，随着中国社会经济结构的转型，中
国人口自我发展、自我控制机制正在形成，这种人口演变动力将进
一步促进社会经济结构的转型，并对推进中国人口结构的平稳演变
和健康发展产生重大影响。

## 二　中国经济结构转型

（一）中国工业化进程的推进与工业化阶段的提升

首先，中国的改革开放带来的是中国经济高速增长与经济规模
迅速扩张。2014 年中国工业增加值总量为 22.8 万亿元人民币，约
合 140 万亿美元，占据全球工业总量的最高份额。其次，改革开放
后，在市场经济的引导下，中国的产业结构不断提升，第一产业在
三次产业结构中的比重持续下降，第二产业产值稳中有增，第三产
业增加值不断提高，2014 年三次产业结构比值为 9.2：42.6：
48.2，产业结构正在朝着合理化的方向演进。

钱纳里等人借助多国模型回归出"标准的工业化结构转化模
式"，依据 PGDP 将整个经济增长和结构转换分为 3 个大的阶段、6
个时期。（见表 10—1）

表 10—1　　　　　　改革开放以来中国工业化各个阶段

| 经济发展阶段 | | 钱纳里标准（PGDP，2000 年） | 中国工业化水平（PGDP，2000 年） |
|---|---|---|---|
| 初级产品生产阶段 | | 550—1240 | 684.45—1202.01（1978—1985） |
| 工业化阶段 | 初级阶段 | 1240—2480 | 1288.47—2225.61（1986—1993） |
| | 中级阶段 | 2480—4960 | 2488.87—4589.13（1994—2002） |
| | 高级阶段 | 4960—9300 | 5016.70 以上（2003 年至今） |
| 发达经济阶段 | 初级阶段 | 9300—17200 | — |
| | 高级阶段 | 17200—25900 | — |

数据来源：世界银行《世界主要 40 国 45 年来主要经济数据》。

结合钱纳里模型，考察中国改革开放 30 多年来经济规模与工业化水平的演变历程，可以得出以下结论：

1978—1985 年，是我国经济结构调整时期，类似于钱纳里标准的初级产品生产阶段；1986—1993 年，是我国工业化的快速发展时期；1994—2002 年，我国重工业再次快速发展，人均 GDP 达到 3473.47 美元，按钱纳里标准估算我国进入工业化中级阶段；2003 年至今，我国制造业发展迅速，2010 年霍夫曼系数达到 0.40，2003 年人均 GDP 为 5016.70 美元。按照钱纳里标准核算，我国开始全面进入工业化的高级阶段，即工业化中后期阶段。

（二）中国就业结构的提升与城市化进程的推进

改革开放以来随着工业化进程的推进，中国的就业结构发生了巨大变化。1978 年中国三次产业的就业结构是 70.5∶17.3∶12.2，2000 年为 50.5∶22.5∶27.5，2014 年为 31.4∶30.1∶38.5，非农就业人口比重逐年上升。随着非农产业的大力发展，中国的城乡二元社会结构正在向着一元化方向演进，城市化水平也不断提升。1978 年中国的城市化率为 17.92%，2000 年为 36.22%，2014 年为 54.77%，并且这种演变保持了稳定上升的态势。

（三）中国经济结构调整

第一阶段，计划经济向有计划的商品经济转变（1979—1985）。1978 年中国开始了改革开放，单一公有制和计划经济体制所经历的曲折、挫折、灾难、困惑，孕育着一场新的探索。由计划经济向有计划的商品经济转变，改革从农村确立家庭联产承包责任制开始，乡镇企业"异军突起"。这一阶段是改革探索和扩张供给阶段，面临两个突出的问题：一是传统观念束缚；二是商品供应短缺。

第二阶段，商品经济向市场经济转变（1986—1993）。这一阶段中国经济体制改革继续深化，由农村经济体制改革转向城市经济体制改革，国民经济也由有计划的商品经济向市场经济转变，国家开始大力发展商品经济，构建社会保障体系，关注信息科技产业的发展。国民生产总值比 1980 年翻了一番。伴随着人民群众物质文化生活水平的提高，第三产业获得了补偿性的发展，其按当年价格计算的增加值年均增长率为 20%，而第二产业为 17%，第一产业为

14.5%。这一时期产业结构变化明显,第一产业占GDP比重开始持续下降,从1986年的26.9%下降到1993年的19.5%。第二产业占GDP比重总体呈上升态势,从1986年的43.7%上升到1993年的46.6%。第三产业占GDP比重稳步上升,从1986年的29.4%上升到1993年的33.9%。

第三阶段,不完善的市场经济体制向全面的市场经济体制转变(1994—2002)。这一阶段是社会主义市场经济体制框架建设和经济高速成长阶段,国家继续明确改革的目标是"建立社会主义市场经济体制"。开始了价格体制改革、商品流通体制改革、金融体制改革、国有企业改革等一系列重大的改革实践,逐渐打破了计划经济体制的僵局,市场化程度不断提高,能源、交通、通信等基础设施建设快速发展,由此改变了20世纪80年代以来第二产业内部重化工业增长始终低于轻工业的局面,整个第二产业的发展趋势由此加快。在产业结构调整方面,第一产业占GDP比重继续下降,从1994年的19.6%下降到2002年的13.7%,第二产业比重基本稳定在46%的水平,第三产业占GDP比重稳步上升,从1994年的33.8%上升到2003年的41.2%。

第四阶段,全面完善市场经济体制(2003年至今)。2003年后,面临着经济知识化和经济全球化洪流的严重冲击,中国经济已进入全面、快速工业化阶段,但也存在不少困难和问题,集中表现为明显的、多侧面的二元现象。新阶段我国经济发展的基本特征表现为以下几方面。

1. 工业化进入由中级阶段向高级阶段的过渡时期

2003年我国人均GDP首次突破1000美元(当年价格1090美元),2007年我国GDP为246619亿元,比1978年的5680.8亿元增长了42.4倍。按照钱纳里的标准,我国进入了工业化的加速发展时期。同时,中国经济发展进入新阶段以来,经济的结构性变化和矛盾更为显著。资源和环境的制约、发展不平衡、社会转型期的矛盾,以及国内体制和外部环境中的新问题开始集中显露出来,产生了收入分配差距拉大、地区差距扩大,经济结构失衡、失业和通货膨胀等问题。

2. 结构调整成为新阶段经济发展的主题

经过 30 年的改革与发展，我国经济发展已进入以结构调整为特征的新阶段，从产业结构的演进来看，2006 年我国一、二、三次产业增加值占 GDP 的比重为 12.4∶47.3∶40.3，对照工业化先行国家产业结构的历史演变，中国产业结构演进阶段转换的"拐点"已经出现。从就业结构来看，2006 年中国劳动力在三次产业的分布结构为 44.8∶23.8∶31.4，"非农"产业占就业的比重仅为 55.2%，2014 年上升到 68.6%。从城市化来看，中国的城市化率尚未突破50%，按照"常住人口"统计的"城市人口"占总人口的比重，2007 年仅仅为 44.9%。因此，结构调整成为新阶段经济发展的主题。

3. 消费的增长效应逐步增强

改革开放以来，中国的消费结构变化显著，消费方式逐步从生存型转向发展型和享受型。在城镇居民的消费支出中，住房、交通、文化教育、医疗保健、通信等方面的消费比重不断上升，食品消费不断下降，恩格尔系数由 1993 年的 0.869 逐渐下降至 2003 年的 0.55，进而下降到 2006 年的 0.428。中国经济正在由投资驱动型向消费拉动型变化，消费对经济增长的贡献率正在逐步超越投资，2006 年消费对经济增长的贡献率达到 49%，大大高于投资（36%）和净出口（15%）的贡献率。这些变化预示着中国经济发展迎来了大众消费时代。

4. 公共服务均等化的需求进一步凸显

随着我国逐步进入经济发展的新阶段，广大人民群众对公共物品和公共服务的需求迅速上升，与公共物品和公共服务的供给不足且配置失当之间的矛盾比较突出，社会保障、义务教育、公共卫生、基本医疗、公共就业服务等关系人民生活的矛盾日益凸显，为社会增添了许多不和谐的因素。在经济发展的新阶段，人民对公共服务均等化的需求进一步凸显，一方面，在提供私人物品和私人服务方面，市场机制的作用不可替代，但在提供公共物品和公共服务方面，市场机制却存在失灵或局限性，需要通过基本公共服务均等化的机制和制度安排来弥补。另一方面，长期以来城市偏向型的公共服务非均衡供给制度导致了公共产品供给的非均等化，这就迫切需要推进基本公共服务均等化来改革和完善，以实现经济社会的和谐发展。

### 三　中国社会结构转型——中国劳动力的城乡转移

长期以来，中国也存在着落后的农业部门和相对发达的工业部门，符合刘易斯模型中描述的二元社会结构的特征。高工资水平的工业部门不断吸引劳动力从生产率相对低的农业部门向工业部门转移，因此，中国劳动力的城乡转移促进了二元社会结构的演进。下面我们来分析一下改革开放以来我国劳动力城乡转移的阶段性特征。

从图10—3中可以看出，改革开放以来，农村人口比重逐年下降，相反，城镇人口比重呈现上升趋势，这表明我国农村劳动力大规模地向城市转移。

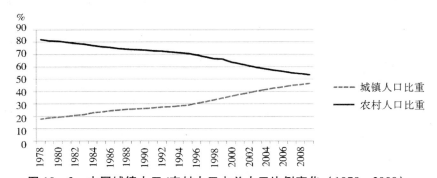

**图10—3　中国城镇人口/农村人口占总人口比例变化**（1978—2009）

资料来源：《中国人口和就业统计年鉴2010》。

结合图10—3分析，改革开放以来，我国农村劳动力转移大致可划分为以下四个阶段。

第一阶段（1978—1988）：农村劳动力转移的起步和发展阶段。1978—1984年，是农村改革阶段，极大地提高了农民生产的积极性，地少人多的矛盾开始凸显，农村剩余的劳动力开始寻求发展多种经营和二、三产业，出现了劳动力向非农产业转移的发展趋势。

1985 年以后，农村劳动力开始了跨区域流动，迎来了全国农民工转移的第一个高潮。

第二阶段（1989—1991）：三年徘徊期。由于上一阶段大量的农村劳动力涌入城市，给城市的交通、就业、治安等造成了较大压力。加之进入 20 世纪 90 年代以后，乡镇企业在发展过程中不断暴露出一系列的问题，非农产业对劳动力的吸纳能力开始下降，导致这一时期劳动力转移出现了跌宕起伏的态势。

第三阶段（1992—1998）：农村劳动力大规模转移时期。此阶段国家开始大力支持发展乡镇企业和民营经济，并鼓励农村劳动力向非农产业和城镇转移，统筹城乡劳动力的就业。在这一阶段，农村劳动力转移的速度开始加快，形成了一个持续发展的跨省流动的"民工潮"。

第四阶段（1999 年至今）：农村劳动力转移进入全面有序发展的新阶段。2000 年以来，我国经济迅速发展，国家更加重视"三农"工作，各种有利于农村劳动力转移的政策相继出台，我国又兴起了新一轮的劳动力转移的浪潮。

改革开放以来，随着农村劳动力向城市的阶段性转移，城乡二元社会结构正在向着一元化方向演进，同时推进了我国城市化的水平。根据最新统计，我国的城市化水平为 46.6%，然而处在工业化中后期的其他发达国家的城市化水平在 85% 左右。这样看来，中国农村人口向城市转移还远远没有结束，城乡一体化的刘易斯第二转折点 F 点还没有到来。

## 第二节　扶贫新模式——区域发展与城镇化

改革开放 30 多年来，随着中国人口、经济、社会结构的转变，中国扶贫开发模式的选择也随之变化，自 2011 年扶贫开发进入新时期以来，城镇化已经成为扶贫开发模式的新选择。中国城镇化的制度安排经历了由限制农民进城到允许、引导农民进城，再到鼓励农民进城的过程，对缓解贫困、创造就业机会、提升产业结构、推动经济增长发挥了重要作用。现阶段，中国城镇化还面临着内需开发、农民工市民化、城镇体系结构布局等方面的问题。下一步，中国发展需要加快推进城镇化，从布局突破过渡到全面推进阶段，从规模重组、空间重组、产业重组三个维度确立中国城市体系的总体布局，为中国的扶贫开发做出新贡献。

随着城镇化的不断推进，我国的反贫困战略也开始发生重大转变。20世纪80年代，扶贫战略由"输血"式转到"造血"式，救济型转到开发型，在扶贫对象上，把集中连片的贫困地区（以贫困县为单位）作为重点。概括地说，就是把推动贫困人口集中区域的经济发展与促进贫困人口自我发展能力的提高联系起来，实现贫困区域经济增长与反贫困相结合的战略。这种反贫困战略的根本转变，反映到贫困县内部，就是反贫困由均衡资助向据点开发转变，即在贫困县的范围内，生产要素首先向一些基础条件比较好的地区集聚。在这些地区形成区域范围内率先发展起来的增长极，并带动周围贫困乡村的发展。80年代中期以后，贫困地区集镇建设的迅猛之势，就顺应了反贫困战略转变的这种要求。我们由此可以断定，地区城镇化与区域反贫困达成了时间、空间的耦合。在这一耦合过程中，地区城镇化的反贫困作用主要体现在如下几方面。

## 一  城镇化发展推动了区域经济增长点的形成

城镇化的直接效应是生产要素的集聚和优化配置。如前所述，以地区农业综合开发为基础而兴起的集镇推动了农业产业群体的形成，特别是随着产业链条的适当延伸，一批依托农业综合开发成果的非农产业，如加工、服务行业的形成，吸引了资金、技术和劳动力的集聚，形成了地区经济的增长极，成为改变地区产业结构，提高经济效益和农民收入的基点。而这一点与20世纪80年代后期反贫困战略的转变紧密结合在一起。国家从1985年开始推行的反贫困措施，都强调贫困地区形成"造血"机制，扶贫资金按项目投放，试图在当地形成生产能力，推动经济增长。1987年10月，国务院《关于加强贫困地区经济开发工作的通知》中，在强调扶贫到户的同时，指出这并不意味着完全把扶贫资金直接到户，而是兴办扶贫经济实体，即企业，由企业直接安排贫困户的劳动就业，并带动周围大批贫困户发展商品生产。也就是说，以企业为中心形成新的增长点，企业扩张既可推动经济增长，又能把增长收益转嫁到一部分贫困者手中。据相关分析，地区经济发展和城镇发展的紧密相关，充分说明了集镇的反贫困作用。

## 二　城镇化发展丰富了传统反贫困战略的内容与形式

传统的反贫困战略关心的是解决贫困人口的温饱问题，即把缓解食品的短缺作为主要任务来抓，因而衡量贫困的标准也主要是人均口粮，这种政策的直接效应，就是片面强调粮食自给率，从而导致地区人口与耕地、森林资源的矛盾，其结果是贫困人口的口粮水平提高了，但水土流失加剧，生态环境逐渐恶化。并且，在传统扶贫战略下，与贫困密切相关的基础设施、社会服务条件的改善往往得不到重视。国内外已有众多的研究表明，教育和医疗卫生服务的改善有助于控制人口增长，减轻环境压力，从而最终缓解和消除贫困。而在我国贫困地区绝对贫困者中间的高文盲率和营养健康不良的状态，与 20 世纪 70 年代末相似，这意味着贫困地区与其他地区间差距不仅在收入方面大，在社会服务领域更大。地区城镇化过程的加快，意味着基础条件的改善，特别是教育卫生条件得到相应改善，从而解决了脱贫的根本问题。

## 三　城镇化发展实现了反贫困主体的多元化

传统的反贫困主体是政府，反贫困仅仅是政府的责任，而广大贫困地区的居民仅仅是被救济的对象。地区城镇化过程一方面体现了政府对此工作的重视，另一方面也激励了其他主体参与反贫困的积极性。政府部门对地区建镇标准的倾斜和鼓励，以及变救济扶贫为开发扶贫的政策和对主要基础设施的投入，促进了地区的发展。地区农民下山脱贫办企业，带资金输入的自发"造城"运动体现了农民建设地区城镇的渴望和参与的主动性。社会各界通过"希望工程"、"金桥工程"、"星火计划"、"燎原计划"提供的资金、技术以及道义上的支持也以地区集镇为重点，促进地区经济的发展。更为重要的是，个体私营经济的发展，极大地改变了贫困地区的社会结构。地区城镇化过程参与主体的多元性，体现出地区反贫困主体的多元化。

### 四  城镇化发展加快了农村人口流动转移

西方国家的地区发展经历了人口外流与产业振兴前后相继的两个阶段，而且，人口外流经历了相当长时期才引起社会的重视。从它们的经历看，消除地区贫困的动力不是来自于地区内部新生产力的萌发和新兴产业的崛起，而是借助于外部区域工业化所带来的吸引力。我国贫困地区人口过多，难以全部实现空间转移，相当多的人口不得不继续留在贫困地区谋求发展。我国贫困地区在 20 世纪 80 年代兴起的城镇化过程中吸纳了大量农村剩余劳动力，不仅促进了城市建设与城市发展，而且对减少农村土地上的人口压力、提高农业劳动生产率发挥了十分积极的作用，而且成为农民增收和农村人口获得更多发展机会的最佳平台，更是西部贫困地区反贫困的主要途径。

# 第十一章

# 中国反贫困战略调整

## 第一节 中国贫困地区的分布以及
## 贫困特征的演变

### 一 中国贫困地区的分布

从贫困人口的区域分布来看，中国西部地区贫困发生率明显高于中部和东部。2010年，东部地区有贫困人口124万，中部地区有813万，西部地区有1751万。西部地区贫困发生率为6.1%，远高于东部地区，全国95%以上的贫困人口集中于中部和西部地区。从地势分布来看，山区贫困人口所占比重逐年增加，贫困人口有进一步向山区集中的趋势。而且贫困人口在山区的分布呈现出分散的特点，贫困人口不仅分布在深山区、边远山区、地方病多发的山区等，而且在广大非贫困、甚至富裕的山区地带也大量存在，形成了人们比较容易忽视的"插花式"的贫困现象。

2011年颁布的《中国农村扶贫开发纲要（2011—2020年）》将我国主要贫困地区划分为14个集中连片特困地区，共计679个县，覆盖了我国80%以上的贫困人口。从这14个片区的划分来看，目前我国贫困地区主要分为两种类型：一是生态脆弱型集中连片贫困地区。主要有秦巴山区、吕梁山区、三江源地区和琼中地区。按照国家主体功能区规划，这些地区属于重要的生态保护区，而这些地区又是集中连片贫困地区，是集生态保护与集中连片贫困的特征为一体的地区，属于生态脆弱型集中连片贫困地区。二是生存条件待改善型集中连片贫困地区。主要包括六盘山及陇中南地区、横断山区、武陵山区等地区。这些地区大多是高山、丘陵区，只有极少数的平原区，从总体来看还有适宜集聚人口和产业的空间，但生态环境状况仍不容乐观。（见图11—1）

（注：连片扶贫开发地区与少数民族主要聚集区的重叠区

**图11—1    14个连片特困区与生态脆弱区分布图**

从贫困人口的民族构成上来看，少数民族人口占了很大比重。在划定的14个集中连片特困地区中有9个片区属于少数民族主要聚集区，共有民族县366个。我国的贫困地区主要位于西北部的沙漠荒漠地区、高寒山区、高原山区、黄土高原水土流失严重地区，西南部的喀斯特石漠化地区以及大江大河发源地等生态脆弱的地区。少数民族贫困地区的地理空间分布也遵循着这一规律，在全国主体功能区规划中划定的甘南黄河重要水源补给生态功能区、川滇干热河谷生态功能区、滇黔桂等喀斯特石漠化防治区、藏西北羌塘高原荒漠生态功能区、四川若尔盖高原湿地生态功能区等重要生态

保障区域都是少数民族人口的重要居住区域。结合图 11—1 和表
11—1 还可以看出，少数民族聚集的连片特困地区都位于生态环境
脆弱地区，且大部分都是地质灾害高发区。受制于脆弱的生态环境
和少数民族地区特殊的历史和社会状况，这些地区的经济发展陷入
了"生态环境恶化—经济发展迟缓—生活贫困—生态环境更加恶化
—欠发达—生态环境恶化—经济难以顺利起飞—继续贫困"的恶性
循环链。有效的扶贫政策的实施必须考虑到这些少数民族地区特殊
的自然地理状况。

表 11—1　　　　　　集中连片特困区民族构成与生态状况

| 连片贫困区名称 | 规模 | 民族构成 | 生态状况 |
|---|---|---|---|
| 六盘山区 | 总人口 2125.4 万，共 61 县 | 信奉伊斯兰教少数民族的主要聚居区，共 20 个民族县 | 沟壑纵横、植被稀疏、水土流失严重，是地质灾害高发区 |
| 武陵山片区 | 总人口 3418.9 万，共 64 县 | 我国人口最多的少数民族聚居区，共 34 个民族县 | 地貌呈熔岩发育状态，是地质灾害高发区 |
| 乌蒙山区 | 总人口 2287 万，共 38 县 | 彝族、苗族等少数民族的聚居区，共 13 个民族县 | 气候恶劣多变，山高路险，土地贫瘠，自然灾害频发 |
| 滇黔桂石漠化区 | 总人口 2935.2 万，共 80 县 | 瑶、壮等少数民族聚居区，共 73 个民族县 | 石漠化严重，有"生态癌症"之称 |
| 滇西边境山区 | 总人口 1521 万，共 56 县 | 我国人口较少民族的主要聚居区，共 46 个民族县 | 地形垂直分布明显，地质灾害严重，是重要的生态功能区 |
| 大兴安岭南麓山区 | 总人口 706.7 万，共 19 县 | 我国人口较少民族的主要聚居区，共 5 个民族县 | 气候寒冷，地广人稀，是重要的生态功能区 |

续表

| 连片贫困区名称 | 规模 | 民族构成 | 生态状况 |
|---|---|---|---|
| 南疆三地州 | 总人口635.8万，共24县 | 我国维吾尔族人口的主要聚居区，共20个民族县 | 自然灾害频发，生态环境脆弱 |
| 四省藏区 | 总人口525万，共77县 | 藏族人口的主要聚居区，共77个民族县 | 遍布高山峡谷，立体气候显著，自然灾害频发；是我国多条大江大河的发源地及重要的生态功能区 |
| 西藏地区 | 总人口290万，共74县 | 藏族人口的主要聚居区，共70个民族县 | 青藏高原的主体部分，地形复杂，气温偏低，气候类型复杂 |

## 二　中国贫困特征与贫困性质的变化

（一）绝对贫困得到缓解，但相对贫困日益突出

在中国政府主导的扶贫开发战略的努力下，困扰中国农村多年的绝对生存贫困得到根本性缓解，世界银行认为目前中国已基本消灭无法满足最基本衣食需要的极度贫困。但据官方贫困线统计，我国还有4000万左右的绝对贫困人口生活在绝对贫困的边缘，所以对农村绝对贫困问题依然不能掉以轻心。21世纪以来，由于城乡"二元"发展结构没有发生根本改变，农村公共品提供不足，农村社会保障的不完善等造成农民阶层性的普遍相对贫困差距越来越大，更体现在城乡二元结构造成农民普遍的发展权利、机会的不平等，导致农民能力匮乏，农民异常脆弱，被社会排斥，普遍处于相对贫困的弱势地位。

贫困问题是动态变化的，相对贫困是不可避免的社会现象，农民作为一个阶层，整体普遍贫困，在政治、经济、社会等领域都被社会排斥则非常不公平，必须处理好中国农民阶层性的普遍相对贫困问题，才能维护社会的稳定与发展。现在中国农村还有少部分人依然处于绝对贫困的边缘，但农民阶层性的相对机会、权利不均等导致能力贫困更为突出已经成为当前农村贫困的主要特征。

（二）持久性贫困减少，暂时性贫困凸显

从动态角度可以把贫困类型分为持久性贫困和暂时性贫困。我国反贫困战略一直都是针对持久性贫困。随着中国经济发展，多年的扶贫开发使持久性贫困已经大为减少，但是由于大部分农村地区自然灾害频繁，经济非常脆弱，社会保障体系不健全，农民抗风险能力差，暂时性贫困问题更为突出，遇到天灾人祸农民很容易陷入贫困的泥潭。

当前中国农村不同地区的贫困类型已出现分化，东北、东部沿海地区、中部、非山区和非少数民族地区暂时性贫困比例最高，而在西部地区尤其是山地的少数民族地区则是持久性贫困非常普遍。所以，随着农村贫困类型的转变，反贫困策略也必须及时进行调整，只有提供更好、更完善的农村社会保障体系，才能增强农民的抗风险能力，才能避免暂时性贫困，巩固已经取得的来之不易的反贫困成果。

（三）贫困人群更为分散，扶贫瞄准更难

中国西部地区仍是贫困人口的主要集中地，2010年有66.31%的贫困人口分布在西部，东部地区贫困人口比重为5.86%，中部为24.70%，东北为3.15%。为进一步促进贫困地区发展，国务院扶贫办将全国贫困地区划分为14个集中连片特困区，这14个集中连片特困区分布在全国20多个省，覆盖680个县。各个片区、各个县、各个乡镇和村贫困状况不一，贫困原因差别较大，贫困户和贫困人口更是分散。贫困人口分散在各地造成瞄准困难，西部地区贫困面大，瞄准还可以以村为目标，但如何保证贫困农户在整村推进中更加精准必须深思。

（四）致贫原因更加多样化

目前影响贫困发生的因素更加多样化，主要有以下几点：一是自然条件和自然灾害带来的贫困。大多数贫困地区处于偏远山区，那里干旱缺水、土地贫瘠、气象灾害严重，少数贫困地区仍然存在不通路、不通电、不通电话、缺乏饮用水等问题。二是人力资本不足造成的贫困。农村贫困人口的教育程度偏低，人力资本不足，这是影响他们向非农产业和城市转移的主要障碍，也是影响他们掌握农业技术、提高生产技术含量的主要因素。因此，部分农村劳动者自身能力的缺乏，特别是教育程度过低、缺乏就业技能和掌握农业技术的能力，是另一个主要致贫原因。三是健康状况不佳导致的贫困。随着经济发展和大量有劳动能力的农村贫困人口逐渐脱贫，受健康状况制约，特别是因残、因病丧失劳动能力而致贫的情况，正在变得越来越突出。四是家庭劳动力短缺和农村人口老龄化导致的贫困。一些贫困家庭因为各种原因致使家庭成员能够参与劳动的人数很少，甚至没有家庭劳动力，这样贫困家庭就失去了收入来源，即使存有少量积蓄，也会慢慢陷入贫困，加之农村人口老龄化程度的进一步加深，农村养老保障制度建设还不够完善，很多贫困家庭更是靠政府少量补贴勉强度日，长此以往不但不能解决贫困户的收入难问题，还给国家财政带来负担。五是贫困由农村向城市的转移造成城市的部分贫困问题。随着劳动力由农村向城市的转移，城市相对高的收入在一定程度上缓解了农村的贫困问题，但是由于技术的不断进步，设备的快速更新，城市工作对劳动力的素质要求越来越高，一些无法获得培训机会或者培训后仍无法胜任工作的农村劳动者就留在了城市生活，他们不愿回去也无法满足城市岗位需求，便成了城市的贫困人口。除了上述几个方面的因素外，行政管理和司法部门提供的公共服务质量也在一定程度上影响贫困的发生率，这里主要涉及的是制度环境方面的因素。对农村居民而言，这包括征地合理补偿问题，农民工工资拖欠问题，个别地区仍然存在的收费负担问题，以及农村治安和社会秩序问题等。

（五）由生存性贫困向发展性贫困转变

一是贫困户衣食住行基本解决但发展性需求迫切。多年来的扶贫开发大体上解决了贫困户的基本生活问题。国家以贫困乡、村为单位，加强基本农田、基础设施、环境改造和公共服务设施建设。到 2010 年，基本解决了贫困地区人畜饮水困难，绝大多数行政村通电、通路、通邮、通电话、通广播电视。大多数贫困乡有卫生院、贫困村有卫生室，基本控制了贫困地区的主要地方病。确保了在贫困地区实现九年义务教育，进一步提高适龄儿童入学率。贫困户的生产生活条件虽然得到改善，但自我发展需求迫切，这包括贫困人口的基础教育、职业技术教育和各种层次、各种内容的技术培训，贫困人口的农业生产技能、非农产业技能、劳务转移技能以及择业技能等。单纯地依靠国家的政策和扶贫资金的扶持很难使得贫困人口彻底摆脱贫困，贫困地区依然缺少持续发展、经济不断增长的动力和条件。二是由物质资本匮乏向人力资本匮乏转变。近年来的扶贫项目给贫困地区创造了很多就业机会，但贫困地区长期以来的教育医疗条件的欠缺，使得贫困地区劳动力的整体质量偏低，已经无法胜任新创造的就业岗位，造成贫困地区的结构性失业。加之农村人口老龄化问题日益突出，青年劳动力数量呈下降态势，导致贫困地区人力资本匮乏，自我发展能力不足。

（六）由整体性、区域性贫困向个体性贫困转变

经济增长与区域经济发展使得农村整体性、区域性贫困得到根本缓解。改革开放30多年来的经济增长是减缓贫困的最大推动力，经济的增长不但提供了更多更好的就业机会，使得人均收入增加，也带来了政府财政收入的增加，使得政府有能力从事反贫困事业，同时由于区域经济的发展，整体性、区域性的贫困得到根本缓解。即使由于自然灾害（如汶川地震、舟曲泥石流、岷县地震等）、地方性疾病等导致整体性贫困再次出现，国家财政以及社会力量也有足够的能力救灾，并进行灾后重建，地方生产生活活动能够顺利恢复，整体性、区域性贫困得以缓解。但与此同时，由于贫困人口的个体差异以及家庭突变等原因导致个体性贫困突出。社会历史环境等因素造成了贫困人口的个体性差异，单个贫困家庭或者单个贫困者在适应政策、提高自身发展能力等方面存在不同的约束程度和进展空间，反贫困的措施也必然导致不同程度的反贫困效果，所以，即使在贫困地区整体有所改善的条件下，其中的部分个体也有可能仍处于贫困状态。而且家庭突变也会导致单个家庭陷入贫困，如家中突然出现重病成员、家庭重要劳动力丧失、因决策失误或市场变化欠下无力承担的债务等因素，致使非贫困家庭陷入贫困或者贫困家庭陷入深度贫困，甚至已经脱贫的家庭返回贫困状态。

# 第二节　对我国农村反贫困战略的反思

改革开放以来，在党中央、国务院的正确领导下，经过各界的大力支持和贫困地区广大干部、劳动人民的自身努力，全国扶贫开发取得了巨大成绩。据国务院扶贫开发领导小组办公室副主任王国良介绍，按中国的扶贫标准测算，到目前累计减少了 2.5 亿贫困人口，按照国际扶贫标准测算，总共减少了 6.6 亿贫困人口，基本上解决了我国农村居民的温饱问题。我国 30 年的扶贫努力，取得的成绩激动人心。但随着新时期社会经济文化环境的不断进步和更新，我国农村的贫困特征与贫困性质发生了很大转变，这也对我们长期以来实施的开发式扶贫提出了挑战。不仅如此，在过去的反贫困过程中也产生了一些新问题、新现象，因此，多年来的反贫困战略值得我们深思，在反思中不断前进，不断推进反贫困的步伐。

## 一　贫困村、贫困户发展能力建设不足，边缘化问题突出

对贫困村和贫困户的发展能力建设不仅是改变贫困现状，更是考虑到了贫困人口的下一代的生存发展问题，是从长远角度考虑，使贫困人口彻底脱贫，有效降低返贫率。以往的开发式扶贫主要是在国家必要支持下，利用贫困地区的自然资源，进行开发性生产建设，逐步形成贫困地区和贫困户的自我积累和发展能力，主要依靠自身力量解决温饱、脱贫致富。尽管开发性扶贫方式解决了贫困村和贫困户的温饱问题，但过度地依赖自然资源，专注于生产性建设，使得当地人力资源的自我发展能力建设依然不足。而且，这种对资源的开发一般都带有地方政府垄断性质，贫困人口由于缺乏社会资本、资金投入，无法参与资源开发，更加无法获得收益，加之生产性建设对生态造成的破坏，反过来也影响了贫困地区的长远发展。可以看到，开发性扶贫在贫困地区可持续发展能力建设上仍然有其局限性。

随着中国农村反贫困治理进程的不断推进，至 2006 年底，中国农村剩余的贫困人口进一步向边远山区、边区、少数民族地区等边远化地区集中，其所处的地理位置更偏僻、自然环境更恶劣、基础设施条件更缺失，这也意味着反贫困治理将面临前所未有的挑战。贫困的边缘化不仅体现在贫困地区分布的边缘化，更体现在贫困人群的边缘化。经济的高速增长，使得工业化、城镇化、信息化迅速发展，人民生活水平进一步提高，但是由于贫困者自身发展能力的不足，无法获得社会进步带来的好处，收入差距和生活水平差距进一步拉大。加之生存条件依然相对恶劣，与现代城市生活的距离越来越远，边缘化问题使得扶贫开发存在很大阻力。

### 二 人力资本开发不足，可持续性不强

在过去的农村扶贫中过于强调对短期收入增长有利的生产性开发，而对贫困人口长远发展有重大影响的人力资本开发和能力提高投入不足。原因在于我国定义的农村贫困是以收入为标准的绝对贫困，国家统计局在测量贫困标准和贫困人口时并不考虑社会发展指标。在短期内，投资于道路、桥梁、农田、水利等的物质资本和直接生产活动更容易提高生产率和农户的收入水平，因而有更明显的直接扶贫效果。而且，对人力资本的作用认识不够，长期以来人们在习惯上将教育和医疗支出当作一种消费，而不是当作一种长期的投资。对人力资本的开发更多的是停留在形式上，缺乏系统性和针对性。长期以来的扶贫政策更加趋向于对贫困地区的教育的普及，但对教育质量的关注度依然不足，应试教育缺乏对农村受教育人口的能力开发，农村贫困地区很多极具天赋和开发潜力的人才并没有得到更好更适合的教育资源，人力资本的开发还未能达到精准，不能发挥最大优势。近年来，随着教育费用上升和打工收入的增加，很多贫困家庭孩子选择了小学或者初中就辍学去打工挣钱，这些体力劳动者经不起社会的进步和市场的变化，便成为潜在的贫困人口。尽管国家对这些受教育程度较低的体力劳动者进行了职业技能培训，但是由于地区差异、个体差异，而且这种政府主导性的培训

对农民工和市场需求的重视不足，培训机制的不够完善，都导致培训的效果大打折扣，不尽人意。

缺乏持续性是开发性扶贫存在的严重问题，在农村反贫困过程中，很多贫困地区在资金供应、政策制定、扶贫规划上都没有长期持续计划，时断时续，全凭当届政府的一时行为。如贫困乡镇科技推广和普及持续性的缺乏，财政投资只限一个项目、一个时间或一次性，没有时序连续性，以致投资难以产生效用。而且这种政府主导性的扶贫开发，在某些地区成了地方政府彰显政绩的试验田，往往形式大于内容。地方政府虽然获得了扶贫资金，但资金使用效率低下，精准度不高，部分地区样板工程突出，没有收到应有的扶贫效果。

### 三　开发扶贫虽取得了一些成就，但也带来新问题

以往的开发式扶贫主要以自然资源、农业资源和矿产资源等开发为主，利用当地优势资源搞生产性建设成为扶贫开发的主轴。在政府主导下，除了水电林田路整治、产业扶贫开发以外，还大力发展小水电、小水利、小矿产等小型资源，这些扶贫措施在一定程度上促进了当地的经济发展，增加了就业，提高了人均收入水平，开发地贫困人口的生活水平得到相应改善。但是从长期来看，这种扶贫方式还很不完善，带来了一些新问题。由于资金缺乏，开发建设缺乏整体性、系统性、长期性规划，对于水电林田路的整治大多是一次性投入，存在很多隐患，如村庄建设缺乏科学规划，零散建设突出，路面得到硬化但没有排水设施，垃圾处理成为问题，小城镇、中心村庄环境遭到极大破坏。这种靠山吃山、靠水吃水，以牺牲资源和环境为代价的扶贫开发（如小水电、小矿产等能源资源型企业的建立）不但破坏了当地的生态环境，而且既得利益也大多被一些开发商和企业占据，当地民众从中无法获益。

### 四　贫困人口的发展权利、参与机会和选择空间有限

农村贫困人口仍然无法获取充分的发展权利和参与机会。权利存在是一回事，而能否得到获取这些权利的机会又是一回事。贫困

人口事实上无法或难以享受其他人群所能够享受的机会，包括得到工作机会、投资机会等等，甚至其最基本的发展权都难以得到保障和充分的实现。

从主观上看，发展主体自身的局限性，使权利不能得到实现，如受教育权利的放弃等等。在工业化、城市化的过程中，作为弱势群体的农村贫困人口阶层难以发出自己的声音，不具备要价的能力，使得他们即使是在面临有利市场条件时也很难为自己争取利益，致使许多法律赋予的权利很难获得切实保障。如，城市改扩建和道路、机场、水利、矿山等建设，尤其是开发区建设占用了大量土地，但农民及村集体最终只得到微不足道的补偿；农村土地的集中使用使农民失去了生活的最后屏障，却享受不到城市居民的最低生活保障等。

从客观上看，政治参与程度低，这不仅与贫困群体自身的资产特征有关，与整个社会的政治环境也有着密切的关系。外部存在的各种因素从多方面阻碍了农民发展权利的实现。首先，国家产业结构调整政策的偏向使农民难以迅速从第一产业转移到第二产业和第三产业就业，农村贫困人口主要从事附加值低，增产、增收基础不稳固的第一产业，脱贫的难度自然大。其次，扶贫政策的局限。尽管国家的扶贫思路已经从"救济式"转到"开发式"，逐渐探索出了"开发式扶贫"的新模式，但其效果有限，一是不少扶贫项目形式大于内容，效益不佳。二是扶贫贷款到村、到户、到项目难，一些地方出现了"贷富不贷贫"的现象。三是资金投向不均。开发式扶贫投资项目应包括基础设施修建、教科文卫事业发展、生态环境改善等，但许多地方在实际操作中主要投资生产性项目、基础设施项目，而对教育和环保项目多有忽视，从而不利于提高农民自我发展能力，不利于优化农村的发展条件。再次，在整个改革进程中，利益的天平一直是向城市倾斜的，农村的发展落后于城市，农村社会事业的发展又落后于经济的发展，制度化的社会政策也未能向农村贫困人口提供足够的医疗、失业、住房、教育和救济的保障，面向农村的公共物品和社会福利供给制度远未完善。

### 五  贫困地区的生态环境建设不足，原生态民族文化遭到冲击

中国农村的反贫困曾经经历了由"救济式"扶贫向"开发式"扶贫的转型，在开发式扶贫方式的指导下，政府在贫困地区进行了大量的能矿资源开发项目的投资，以期通过工程项目的发展增加贫困地区人民的收入进而达到脱贫的目的。但是，实践证明，贫困地区小水电、小矿产等诸多工程项目由于与当地民众的脱节而并未使贫困得到缓解。相反，某些项目给当地的生态环境造成了极大的破坏。尽管我们已经很早意识到这个问题，在反贫困措施上有所调整，但这种调整对于改善贫困地区的生态环境仍然是很有限的，而且现实中，许多生态环境建设政策都流于形式，停留在了口号层面，并没有太多实质性的进展。

地形地势封闭、经济社会发展落后、贫困发生率较高的少数民族地区是我国多种原生态民族文化的发源地，对其民族文化的保护和发展对于中国民族文化的多样性有着极为重要的战略意义。而开发性的扶贫针对一些民族地区的旅游开发并没有给当地的民众带来收入的显著提高，反而对当地的原生态民族文化造成了异化和强大冲击。

## 第三节  新时期农村反贫困战略的调整

基于对农村反贫困多层次多方位的分析结果和农村反贫困过程中出现新现象，农村反贫困战略需要进行相应的调整，以消除反贫困工作的弊端，提高反贫困的效率，改善贫困人口的生活水平，增强贫困地区的自我发展能力。

### 一  贫困标准的测定

根据贫困性质的动态变化，特别是贫困人口的发展需求，借鉴联合国等国际权威机构关于人类发展指数等相关指标，采取收入、健康、教育等多维度衡量方法，重新界定贫困标准，将发展性指标

纳入贫困监测中，从传统对贫困人口的识别只注重物质性贫困向注重发展性贫困转变。

## 二　反贫困目标

在反贫困目标上，应该以满足贫困人口的基本生活需要和基本生产需要为立足点，以满足贫困人口的基本发展需要为突破口，逐步消除贫困。多年来反贫困战略实施在解决贫困人口基本生活需要和生产需要方面已经取得了瞩目的成就，但绝对性贫困问题并没有得到根本性的解决，某些边远山区、边区、少数民族地区等边远化地区的基本生产生活依然没有得到改善。所以，依然要把满足贫困人口的基本生活需要和基本生产需要作为立足点。在此基础上，着重解决贫困人口的持续发展问题，在科学发展观的指导和引领下，积极推进新农村建设，提高农民的生活水平，提升贫困人群的综合素质，增强贫困地区的自我发展能力，促进贫困地区的可持续发展。

## 三　反贫困理念

在反贫困理念上，全方位体现机会、赋权、安全的人本主义思想，赋予贫困人口更多的发展权利、参与机会与选择空间。根据马斯洛的需求层次理论，人的需求可以划分为由低到高的五种：生理需求、安全需求、社交需求、尊重需求和自我实现需求。目前我们的反贫困战略大多只解决了生理需求方面，也就是只达到最低层次，对满足贫困人口的更高层次的需求还远远不够。这就需要我们在反贫困战略的制定上更加突出提高贫困人口的生活水平而不是生存水平，如建立更加完善的农村社会保障体系，为农村贫困人口提供更多更好的发展机会，扩大他们的政治参与权利，全方位地提高贫困人口的生活条件和生活环境。

## 四　反贫困体制

在反贫困体制上，实现由政策扶贫向制度扶贫的转换，实现扶贫政策的制度化、法制化，提高扶贫效率，并通过城乡一体化、农民工市民化、社会保障等一系列制度创新，激发体制活力。政策扶贫虽然具有其灵活性，但容易存在人为干扰、资源渗漏、方式异化等问题，极大地影响了扶贫效率。所以，由政策扶贫向制度扶贫的转型是新时期扶贫体制的必然要求。制度扶贫具有刚性的特点，由法律的形式界定贫困标准、扶贫对象、扶贫方式，并依法实施，可以在很大程度上提高扶贫效率。当然，在以法律的强制力推进反贫困活动的同时，要辅之以制度创新，通过城乡一体化、农民工市民化和社会保障制度等，激发体制活力。

### 五　反贫困模式

在反贫困模式上，实现由开发式扶贫向发展扶贫的转换，全方位提高贫困地区经济社会发展能力和贫困者自我发展能力，实现精准扶贫与区域发展的有效结合。开发式扶贫在解决贫困人口基本生活问题上确实起到了很大作用，但要实现贫困地区和贫困人口的长远和全面发展，开发式扶贫就有其局限性了。所以，要全方位地提高贫困地区的经济社会发展能力和贫困者的自我发展能力，就要实现由开发式扶贫向发展式扶贫的转换。发展式扶贫以提高贫困地区经济社会发展整体能力和贫困者自我发展能力为着眼点，以激活贫困地区经济社会发展的内在活力为目标，以人为根本，以智力支持为重点，既立足于当前，又着眼于长远，确立高起点的发展模式。在发展式扶贫的基础上，还要进一步强化精准扶贫，进一步对扶贫工作实行精细化的管理，对扶贫资源进行精确化的配置，对扶贫对象实现精准化扶持。同时还要依托区域发展，贫困村农户的脱贫才能脱得扎实、脱得彻底、脱得长久。没有统筹推进区域经济社会发展，精准扶贫的速度和质量就会受到影响。

### 六　反贫困内容

在反贫困内容上，实现由以物质资本投资为主向人力资本投资为主的转换，注重内援扶贫，加强贫困人口的教育、培训、就业、医疗、健康等投资，全方位提升贫困人口的发展能力，加强内援扶贫，提升发展高度。贫困地区的发展不仅要靠国家的政策扶持，更重要的是要挖掘贫困地区的内生发展动力。贫困地区人力资本的开发便是在挖掘内生动力。因此，今后应加大贫困地区的教育和医疗等投入，通过提高贫困人口的人力素质，打破贫困的代际相传，全方位提高贫困人口的自我发展能力。正所谓"授人以鱼，不如授人以渔"，必须变"输血"式帮扶为"造血"式帮扶，构建基于内源资源的可持续增收机制，形成内生发展的动力，让农民真正拥有生产经营和生活的能力。

### 七　反贫困途径

在反贫困途径上，寻求产业富民与生态移民的有效结合，探索劳务输转与农民工市民化、提高教育水平与异地就业、促进非农产业就业等人口流动与转移方式，进一步摆脱生态贫困，探索多元化发展道路。首先，贫困地区在地域分布上存在显著的生态脆弱性、资源富集性等特点，那么在反贫困的过程中，就存在一个选择，到底是利用当地优势资源发展富民产业（某些产业在一定程度上会造成生态环境的破坏），还是进行生态移民。这就需要更加科学的客观分析，寻求产业富民与生态移民的有效结合。其次，贫困地区人口外出务工是摆脱贫困的有效手段，而这样一个庞大的农民工群体在外出务工地的生活和发展权利却受到制约，所以提高农民工的市民化水平是反贫困的有效途径，由于受公共政策、城市资源、农民素质等因素的限制，2.7亿的农民工不可能同步市民化，或者同时融入城市，必须经历一个分期、分批、渐进的融入过程。再次，提高贫困地区的教育水平，加大贫困地区的教育投资力度，以完善学校硬件设施，选择性地提高农村教育政策倾斜程度，以吸引优秀师资力量，从源头上提高贫困者的受教育水平和质量。最后，给贫困人口创造更多的就业机会，促进异地就业与非农产业就业，促进贫困地区人口向社会经济发展较好的地方流动，从而带动贫困家庭的转移。

### 八　反贫困机制

在反贫困机制上，要注重精准扶贫、内援扶贫、科技扶贫、绿色扶贫以及信息扶贫机制，走新常态下的扶贫道路。

精准扶贫，就是建立精准扶贫工作机制，通过对贫困户、贫困村的准确识别并建档立卡，全面掌握贫困人口的数量、分布、贫困程度、致贫原因、脱贫门路、帮扶措施和帮扶责任等，使所有扶贫措施与贫困识别结果相衔接，因村施策、因户施策、因人施策，做到对扶贫对象精准化识别、对扶贫资源精确化配置、对扶贫目标精细化管理、对脱贫责任精准化考核，改"大水漫灌"为"精确滴灌"，扶真贫、真扶贫，确保如期稳定脱贫。"精准扶贫"是针对以往的粗放扶贫而言，针对不同贫困区域环境、不同贫困农户状况，运用科学有效的程序对扶贫对象实施精准识别、精准帮扶、精准管理的治贫方式，就是要建立精准扶贫工作机制，地方要优化整合扶贫资源，实行精准扶贫，确保扶贫到村到户。实施精准扶贫，找出真正需要帮扶的人群，找到贫困的真正原因，做出真正正确的扶贫方案，以期真正解决贫困问题，实现全面建成小康社会的目标。

内源扶贫，是指通过激发本土自身一切可以利用的因素来发掘贫困地区内源性发展能力的扶贫模式。这些因素包括物的层面（自然资源、劳动、资本、生态、结构调整）和人的层面（人力资本、创新能力、价值观、制度安排）两个方面。贫困是一种综合社会现象，导致贫困的因素也是多种的，但是在整个贫困和脱贫过程中的主体——人是一个不变的因素，即贫困是人的贫困，脱贫也是人的脱贫。因此，我们在扶贫中始终要抓住"人"这个核心，以人为本。把对贫困地区的扶贫行动转为发展教育、发展文化事业、发展各种有利于人的成长的社会事业的基础性建设，从而培育和发展人们对自己的需要与面临的问题的认识能力，使他们具备把外部的援助转化为自我发展的动力和能力，由外源性的扶贫转为内源性的发展，即按照贫困地区的"所是、所为、所愿、所思和所信"，使扶贫具有民族文化个性，符合当地人的需要，并且与他们的文化和社会情况相一致。

科技扶贫，宗旨是应用先进实用的科学技术改革贫困地区封闭的小农经济模式，提高农民的科学文化素质，提高其资源开发水平和劳动生产率，促进商品经济发展，加快农民脱贫致富的步伐。科技扶贫是针对贫困地区生产技术落后和技术人才极度缺乏的现实状况提出的。一是强调自我发展。以市场为导向，以科技为先导，引导贫困地区合理开发资源，将资源优势转化为经济优势，同时努力提高贫困农民参与市场竞争的能力，实现自我发展的良性循环。二是注重引进先进、成熟、实用的技术。农业技术具有强烈的地域性和适应性，科技扶贫在向贫困地区引进技术时，必须是同行业最先进的成熟技术，而且要适合贫困地区的实际情况。三是注重将治穷与治愚相结合。科技扶贫通过农业、科研、教育三结合等形式，一方面向贫困地区输入科技和管理人才，建立健全科技示范网络，组织开展各种类型的培训；另一方面建立全国农村科普网络，大力开展科普宣传，弘扬科学精神，提高农民素质。

绿色扶贫，是一种新的扶贫观，是科学发展观在扶贫工作中的体现。绿色扶贫是在保护贫困地区生态环境的前提下，有限度地开发利用自然资源，进而实现脱贫致富的一种新的扶贫方式。绿色扶贫的内涵丰富，它突破了过去把扶贫的目标简单理解为经济上脱贫的局限，强调扶贫工作要落实到坚持以人为本，实现全面、协调、可持续发展，以促进人与自然的和谐，实现经济发展和人口、资源、环境相协调，坚持走生产发展、生活富裕、生态良好的文明发展道路，保证一代接一代地持久发展。这种扶贫观的核心在于促进贫困地区的可持续发展，即从单纯地追求经济增长转向追求贫困地区整体地与生态结合的现代化发展；从单纯追求物质的发展到以实现人的全面发展为目标，从而达到全面脱贫。绿色扶贫体现着新的贫困地区发展的要求，也是帮助贫困地区脱贫致富和实现现代化的基本原则。

信息扶贫，实际上就是指有扶贫义务并有信息扶贫能力的科研院所、文教系统的单位，对贫困地区农民提供的一种无偿的信息服务。贫困地区的农民通过这种无偿的信息服务所获得的知识及其所带来的效益，去改善农业生产基本条件、加强基础设施建设、加强基础教育和职业技术培训等，发展适合本地区实际的特色农业经济，或兴办第二、第三产业，从而达到长期脱贫致富的目的。信息贫困既有历史的原因、地理的原因，也有社会的信息制度不公平的原因。从实质上看，信息贫困既属于信息能力贫困，也属于信息权利贫困。

所以，给信息贫困者以更多的信息权利，使其摆脱信息能力贫困状态，是国家及政府的制度伦理责任。因此，我们要树立以人为本的目标，完善信息扶贫政策模式和建立多元化的信息评估政策体系，制定科学有效的信息扶贫公共政策，推动农村贫困地区的信息产业发展，促成反贫困攻坚战的巨大成功。

# 参考文献

1. 蔡昉、白南生：《中国转型时期劳动力流动》，社会科学文献出版社 2006 年版。

2. 陈吉元：《中国农村劳动力转移》，人民出版社 1993 年版。

3. 陈宗胜：《发展经济学：从贫困迈向富裕》，复旦大学出版社 2000 年版。

4. 都阳、朴之水：《迁移与减贫——来自农户调查的经验数据》，《人口研究》2003 年第 4 期。

5. 《甘肃农村经济年鉴》，中国统计出版社。

6. ［瑞典］冈纳·缪尔达尔：《世界贫困的挑战——世界反贫困大纲》，北京经济学院出版社 1991 年版。

7. 国家统计局农村社会经济调查司：《中国农村贫困监测报告（2009）》，中国统计出版社 2009 年版。

8. 国家统计局农村社会经济调查总队：《中国农村贫困监测报告（2008）》，中国统计出版社 2008 年版。

9. 国务院扶贫办：《中国农村扶贫开发概要》，2006 年。

10. 洪兴建：《贫困指数理论研究述评》，《经济评论》2005 年第 5 期。

11. 李实：《中国农村劳动力流动与收入增长和分配》，《中国社会科学》1999 年第 1 期。

12. 李小云等：《农户脆弱性分析方法及其本土化应用》，《中国农村经济》2007 年第 3 期。

13. 李周：《中国反贫困与可持续发展》，科学出版社 2007 年版。

14. 林伯强：《中国经济增长、贫困减少与政策选择》，《经济研究》2003 年第 12 期。

15. 林毅夫：《解决农村贫困问题需要有新的战略思路》，《北京大学学报（哲学社会科学版）》2002 年第 9 期。

16. 刘明宇：《贫困的制度成因》，经济管理出版社 2007 年版。

17. 马国贤等：《后农业税时代的"二农"问题及涉农税收研究》，上海财经大学出版社 2007 年版。

18. 谭崇台：《发展经济学概论》，武汉大学出版社 2001 年版。

19. 童星、林闽钢：《我国农村贫困标准线研究》，《中国社会科学》1993 年第 3 期。

20. 徐秀军：《解读绿色扶贫》，《生态经济》2005 年第 2 期。

21. 杨颖：《从中国农村贫困的特征分析看反贫困战略的调整》，《社会科学家》2012 年第 2 期。

22. 杨颖：《发展、分配对反贫困的影响：2002—2010》，《华东经济管理》2011 年第 5 期。

23. ［印］阿玛蒂亚·森：《贫困饥荒》，商务印书馆 2001 年版。

24. 张飞虎：《浅析农村扶贫中以人为本的内源发展》，《重庆社会工作职业学报》2006 年第 1 期。

25. 张永丽、金虎玲：《农村人口和劳动力资源禀赋变动趋势》，《经济学动态》2013 年第 9 期。

26. 张永丽：《农村劳动力流动与缓解贫困》，《人口与经济》2008 年第 5 期。

27. 赵吕文：《贫困地区可持续发展战略模式及管理系统研究》，西南财经大学出版社 2001 年版。

28. 中国发展研究基金会：《在发展中消除贫困：中国发展报告2007》，中国发展出版社 2007 年版。

29. 中国可持续发展总纲·第 19 卷《中国反贫困与可持续发展》。

30. 周长城、陈红：《中国小康指标体系研究综述》，《湖南社会科学》2004 年第 5 期。